本书为"闽台儿童哲学应用研究"
（厦人社［2020］172号−1）阶段性研究成果、
获得2021年度厦门理工学院学术专著出版基金资助

朱熹的儿童哲学研究
蒙学思想的现代路径

陈永宝　著

广西师范大学出版社
·桂林·

推荐序

潘小慧（台湾辅仁大学哲学系教授）

知道永宝教授要出新书，我不惊讶，因为他一向是个勤于笔耕的年轻学者。但听到他这回要出的新书书名是《朱熹的儿童哲学研究——蒙学思想的现代路径》，我不禁惊讶，更多的是开心！惊讶的是，这么快就有成果了；开心的是，中国儿童哲学研究后继有人了。

作为永宝教授的博导，说实在的，挺荣幸也挺骄傲的！因为他贴心又认真，为师的我少操了好多心。如获至宝般，在从今尔后的学术旅途中多了个能谈"天"论"道"且共同合作的忘年知音同行。

永宝教授的这本大作，一看标题就很有意思。书名主、副标题共有四个关键词，分别是"朱熹""儿童哲学""蒙学思想"和"现代路径"。乍一看，"朱熹"和"蒙学思想"是个有点历史的中国老词，"儿童哲学"和"现代路径"则是个新鲜的洋玩意儿。但偏偏中西合璧、老新合体，"朱熹的儿童哲学""蒙学思想的现代路径"，看来这本书打算翻转常人的旧思维，对新思想尝试进行批判性的反思。我虽于二十年前就从事儿童哲学的教学与研究工作，但仍必须首先肯定永宝教授，此大著具有高度的前瞻性与学术创新性。

儿童哲学源自 20 世纪 70 年代的美国的马修·李普曼（Matthew Lipman, 1922—2010）教授，他被称为"儿童哲学之父"，欧洲也随即同步跟上，经过几十年的推广宣扬，儿童学/儿童研究现在俨然成为全球关注的焦点之一。作为中国人，从事中国哲学研究，若关注儿童哲学，难道只能跟着西方学者的脚步走吗？不能开出中国本土的儿童哲学吗？当然不是。我在每一次的儿童哲学讲座或示范课的最后，总是提醒鼓励所有的老师、家长们，不要拘泥于某一种形式、某一种教材或文本，如果将儿童哲学当成一种广义的引导来思考的话，那么儿童哲学也不会只有一种样态。更何况，儿童哲学也还在发展中，中国哲学学者可以做出怎样的贡献呢？我以为，中国哲学学者可以从最熟悉的中国哲学家及其著作文本出发，挖掘出相应的中国传统哲学思想资源，结合当今的儿童哲学理念与精神发展，进行对比参照甚至批判继承，尝试寻找出适合当代中国人的儿童哲学实践之道。很高兴永宝教授不但开始做了，也做到了。他的学术专长正是朱熹哲学思想，他对朱熹的著作文本极为熟悉，他从《朱子家训》《童蒙须知》和《近思录》三书中，抽绎出"小儿""童蒙"和"赤子"三个核心概念，尝试诠释儿童的三个阶段的发展。为什么以朱子理学为背景来探讨中国的儿童哲学之路是一个比较好的选择？永宝教授自己意识到了这个问题，也给出了合理的说明。以朱熹的思想来面对当代的儿童哲学理念，永宝教授也认为这有相当大的挑战。而此大著，永宝教授却谦称其是"一种试探性的研究"。

永宝教授在不到一年的时间里即完成并出版此一专著，宛如诞生了一个婴儿。生养小孩的意义是什么？它除了让我们开始真正尝试去认识与了解一个小小生命如何长大、蜕变、成人，思想如何从无到有，也让我们重温第二次童年，而这第二次童年往往比第一次童年更美好。实验显示，几乎所有的大人都遗忘了童年，然而遗忘童年可能造成哲学思想的断裂，唯有重拾童年才能让成人比较稳妥地"学以成人"，这也是儿童哲学研究扩大并转向"童年哲学"研究的原因。

最后，祝愿永宝教授此书能获得广大读者的关注与喜爱！也祝愿更多中国学者投入儿童哲学本土化的研究与创新中！

自 序

儿童哲学是21世纪前后在世界流行的一种哲学研究趋势，它起源于20世纪70年代美国哥伦比亚大学哲学教授李普曼创始的一项以儿童为对象的教育计划。李普曼儿童哲学的主要内容在于"思想的思考"（to think about thinking），这成为后来学者研究儿童哲学的一个标志性存在。

加雷斯·B.马修斯（Gareth B.Matthews，1929—2011）的著作被翻译成中文，进一步推动了儿童哲学的理念在中华大地的发展。于是，一种以儿童为研究对象的应用哲学研究及实践在这个背景下展开。相对于李普曼而言，马修斯的研究的目的指向更为明确，即希望儿童在与家庭的相处过程中，能拥有更多的自主权，或者一些其他的权利。虽然他的原意不在于构建儿童与父母的对立状态，但是当他开始强调以法律、自由等观点来解决儿童的教育问题时，无疑会将我们误导到这个状态中。

很显然，近年来，在西方话语权威存在的背景下，我们很容易认为"只要给儿童以充分的自主权""建立平等的互为主体"，儿童教育中的弊端就可以被克服。在这种思维下，我们开始从社会、家庭及父母等关系中将儿童剥离出来，赞同那些我们在常识中无法理解的"哲学话语"。这就导致了我们像发现宝库一样对这些"哲学式表达"趋之若鹜，而对本来习惯的"父母干预"及"教师主导"的教育模式开始进行反思。"问题导向学习"（Problem-based Learning，简称PBL）和翻转课堂便是在这一思维下的大胆尝试。

但是，随着儿童哲学教育实践的不断开展，一些被我们忽视的问题慢慢凸显出来。一个能力很强的儿童哲学工作者，面对家庭贫穷的儿童往往是有心无力的。而且，由于儿童受到儿童哲学训练后，与原生家庭父母的理念发生冲突，一项好的活动反而演变成一场无疾而终的闹剧。于是，我们不得不考虑儿童哲学存在的前提条件，即儿童与周围世界的关系。

在这种思考中，家庭成为儿童哲学实践和研究不可回避的关系主线。因此，要构建一个良好的家庭与儿童的关系，就需要使儿童哲学上升到家庭哲学的层面，这样才可能有机会摆脱儿童哲学研究过于理想化的弊端。而对家庭关系的关注，又不得不让我们重新审视自己所处的中华传统文化背景。于是，要解决当代问题，可能就需要我们将视角反转，从中国古代的思想家中去寻找与当代儿童哲学相对应的思想与理论。

可以说，在大多数关于儿童教育的理论中，朱熹的蒙学思想虽不是古人研究儿童教育最早的成果，但他的《朱子家训》《童蒙须知》《小学》《近思录》等，却形成了最完整的一个蒙学教育体系。在这个体系中，以天理本然为追求目标，以格物穷理为工夫次第的教育理念，浓缩成了当代中国深入骨髓的教育之道。中国人的朴素思想中讲天理、良心，也是自这一时期开始的。同时，朱熹的传世作品较多，仅《朱文公文集》就有一百多万字，后人黎靖德整理的《朱子语类》也有一百多万字。这还不包括他的诸如《周易本义》等针对性较强的专门著作。于是，他的理论中基本囊括了先秦诸家、汉唐诸儒（如董仲舒、诸葛亮、陶渊明等）、佛道理论及北宋诸子的核心思想。同时，朱子理学在元明清之际被奉为官学，进而成为元明清思想的开端和研究主线，成为中国古代思想的缩影，一直影响到今天我们的基本认知。因此，以朱子理学为背景来探讨中国的儿童哲学之路，无疑是一个较好的选择。

以朱熹的思想来面对当代的儿童哲学理念，也具有相当大的挑战。一是如何处理儿童哲学与蒙学的关系。对于蒙学，是简单将其视为儿童哲学，还是将儿童哲学理解为蒙学的一部分，都存在着巨大的思考空间。二是如何处理好古今概念的逻辑一致性问题。朱熹的语言，追求的是字里行间呈现出的"意"，而不是西方知识论要求的"形式逻辑"。因此，因果联系的搭建，无疑又是一个很大的难题。三是儿童哲学作为一门应用哲学，与朱熹思想中的伦理思想是否具有融通的可能性，这亦是一个需要解决的问题。这就是本书给出的最初构思，但却无法给出满意的答案。因此，本书只能说是在进行一种试探性的研究。

全书共分为十章。第一章"朱熹的儿童哲学"，意在从总论的角度解决"朱熹儿童哲学"存在的合理性与合法性问题；第二章"蒙学思想与儿童哲学"，意在从朱熹的儿童观中开出朱熹儿童哲学存在的可能性；第三章"没有'儿童'的儿童哲学"，意在指出马修斯式儿童哲学面临的问题及解决路径；第四章"赤子之心与儿童哲学"，点明了朱熹儿童哲学的核心内容和目标指向；第五章"前语言时期的儿童哲学"，意在描述朱熹儿童哲学研究的边界或范围；第六章"儿童哲学与家庭哲学"，意在点明朱熹儿童哲学发展的未来目标指向；第七章、第八章"草稿思维与儿童哲学"，点明了儿童哲学存在的主要特征及风险性；第九章"儿童哲学与理学美学"，阐述了美学视角下的儿童哲学发展；第十章"儿童哲学与问题导向学习"，意在说明朱熹儿童哲学向应用哲学发展的一种探索。

全书各章节，初期是以单篇系列论文的模式呈现的。因此，每章节中都含有其他章节的影子。这种写作有一个弊端，就是全书的行文逻辑不如博士论文那样紧密。但是，这同时也是它的一个优点，即读者可以根据自己的需要与喜好，选择适合自己的章节来阅读。本书不是什么开山之作，只是研究朱子理学的专著中的一部分，意在以朱子理学为背景，用不同的视角来观察和探索中国的传统文化对当代人生活、教育的作用和影响。

目　录

第一章

朱熹的儿童哲学

　　朱熹的儿童哲学又称朱熹的蒙学，这两个概念是在当代与南宋的不同时代语境下产生的。因此，我们在讨论朱熹的儿童哲学时，也是在讨论其蒙学思想。蒙学与儿童哲学都是围绕孩童而进行讨论的理论。二者既有相似，也存在着不同。蒙学的核心思想偏向教学思想，是以孩子为对象的教学方法的总结和教学理念的阐释。它的核心在于针对孩子的教育理念（Study Education for Children）。儿童哲学的核心是"为孩子的哲学"（Philosophy for Children）、"陪伴孩子的哲学"（Philosophy with Children）和"从孩子中来的哲学"（Philosophy by Children），亦即围绕儿童从事的哲学思考活动，是以家庭为具体情境的一种哲学探讨。前者范围更广，可涵盖后者，甚至可看成是后者存在的背景或材料。后者是基于前者而进行的现代性的总结和升华。二者不可简单地分开谈论，但须注意儿童哲学本有的独特侧重点。

　　朱熹的蒙学思想并非其首创，而是他对前秦诸子中周公、孔子、老子、庄子、孟子、荀子及北宋诸家等人思想的总结和发展，这些成为构建儿童哲学存在的学理基础。朱熹的儿童哲学在逻辑上大致可分为三个发展阶段，即《朱子家训》的初级道德劝导阶段、《童蒙须知》的工夫实践阶段和《近思录》的伦理理论建设阶段。这三个阶段主要以"小儿""童蒙"和"赤子"三个观念为核心，体现了一个从低向高发展的路径。其中"赤子之心"是朱熹儿童哲学理论的核心指向，为我们研究朱熹的儿童哲学提供了一把有用的钥匙。但需要指出的是，朱熹的蒙学工夫进路虽与现有的儿童哲学在形式上有相同之处，但也存在一定的区别。因此，对朱熹儿童哲学的研究构成了对当代已有的儿童哲学思想的一种补充，也促进了利用中国传统思想研究儿童哲学思想的开端。

　　正如上文所说，朱子的蒙学教育在其思想中主要以三个概念为核心，即"赤子""小儿"和"童蒙"。朱熹说："'心诚求之'者，求赤子之所欲也。于民，亦当求其有不能自达。此是推其慈幼之心以使众也。"①这是他对"赤子"的直观描述。又说："古人小学养得小儿子诚敬善端发见了。然而大学等事，小儿子不会推将去，所以又入大学教之。"②此为对"小儿"的述说。又说："夫童蒙之学，始于衣服冠履，次及语言步趋，次及洒扫涓洁，次及读书写文字，及有杂细事宜，皆所当知。"③此为对"童蒙"的叙述。严文儒指出：

> 作为教育家的朱熹，一生有关教育的著述甚多，而尤其重于蒙学教育。他认为，儿童接受童蒙教学打好基础，学会谨守心术之要、威仪之则、衣服之制和饮食之节，养成正道，"于洒扫应对进退之间，持守坚定，涵养纯熟"，成年之后，才能"通达事物""无所不能"。④

在这里有两点需要注意：一是朱熹蒙学思想讨论的主题主要是围绕儿童的教育问题而展开的；二是朱熹将蒙学看成儿童成圣成贤的工夫根基及伦理学路径。因此，朱熹在其书院的教育中，注重的并不只是传统实用知识的传授，如洒扫应对、习文科考，而是更加注重对儿童道德伦理的引导；同时，朱熹在处理师生教育的地位和授课方法上，也不同于我们以往理解的"老夫子"形象。他首先并不将自己当成知识和德行的权威，而是将自己放置于传授"孔孟之道"及北宋周、张、二程诸家思想的传道人的位置上。

因此，他在书院展示出的教育模式不是"弟问师答"的简单情景，而是弟子提出问题，他并没有如同成人教育一样简单给出答案，而是扮演儿童教育的引领者、调节者或促进者的角色。从朱熹与弟子谈《近思录》时的一段对话，可见这种端倪。

> 问蜚卿："《近思录》看得如何？"
> 曰："所疑甚多。"

① 黎靖德：《朱子语类》，王星贤点校，北京：中华书局，1994年，第356页。这句话是说：如果真心求学，当如赤子（小孩子）表现出来的欲望一样。一般的人，往往有这种欲求，但无法实现。因此，我们用赤子的慈幼之心来教化民众。
② 同上，第124页。这句话是说：古时的人在"小学"阶段培养"小儿子"诚敬善端。等到"大学"，义理更加精深，小儿子不会自己证悟，所以又需要用"大学"继续教之。
③ 朱熹撰，朱杰人、严佐之、刘永翔主编：《朱子全书》第13册，上海：上海古籍出版社；合肥：安徽教育出版社，2010年，第371页。这句话是说：儿童的教育，要先从穿衣戴帽教起，然后教他们说话走路、打扫房间、穿戴整洁，再教他们读书和写字，再教他们应对生活琐事，这是大家都应当知道的。
④ 同上，第367页。

日："今猝乍看这文字，也是难。有时前面恁地说，后面又不是恁地；这里说得如此，那里又却不如此。子细看来看去，却自中间有个路陌。推寻通得四五十条后，又却只是一个道理。伊川云：'穷理岂是一日穷得尽！穷得多后，道理自通彻。'"①

我们将这段文言文用白话文转释一下，如下：

朱熹问蜚卿："你最近《近思录》看得怎么样了？"

蜚卿回答说："有疑问的地方比较多。"

朱熹说："刚开始看这些文字的叙述，也是很难的。比如有时候前面这样说，后面又不是这样说；这里是这样说，那里却又不是。你仔细看过来看过去，却发现里面百转千折，无法自通。但是，如果你继续琢磨下去，等到你读通了四五十条以后，就会发现，它们原来都是在讲一个道理。伊川先生说：'人要穷尽道理，哪有一天就可以得道的呢！当你努力得多了，道理就自然明白了。'"

于是，我们可以看出，朱熹的蒙学思想与当代的儿童哲学理念有很强的关联性。因此，我们将朱熹蒙学思想中的道德、伦理等部分进行义理分析，也就能明白这些构成了他的儿童哲学思想。

除此之外，朱熹的蒙学方法也体现了当代儿童哲学教育的思路。朱熹在书院中采用的教育方式与当代儿童哲学的教学方式也极为相似。朱熹认为，进行儿童教育的"地点要避免嘈杂"，给予儿童的"教学空间可以不固定"，要鼓励儿童与师生之间"学习成员的良好互动性"；同时，朱子的教学中也出现了类似批判性（critical thinking）、创造性（creative thinking）、关怀性（care thinking）和合作性（cooperative thinking）②的特征，这也符合当代儿童哲学的研究思路。基于此，以上均可看成朱子蒙学与儿童哲学相桥接的基础，即朱熹儿童哲学存在的合法性来源。

---

① 黎靖德：《朱子语类》，第 2630 页。

② 详见潘小慧《儿童哲学的理论与实践》，桂林：广西师范大学出版社，2020 年，第 32 页。在朱熹的理论中，批判性表现在其对佛教及陆象山理论的批判的层面；创造性表现在他对诸家的理论的整合和创新的层面，如无极之说；关怀性表现在朱熹的山水美学思想的层面；合作性表现在朱熹与弟子蔡季通等人的亦师亦友的教育理念的层面。另《朱子家训》也有类似的表现。

第一节　朱熹儿童哲学产生的理论背景

先秦诸家的思想中含有大量的儿童哲学观念，但相对于儿童哲学的当代表述来看，还保留着朴素的情感表达。这一时期关于儿童哲学理念的讨论基本上是围绕着"赤子""婴儿"等核心观念展开的。原初的儿童哲学思想是以父母对儿童的无差别的爱，或者是以孩童的天真无邪等面向来作为讨论的材料的。比如《尚书·康诰》中"若有疾，惟民其毕弃咎；若保赤子，惟民其康乂"①。这里的"赤子"主要体现出父母对孩子原初的本真的疼爱之情。《礼记·大学》在解释这一段时说："康诰曰'如保赤子'，心诚求之，虽不中不远矣。未有学养子而后嫁者也！"②也便是这个意思。《庄子》中有一段记录了子桑雽与林回的讨论，也透露出这种思想。

> 子桑雽曰："子独不闻假人之亡与？林回弃千金之璧，负赤子而趋。或曰：'为其布与？赤子之布寡矣；为其累与？赤子之累多矣；弃千金之璧，负赤子而趋，何也？'林回曰：'彼以利合，此以天属也。'"（《庄子译注·山木》）

因此，先秦诸子以"天属之情"来看待儿童与家庭、社会的关系，这是儿童哲学的一个主要的方面。在这种面向之外，儿童本身存在的价值也在先秦诸家中有所体现。

> 徐子以告夷子。夷子曰："儒者之道，古之人'若保赤子'，此言何谓也？之则以为爱无差等，施由亲始。"徐子以告孟子。孟子曰："夫夷子，信以为人之亲其兄之子为若亲其邻之赤子乎？彼有取尔也。赤子匍匐将入井，非赤子之罪也。且天之生物也，使之一本，而夷子二本故也。"③

孟子在这里的表述除了继续体现父母爱子之情的纯真（如"爱无差等，施

---

① 孟子等：《四书五经》，北京：中华书局，2009 年，第 259 页。
② 朱熹：《四书章句集注》，北京：中华书局，2011 年，第 10 页。
③ 同上，第 244—245 页。

由亲始"），也显示出"赤子"的天性本然（如"非赤子之罪也"）。同样，老子的"我独泊兮其未照，如婴儿之未孩；傫傫兮若无所归"①中的"婴儿"也体现了这种天性本然的思想。

朱熹说："《书》②之取譬，本为小民无知而犯法，如赤子无知而入井耳。且人物之生，必各本于父母而无二，乃自然之理，若天使之然也。故其爱由此立，而推以及人，自有差等。"③这句话是说，《尚书》给出的诸多故事，是讲述小民因为无知而犯法的事，就像赤子一样因"纯一无伪的无知"而爬进井中。这里朱熹要表达的是，赤子呈现出来的"纯一无伪"的状态，可看成是对以上诸家儿童哲学思想的一种概括。

总的来说，先秦诸家的儿童哲学思想是一种朴素的实在论，它们既构成了当代学者在中国思想框架下讨论儿童哲学的理论基础，也可以引导儿童哲学朝着中国哲学的研究路径发展。这是朱熹儿童哲学的理论来源之一。

除此之外，孟子的思想对朱熹儿童哲学的形成起到了重要的作用。孟子说："仁，人心也；义，人路也。舍其路而弗由，放其心而不知求，哀哉！人有鸡犬放，则知求之；有放心，而不知求。学问之道无他，求其放心而已矣。"④朱熹对这一段的解释如下⑤：

一是，"仁"是每个人心中本有的存在。君子爱之应如同父母爱自己的孩子，不可以失去。朱熹说：

> 仁者心之德，程子所谓心如谷种，仁则其生之性，是也。然但谓之仁，则人不知其切于己，故反而名之曰人心，则可以见其为此身酬酢万变之主，而不可须臾失矣。义者行事之宜，谓之人路，则可以见其为出入往来必由之道，而不可须臾舍矣。⑥

二是，心是至关重要的，为每个人生之本然。如果心总是拈轻怕重，其结果就是得不偿失。成人在现实中呈现出来的道德行为表现往往不如儿童，常常表现出拈轻怕重的现象。朱熹说：

① 王弼注：《老子道德经注》，楼宇烈校释，北京：中华书局，2011 年。
② 指《尚书》。——作者注
③ 朱熹：《四书章句集注》，第 245 页。
④ 同上，第 312 页。
⑤ 同上。
⑥ 同上。

程子曰："心至重，鸡犬至轻。鸡犬放则知求之，心放而不知求，岂爱其至轻而忘其至重哉？弗思而已矣。"愚谓上兼言仁义，而此下专论求放心者，能求放心，则不违于仁而义在其中矣。①

三是，儒家工夫次第不是求高明的智慧或技法的娴熟，而是求孩童本有的"心"。这个"心"是"志气清明"之心。它既义理昭著，又可以上达，否则"昏昧放逸"，学者极易陷入偏颇之中。朱熹说：

学问之事，固非一端，然其道则在于求其放心而已。盖能如是则志气清明，义理昭著，而可以上达；不然则昏昧放逸，虽曰从事于学，而终不能有所发明矣。故程子曰："圣贤千言万语，只是欲人将已放之心约之，使反复入身来，自能寻向上去，下学而上达也。"此乃孟子开示切要之言，程子又发明之，曲尽其指，学者宜服膺而勿失也。②

这三个方面，即为朱熹对孟子"求放心"思想的阐释，透露出朱熹儿童哲学理论的第二个重要来源。这个来源并非指向未来，而是要回归孩童本有的仁人之心。这构成了朱熹儿童哲学的理论基础之二。

朱熹的"小儿"思想多在其教育思想中体现，这是朱熹儿童哲学的第三个理论来源。朱熹说：

古人自入小学时，已自知许多事了；至入大学时，只要做此工夫。今人全未曾知此。古人只去心上理会，至去治天下，皆自心中流出。今人只去事上理会。

古者小学已自养得小儿子这里定，已自是圣贤坯璞了，但未有圣贤许多知见。及其长也，令入大学，使之格物、致知，长许多知见。

古人小学养得小儿子诚敬善端发见了。然而大学等事，小儿子不会推将去，所以又入大学教之。③

上述材料中的"已自是圣贤坯璞了"，表明朱熹的儿童教育是成人教育的基础。

---

① 朱熹：《四书章句集注》，第312页。
② 同上。
③ 黎靖德：《朱子语类》，第124页。

人能否成圣成贤，在儿童阶段就已经有所体现了。因此，《大学》八条目中的"正心、诚意、格物、致知、修身"，便都可能在"小儿"身上寻其存在的迹象。也就是说，在朱熹看来，"大学"与"小学"的教育源于一体，区别只是阶段不同。他说：

> 小学是直理会那事；大学是穷究那理，因甚恁地。
> 小学者，学其事；大学者，学其小学所学之事之所以。
> 小学是事，如事君，事父，事兄，处友等事，只是教他依此规矩
> 做去。大学是发明此事之理。①

"小学"可以看成是"大学"的基础和前级阶段，"小儿"天然具有了成为君子的可能性。朱熹说：

> 书宜少看，要极熟。小儿读书记得，大人多记不得者，只为小儿
> 心专。一日授一百字，则只是一百字；二百字，则只是二百字。大人
> 一日或看百板，不恁精专。人多看一分之十，今宜看十分之一。宽着
> 期限，紧着课程。
> 读书，只逐段逐些子细理会。小儿读书所以记得，是渠不识后面
> 字，只专读一进耳。今人读书，只羁羁读去。假饶读得十遍，是读得
> 十遍不曾理会得底书耳。"得寸，则王之寸也；得尺，则王之尺也。"
> 读书当如此。②

因此，在朱熹看来，"小儿"相比于"成人"，在伦理践行的路径上更为容易。这也是朱熹儿童哲学的价值所在。

第二节　朱熹儿童哲学的文本梳理

朱熹说："古者初年入小学，只是教之以事，如礼乐射御书数及孝弟忠信之事。自十六七入大学，然后教之以理，如致知、格物及所以为忠信孝弟者。"③

---

① 黎靖德：《朱子语类》，第124—125页。
② 同上，第165页。
③ 同上，第124页。

可见，相比于当代学者对"儿童的年纪"的界定不清，朱熹在这里有着清晰的年龄规定。在朱熹的理论中，儿童的年龄应为十六七岁以下。以此为界限，朱熹列出了不同的教育模式。同时，朱熹做工夫有着清晰的思路，即他从事儿童哲学的工夫次第，先以"礼乐射御书数及孝弟忠信之事"并行，然后再推行至"致知、格物及所以为忠信孝弟者"。也就是说，朱熹的儿童哲学起于日常事务，定位于大学的正德修身之教，指向齐家治国之道。同时，他也坚持从具体到抽象，从现象到理论的研究脉络。

在朱熹的文本中，《朱子家训》是一个对应儿童教育而指定的教材，是朱熹儿童教育的初始阶段，为朱熹儿童哲学思想的指导性纲领文本；《童蒙须知》多为儿童哲学理念中具体的形下践履，注重对礼与敬行为的偏重；《近思录》则是以上两个文本的一个系统性和理论性的总结。

一、《朱子家训》的道德萌芽

《朱子家训》（朱熹版）为民间流行的版本，内容如下：

> 君之所贵者，仁也。臣之所贵者，忠也。父之所贵者，慈也。子之所贵者，孝也。兄之所贵者，友也。弟之所贵者，恭也。夫之所贵者，和也。妇之所贵者，柔也。事师长贵乎礼也，交朋友贵乎信也。见老者，敬之；见幼者，爱之。
>
> 有德者，年虽下于我，我必尊之；不肖者，年虽高于我，我必远之。慎勿谈人之短，切莫矜己之长。仇者以义解之，怨者以直报之，随所遇而安之。人有小过，含容而忍之；人有大过，以理而谕之。勿以善小而不为，勿以恶小而为之。人有恶，则掩之；人有善，则扬之。
>
> 处世无私仇，治家无私法。勿损人而利己，勿妒贤而嫉能。勿称忿而报横逆，勿非礼而害物命。见不义之财勿取，遇合理之事则从。诗书不可不读，礼义不可不知。子孙不可不教，童仆不可不恤。斯文不可不敬，患难不可不扶。守我之分者，礼也；听我之命者，天也。人能如是，天必相之。此乃日用常行之道，若衣服之于身体，饮食之于口腹，不可一日无也，可不慎哉！①

---

①　朱熹著，朱杰人编注：《朱子家训》，上海：华东师范大学出版社，2014年，第1页。

《朱子家训》是朱熹儿童哲学思想的一个体现。这个四百余字的文本，点明了儿童的工夫要立足于道德践履和道德劝导，指出儿童所从事道德的标准与模板。这里，朱熹的儿童哲学思想不同于李普曼的是，他的立足点不在儿童个人本身，而是偏重社会的整体价值规范。继而，朱熹的儿童哲学有三个特征：一是体现了儿童与成人在道德践行上的平等性，如"有德者，年虽下于我，我必尊之；不肖者，年虽高于我，我必远之"。二是有具体的行为践行，如"诗书不可不读，礼义不可不知。子孙不可不教，童仆不可不恤。斯文不可不敬，患难不可不扶"。三是有明确的道德指向和奖励，如"人能如是，天必相之"。

《朱子家训》作为朱熹儿童哲学思想的初级阶段的体现，亦是他理学思想的初级阶段的体现。这里可以看出朱熹理气相合的治学理念与工夫次第的萌芽。在朱熹看来，儿童之所以是成人君子人格的前期阶段，是因为他先天本有仁爱之心。因此，与成人相比较而言，儿童虽依然表现为遵循君君臣臣、父父子子的伦常之道，但在德行的施行中已无先后之分。德性的标准明确，确认了以德为师而非以长为师的教育理念。可以说，这是朱熹对两宋儒家伦理思想的一种继承和突破。

相对于朱熹的诸多"封事"及关于理气观的相关文本，《朱子家训》虽不是一个体系完备、理论精深的著作，但其却涵盖了朱熹理论的思想萌芽。这表明了朱熹给予儿童一定的重视。朱熹说：

> 古人便都从小学中学了，所以大来都不费力，如礼乐射御书数，大纲都学了。及至长大，也更不大段学，便只理会穷理、致知工夫。而今自小失了，要补填，实是难。但须庄敬诚实，立其基本，逐事逐物，理会道理。待此通透，意诚心正了，就切身处理会，旋旋去理会礼乐射御书数。今则无所用乎御。如礼乐射书数，也是合当理会底，皆是切用。但不先就切身处理会得道理，便教考究得些礼文制度，又干自家身己甚事！[1]

在朱熹看来，儿童时期是道德铺垫时期，儿童既有达到成圣成贤的可能，也可以在其发展过程中对良好道德行为进行巩固和对不良行为进行纠正。如

[1] 黎靖德：《朱子语类》，第125页。

果这段时期失去了，将可能无法弥补。可见朱熹对儿童教育的重视。

二、《童蒙须知》① 的工夫践履

朱熹儿童哲学思想的一个特征为"以践履为修身"的形下工夫路径。在《童蒙须知》中，朱熹以衣服冠履、语言步趋、洒扫涓洁、读书写文字和杂细事宜这五种主要的生活工夫来建构儿童的礼仪思想，以达到格物致知的认知需求。可以说，《童蒙须知》所记载的内容基本符合儿童哲学中所谈的三种情况，即"为孩子的哲学""陪伴孩子的哲学"和"从孩子中来的哲学"。现将全文摘录如下：

> 夫童蒙之学，始于衣服冠履，次及语言步趋，次及洒扫涓洁，次及读书写文字，及有杂细事宜，皆所当知。今逐目条列，名曰《童蒙须知》。若其修身治心，事亲接物，与夫穷理尽性之要，自有圣贤典训昭然可考，当次第晓达，兹不复详著云。

衣服冠履第一

大抵为人，先要身体端整，自冠巾衣服鞋袜，皆须收拾爱护，常令洁净整齐。我先人常训子弟云："男子有三紧，谓头紧、腰紧、脚紧。"头谓头巾，未冠者总髻；腰谓以绦或带束腰；脚谓鞋袜。此三者要紧束，不可宽慢。宽慢则身体放肆不端严，为人所轻贱矣。

凡着衣服，必先提整衿领，结两裯纽带，不可令有缺落。饮食照管，勿令污坏；行路看顾，勿令泥渍。

凡脱衣服，必齐整折叠箱箧中，勿散乱顿放，则不为尘埃杂秽所污，仍易于寻取，不致散失。着衣既久，则不免垢腻，须要勤勤洗浣，破绽则补缀之，尽补缀无害，只要完洁。

凡盥面，必以巾帨遮护衣领，卷束两袖，勿令有所湿。

凡就劳役，必去上笼衣服，只着短便，爱护勿使损污。

凡日中所着衣服，夜卧必更，则不藏蚤虱，不即敝坏。苟能如此，则不但威仪可法，又可不费衣服。晏子一狐裘三十年，虽意在以俭化俗，亦其爱惜有道也。此最饬身之要，毋忽。

---

① 一作《训学斋规》。——作者注

语言步趋第二

凡为人子弟，须是常低声下气，语言详缓，不可高言喧哄，浮言戏笑。父兄长上有所教督，但常低首听受，不可妄自议论。长上检责，或有过误，不可便自分解，姑且隐默，久却徐徐细意条陈，云此事恐是如此，向者当是偶尔遗忘，或曰当是偶尔思省未至。若尔，则无伤忤，事理自明。至于朋友分上，亦当如此。

凡闻人所为不善，下至婢仆违过，宜且包藏，不应便尔声言，当相告语，使其知改。

凡行步趋跄，须是端正，不可疾走跳踯。若父母长上有所唤召，却当疾走而前，不可舒缓。

洒扫涓洁第三

凡为人子弟，当洒扫居处之地，拂拭几案，当令洁净。文字笔砚、凡百器用，皆当严肃整齐，顿放有常处，取用既毕，复置元所。父兄长上坐起处，文字纸札之属，或有散乱，当加意整齐，不可辄自取用。凡借人文字，皆置簿抄录主名，及时取还。窗壁几案文字间，不可书字。前辈云："坏笔污墨，瘝子弟职。书几书砚，自黥其面。"此为最不雅洁，切宜深戒。

读书写文字第四

凡读书，须整顿几案，令洁净端正。将书册整齐顿放，正身体对书册，详缓看字，子细分明。读之，须要读得字字响亮，不可误一字，不可少一字，不可多一字，不可倒一字，不可牵强暗记。只是要多诵遍数，自然上口，久远不忘。古人云："读书千遍，其义自见。"谓熟读则不待解说，自晓其义也。余尝谓读书有三到：谓心到、眼到、口到。心不在此，则眼不看子细，心眼既不专一，却只漫浪诵读，决不能记，记亦不能久也。三到之中，心到最急。心既到矣，眼口岂不到乎？

凡书册，须要爱护，不可损污绉折。济阳江禄，书读未完，虽有急速，必待掩束整齐然后起，此最为可法。

凡写文字，须高执墨锭，端正研磨，勿使墨汁污手。高执笔，双钩端楷书字，不得令手指着毫。

凡写字，未问写得工拙如何，且要一笔一画，严正分明，不可潦草。

凡写文字，须要子细看本，不可差讹。

杂细事宜第五

凡户弟，须要早起晏眠。

凡喧哄争斗之处不可近，无益之事不可为。谓如赌博、笼养、打球、踢球、放风禽等事。

凡饮食，有则食之，无则不可思索，但粥饭充饥不可缺。

凡向火，勿迫近火旁，不惟举止不佳，且防焚蒸衣服。

凡相揖，必折腰。

凡对父母长上朋友，必称名。

凡称呼长上，不可以字，必云某丈。如弟行者，则云某姓某丈。

（按《释名》，"弟"训"第"，谓相次第也。某丈者，如云张丈、李丈。某姓某丈者，如云张三丈、李四丈。旧注云。）

凡出外及归，必于长上前作揖，虽暂出亦然。

凡饮食于长上之前，必轻嚼缓咽，不可闻饮食之声。

凡饮食之物，勿争较多少美恶。

凡侍长者之侧，必正立拱手。有所问，则必诚实对，言不可忘。

凡开门揭帘，须徐徐轻手，不可令震惊声响。

凡众坐，必敛身，勿广占坐席。

凡侍长上出行，必居路之右，住必居左。

凡饮酒，不可令至醉。

凡如厕，必去外衣，下必盥手。

凡夜行，必以灯烛，无烛则止。

凡待婢仆，必端严，勿得与之嬉笑。执器皿必端严，惟恐有失。

凡危险，不可近。

凡道路遇长者，必正立拱手，疾趋而揖。

凡夜卧，必用枕，勿以寝衣覆首。

凡饮食，举匙必置箸，举箸必置匙。食已，则置匙箸于案。

杂细事宜，品目甚多，姑举其略，然大概具矣。凡此五篇，若能遵守不违，自不失为谨愿之士，必又能读圣贤之书，恢大此心，进德修业，入于大贤君子之域，无不可者。汝曹宜勉之。①

以上种种，是为儿童学习生活之细节。其中个别措施在今天已经失去了存在的价值，但《童蒙须知》总体上反映出来的则是朱熹的"礼"思想在儿童阶段的具体应用。儒家以礼治天下，而朱熹儿童哲学的核心势必要围绕"礼"来展开。在朱熹看来，正心、诚意、修身的工夫，并不只是一种形上的道德劝导或道德律令，而是具体可行的"礼"的道德规范。这种规范既是儿童发展中的自我修养方法，也是其达到个人正心、诚意的不可或缺的途径。

《童蒙须知》中"衣服冠履第一""洒扫涓洁第三"和"读书写文字第四"，其叙述的目的是让儿童通过正身进而达到正心，使儿童的行为符合社会的人道规范；而"语言步趋第二"和"杂细事宜第五"，则体现的是"儿童之敬"。在朱熹的伦理体系中，敬思想贯穿于整个成圣成贤的道德践履过程，是日常生活行为规范中的一个关键。这同时也是朱熹为学治道的一个关键理念。因此，在朱熹对儿童的教育中，敬思想与礼思想为其两个不可或缺的形下工夫。

这里需要点明的是，儿童之敬不可被看作是"成人"与"儿童"之间由于位阶不等而形成的不公平现象。这里虽点明了儿童向成人所行之礼，但只是强调一种教育培养，而非强调不公或歧视。我们结合前面所谈的《朱子家训》中的"有德者，年虽下于我，我必尊之；不肖者，年虽高于我，我必远之"，可知朱熹强调的不是儿童对成人的"服从"，而是以"礼"为中心的儿童哲学教育理念。

三、《近思录》的理论建构

《近思录》以体系化和逻辑性来展示朱熹儿童哲学的核心理念。朱熹本人对此十分看重。朱熹称《近思录》是"修身大法，小学备矣；义理精微，《近思录》详之"②。又言："《近思录》好看。四子，六经之阶梯；《近思录》，四子之阶梯。"③在这里，朱熹给予《近思录》在其思想中的足够地位和作用。

在朱熹的众多思想中，《近思录》在其儿童哲学思想建构中较为显著。他的"道体"点明了其儿童哲学思想的核心。朱熹说：

> 《近思录》首卷所论诚、中、仁三者，发明义理，固是有许多名，

---

① 朱熹撰，朱杰人、严佐之、刘永翔主编：《朱子全书》第 13 册，第 371—376 页。
② 黎靖德：《朱子语类》，第 2629 页。
③ 同上。

只是一理，但须随事别之，如说诚，便只是实然底道理。譬如天地之于万物，阴便实然是阴，阳便实然是阳，无一毫不真实处；中，只是喜怒哀乐未发之理；仁，便如天地发育万物，人无私意，便与天地相似。但天地无一息间断，"圣希天"处正在此。仁义礼智，便如四柱，仁又包括四者。如《易》之"元亨利贞"，必统于元；如时之春秋冬夏，皆本于春。析而言之，各有所指而已。①

这里指出了朱熹讨论儿童哲学问题时围绕的核心概念，即诚、中、仁、理或仁、义、礼、智。在朱熹看来，此核心概念是一个儿童是否被教育成功的标尺或成才的标志。如《近思录》中，朱熹通过采选周濂溪、张横渠和二程的思想片段，将其有机地融合在一起，使其成为一种系统化的为学方式。这种做法达到了对儿童"仁"思想的教育与回归。

实际上，在《近思录》从"道体"至"圣贤气象"的共十四卷中，朱熹重点阐述的核心便是"仁"。朱熹说："仁之包四德，犹冢宰之统六官。"②这是他对以上诸元素的总结。实际上，无论朱熹讨论"大学"之教还是"小学"之道，仁思想始终是他思想的核心。而《近思录》一书的作用，就是将其分为十四个面向③进行阐述。

第三节　朱熹儿童哲学的主要内容

儿童哲学发展至今，学者一直在对其进行总结和拓展。但总体看来，儿童哲学的开展包含一定的核心内容。我们总结以往的研究经验后，将儿童哲学探究的内容大致总结如下：

教师必须保有"开放"的心胸。"教师"与"学生"的角色功能也有别于传统式教育，教师不再只是知识的传授者，他们更要帮助学生设法找出问题、思考问题、解决问题。教师扮演顾问的角色而不是

① 黎靖德：《朱子语类》，第2415页。
② 同上，第2416页。
③ 《近思录》逐篇纲目：（一）道体；（二）为学大要；（三）格物穷理；（四）存养；（五）改过迁善，克己复礼；（六）齐家之道；（七）出处、进退、辞受之义；（八）治国、平天下之道；（九）制度；（十）君子处事之方；（十一）教学之道；（十二）改过及人心疵病；（十三）异端之学；（十四）圣贤气象。参见黎靖德《朱子语类》，第2629页。

权威者，提供自己的经验与学生交流心得；教师并扮演引领者、引导者、调节者或者促进者的角色，在学生能力不足的地方予以适当的协助，同时引导学生同侪之间进行讨论，透过个人不同的经验交流，培养学生一种全面领会知识与展望未来的能力。教师有责任做好教室内"对话"气氛、程序、内容的引导与掌握。①

"开放"的心胸、师生角色扮演和对话及儒家思想的价值引导，应可被看成儿童哲学的三个典型特征。对于朱熹而言，他要做的不是自创一说，而是通过融合儒、释、道三家来延续道学。张立文指出，程朱理学发展到朱熹的阶段，"儒、释、道三教融合，是三教自身内在的需要"②。朱熹自然是"三教学术的内在逻辑发展趋势"③中的儒学一方的集中点。同时，"儒教必须吸收佛、道逻辑思维、终极关切和宇宙生成理论，以补形而上之道的不足"④。在朱熹的《朱子语类》及其他存世文本中，能看到儿童哲学思想的萌芽。朱熹在书院的教学中强调师生互问及对话，目的就在于完成"复礼达仁"的道德引领。因此可以说，我们基本上可以从朱熹这里找到当代儿童哲学的教学方式的影子。

一、"开放"的心胸

从朱熹的视角来看，他的开放心胸主要表现在两个方面：一是制作教材时选取材料的开放之心。朱熹在编撰《四书章句集注》中的《论语》《礼记》时，一共选用了当时可寻到的三十个版本，而非只是其师门胡宪一家。二是对相互对立思想的包容性。朱熹拜师延平先生之后，从研习佛学回归到儒家本身。这之后，他虽对佛教多有批评，但基本上是以包容之态对之。这方面有前面张立文所言儒、释、道三教在朱熹这里的融合可佐证。

曾有学者因朱熹主张的伦理纲常，便误认为朱熹难以在教育中接受弟子之言行，这其实是一种误会。《宋史·列传一百九十三·儒林四》中的《蔡元定传》中记载：

　　熹疏释四书及为《易诗传》《通鉴纲目》，与元定往复参订；《启

① 潘小慧：《儿童哲学的理论与实践》，第 41 页。
② 张立文：《中国学术通史·宋明卷》，北京：人民出版社，2004 年，第 64 页。
③ 同上。
④ 同上。

蒙》一书，则属元定起稿。尝曰："造化微妙，惟深于理者能识之，吾与季通言而不厌也。"①

蔡季通与朱熹之间是一个开放包容的关系。朱、蔡的师友关系在朱熹的教育理念中并非孤例，我们可以在《朱子语类》中发现大量的材料。

朱熹的包容性还体现在他与陆九渊的治学之路的纠结中：

> 子静寄得对语来，语意圆转浑浩，无凝滞处，亦是渠所得效验。但不免些禅底意思。昨答书戏之云："这些子恐是葱岭带来。"渠定不伏。然实是如此，讳不得也。近日建昌说得动地，撑眉努眼，百怪俱出，甚可忧惧。渠亦本是好意，但不合只以私意为主，更不讲学涵养，直做得如此狂妄。世俗滔滔，无话可说，有志于学者又为此说引去，真吾道之不幸也。②

朱熹虽然对陆九渊在治学中体现出来的"禅"的做法表示不满，但依然还是邀请陆九渊为白鹿洞之师，这也证实了朱熹的包容。一般看来，我们将朱、陆的关系看成观点相左的论敌，然而这种讲法并不准确。二者的鹅湖之会，并非如学者所言只是吕祖谦调节二者之故，而是吕祖谦希望联系朱熹，以师者劝导陆九渊的躁进"强聒之端"③，是一种为师之举。④可以说，单从教育的角度来看，朱熹的包容性应是存在的。

其实，除了师生之教，朱熹对佛、道思想亦兼容并包，这也体现了一种包容性。陆九渊逝世后，其弟子多归朱门，也体现了这一特征。以儿童哲学为例，无论是《朱子家训》的文本记载，还是朱熹治学的方式方法，都符合包容性这一原则。

二、师生角色扮演和对话

师生对话是朱熹教学的典型特征，《朱子语类》便是这一教学方法的记载。

---

① 脱脱：《宋史·列传一百九十三·儒林四》，北京：中华书局，1977 年，第 12876 页。
② 朱熹撰，朱杰人、严佐之、刘永翔主编：《朱子全书》第 21 册，第 1549 页。
③ 《宋会要辑稿》载："淳熙十三年十一月二十九日敕令所删定官陆九渊差主管台州崇道观。九渊除将作监丞，臣僚论驳，谓其躁进强聒，乞赐寝罢。故有是命。"转引自余英时《朱熹的历史世界——宋代士大夫政治文化的研究（下）》，北京：生活·读书·新知三联书店，2004 年，第 472 页。
④ 参见拙文：《论朱陆治学工夫的异同与冲突》。

我们仅以朱熹与弟子讨论"赤子"为例，以辨明了。

> 问："赤子之心是已发。《大学或问》云'人之初生，固纯一而未发'，何也？"
>
> 曰："赤子之心虽是已发，然也有未发时。如饥便啼，渴便叫，恁地而已，不似大人恁地劳攘。赤子之心亦涵两头意。程子向来只指一边言之。"①
>
> 施问"赤子之心"。曰："程子道是'已发而未远'。如赤子饥则啼，渴则饮，便是已发。"②

以上是典型的师生角色扮演和对话的朱熹教育模式。这里需要明确的是，我们不能以今天翻转课堂的方式来看待宋代的师生角色互换。这里既有时代局限性的原因，也有教育发展的规律使然的限制。因此，注重学生的提问，显然在南宋这个时期已经是一种很大的教育创举了。

三、儒家思想的价值引导

朱子理学以其伦理价值教导见长，其价值引导自不必多言。同时，"赤子之心"是朱熹儿童哲学思想的一种朴素表达，自然后者以体现前者为主。朱熹向弟子揭示了《孟子·离娄下》中的"大人不失赤子之心"，其揭示的儿童哲学思想较有代表性。在朱熹看来，一是"赤子之心"即为孟子的"求放心"，也即仁心，前面材料亦有佐证；二是赤子之心具有"纯一无伪"的天理本色，因此无过度的私欲，值得大人效仿。如：

> 大人无所不知，无所不能，赤子无所知，无所能。此两句相拗，如何无所不知，无所不能，却是不失其无所知、无所能做出？盖赤子之心，纯一无伪，而大人之心，亦纯一无伪。但赤子是无知觉底纯一无伪，大人是有知觉底纯一无伪。③

赤子之心亦存在人心已发未发的伦理学问题，但对二者的讨论亦可说明儿童的

---

① 黎靖德：《朱子语类》，第 425 页。
② 同上，第 2505 页。
③ 同上，第 1340—1341 页。

需要是在一个适度的范围之内的。无论其已发未发，均无离道。可以说，朱熹与弟子讨论赤子之心，其核心是用儒家思想来进行价值引导，这与儿童哲学的内在宗旨保持一致。

结　语

儿童哲学研究的角度与内容非常丰富，不同学者对其进行讨论时的侧重点也有所不同。但是，大体来说，儿童哲学的内涵界定主要有以下三种：

> 第一种界定是将儿童哲学等同于思维训练项目，使其成为哲学、心理学和教育学共同关注的"合法"议题；第二种界定意识到了这个问题，因而没有将焦点放在思维训练上，而是将儿童的哲学智慧（Philosophy of Children）也纳入考虑的范围，希望将儿童哲学打造为一门发展学生综合哲学素养的课程；第三种界定则跳出了哲学的架构，将哲学与整个精神世界等同起来，从而使儿童哲学成为一个关注儿童心灵及其发展的领域（如将儿童哲学称为儿童精神哲学），或者将儿童、童年作为一个概念来进行研究，使其成为整个儿童哲学研究体系的重要组成部分。[①]

实际上我们探索朱熹的儿童哲学的目的在于根据现有的儿童哲学研究成果，挖掘适合中国的儿童哲学理论。在中国数千年的文化中，朱熹是中古时期继往开来的一个集大成者，对他的思想中儿童哲学的相关内容的挖掘与整理，有助于儿童哲学在中国落地生根。

在朱熹的蒙学思想中，理学思想成为训练儿童从生物人发展到社会人的有效工具。通过对儒家"礼"的研习，儿童最终完成"克己复礼"的价值生成。同时，应通过对"赤子之心"的强调，以儿童为标榜，重新梳理修身的工夫指向，将圣人之教落实到日常所见的孩童之中。再者，朱熹以父母与儿童之亲，引导学子厘清"存理去欲"的内涵，最终达到齐家治国的目的。

从这一点可以说，朱熹的儿童哲学是对当代儿童哲学的补充与创新。它既

---

① 高振宇：《儿童哲学在大陆的理论争议与实践困境》，《哲学与文化》2017 年第 12 期，第 76—77 页。

重视以儿童为中心来挖掘儿童哲学的意义与价值，同时又以家庭为基础，探讨儿童哲学发展的多维因素。当今的儿童哲学研究中，关于家庭或家族对儿童哲学教学的影响的研究还不全面，这就需要我们在关注儿童本身的同时，也要对其所处的自然及人文环境有所关注。维琴尼亚·萨提尔（Virginia Satir）认为：

> 父母必须意识到自己是整个家庭的领导者，他们有责任教导小孩认识人类的真实面进而了解人生。领导者的形态是民主的；领导者的能力并非天生的，而是学习的。①

因此我们可以说，儿童哲学与主张家庭教育、修身思想以及主体认同与关系认同的中国哲学思想，是不可分离的。作为中国哲学的代表且承上启下的朱子理学，便是我们在儿童哲学探索中不可绕过的一环。

---

① （美）维琴尼亚·萨提尔：《家庭如何塑造人》，吴就君译，台北：张老师文化事业股份有限公司，2019 年，第 18 页。

第二章

蒙学思想与儿童哲学

朱熹的教育思想比较庞杂，大体可分为"大学"和"小学"两个部分。他在"小学"中揭示了其思想中的儿童观。这种儿童观在他的著作《小学》《童蒙须知》《近思录》和《朱子语类》中都有充分的体现。朱熹的教育模式不同于我们普遍理解的古代教育中那种枯燥的师训弟背的教育模式，在他的存世文本中，我们发现了重视问答式与陪伴式的教育方法。而这些教育方法，与李普曼和马修斯所主张的"陪伴孩子的哲学"的儿童哲学理念颇为类似。前者虽然不如后者那样精美，但这种教育的设计却早已凸显出来。于是，我们"猛然发现这种风靡各学术圈的教学法，竟然源自自家的哲学精神"。进而，从朱子理学的视角中挖掘当代儿童哲学思想印迹，便具有一定的可能性。在朱熹的时代，并不存在儿童哲学这个词，而且儿童哲学与蒙学还存在一定的区别。因此，需要明确的是，我们在探讨朱熹儿童哲学思想的过程中，既要尊重儿童哲学的发起者李普曼对儿童哲学所下的定义，亦要挖掘朱熹理学中儿童哲学的独有特色。这些特色借助于现代的表述则可以包括教师主导、价值引导等方法论层面，也包括天理意识的本体论、格物致知的知识论及修身至德的伦理学面向。以上既可回答朱熹儿童哲学存在的合理性问题，亦可为中国儿童哲学的研究开辟一条可行的新路。

儿童哲学是 21 世纪前后在世界流行的一种哲学研究方向，它起源于 20 世纪 70 年代美国哥伦比亚大学哲学教授李普曼创建的一项以儿童为对象的教育计划。"李普曼首先将其建立在'思想'上，在儿童思想的研究上，也就是儿童哲学的主要内容在于'思想的思考'，于是人们开始探索：（1）有关儿童的思想；（2）对于儿童的思想进行改进的问题。"[①]潘小慧说：

---

① 转引自詹栋梁《儿童哲学》，台北：五南图书出版有限公司，2000 年，第 8 页。

"儿童哲学"的英文是"Philosophy for Children",也就是"为"儿童设计的哲学教育计划,或者可以说是针对儿童的哲学训练。其中包括编撰一系列的思考故事、哲学小说与教室手册。①

这里点明了儿童哲学研究的主要内容和运行方式。不同区域的儿童哲学并不是完全等同的存在状态,它们有着不同的特点。"美国的儿童哲学较强调思考与推理,而欧洲的儿童哲学则较强调分析与判断。"②也就是说,不同的国家、地区可以开展不同种类的儿童哲学教育。自然,有着五千年文明的中国也可以开出属于自己的儿童哲学系统。

虽然儿童哲学在发展中呈现出绚丽多彩的多样性,但这"并无损于他们对儿童哲学的重视与发扬"③。潘小慧指出:

> 儿童哲学并非一门纯理论哲学,而更像是如政治哲学、教育哲学般之应用哲学。儿童哲学的这三种意涵:Philosophy for Children、Philosophy with Children 和 Philosophy by Children,其实并不冲突对立,发展中的儿童应当同时关注到这三层意涵,也就是:
>
> (一)认识与意识到儿童的思维特性,尊重并欣赏儿童的创意与表现(Philosophy by Children);
>
> (二)大人愿意花时间和精力陪伴儿童一起从事哲学思考活动,愿意用以儿童为核心的方式在各种具体情境中一起做哲学(Philosophy with Children);
>
> (三)灵活运用并开发适当教材教法,包括如何叙事、如何说故事、如何提问、如何厘清问题、如何讨论、如何对话等之规划,引导儿童从事哲学思考活动(Philosophy for Children)。④

结合以上叙述,我们可以发现儿童哲学具有以下三个特征:一是儿童哲学注重

---

① 潘小慧:《儿童哲学的理论与实践》,第 14 页。
② 同上,第 16 页。
③ 同上。
④ 同上。儿童哲学的英文原名不是"Philosophy of Children",不是儿童"的"哲学,这与以科学为哲学探讨对象的"科学哲学"(Philosophy of Science)等哲学分支不尽相同……"儿童哲学"的英文名为"Philosophy for Children",也就是"为"儿童设计的哲学教育计划,或者可以说是针对儿童的哲学训练……此计划的内容简而言之就是:带领儿童亲身体验哲学讨论的过程,借此改进及增益其推理能力。

实践与理论的结合，而偏重实践；二是儿童哲学注重儿童的主体性，强调对儿童主动性的挖掘；三是儿童哲学的重点在于培养儿童的哲学思考能力，而不是知识的传授。我们以这三个特征来对标朱熹文本，可以发现他的理论中也含有这些方面。

在《周易本义》中，朱熹引《易经·蒙卦》说："匪我求童蒙，童蒙求我。初筮告，再三渎，渎则不告。利贞。"①这句话是说，"不是我去要求童蒙来受教，而②是童蒙来求教于我。犹如要求卜筮一样，初来时真诚求教，便要告知他。如果再三烦琐，便有亵渎的意思，就不可以再告知他了。本卦又具备有利和贞正的作用"③。象曰："'匪我求童蒙，童蒙求我'志应也。"④这句话是说，"不是我去求童蒙，就是童蒙来求教于我。这是说：须要彼此的志趣互相感应"⑤。这便是注重儿童哲学中的对儿童主动性学习的培养。朱熹说："人来求我，我则当视其可否而告之。"⑥这就是说，当儿童来向我求教时，我需要看看这个孩子是否是真诚求学，才能决定是否教育他。这也符合儿童哲学对儿童主动性学习的强调。除此之外，这里含有对"诚敬"的哲学引导，如"盖视其来求我之发蒙者，有初筮之诚则告之，再三烦渎，则不告之也"⑦。也就是说，儿童的求学，单次以表现"诚心"为儒者工夫修行的本质，如若求学者反复质疑老师，则为学生求学的"不诚"状态，这其实是当代儿童教育中出现的一个值得关注的问题。于是，我们要明确的是，对儿童进行儿童哲学的训练时，我们虽然鼓励儿童发问，却不鼓励他们"胡乱发问"或者"无诚发问"，而是要引导他们进行有效的发问，进而让他们提出好问题。这便是"如何提问、如何厘清问题、如何讨论、如何对话等之规划"等儿童哲学方面的研究内容。

总而言之，儿童哲学研究与中国哲学研究不是泾渭分明的两条平行线，他们在最初的发端层面及未来的发展中都可以达到殊途同归的状态。因此，在儿童教育的层次中融入中国传统思想，对当代儿童哲学研究中的"重主体而弱家庭"及"父母在儿童哲学中的弱势"等问题的改善，是有着一定的积

---

① 朱熹撰，朱杰人、严佐之、刘永翔主编：《朱子全书》第 1 册，2010 年，第 35 页。

② 原文为"就"。为更加符合文义，故改之。——作者注

③ 徐芹庭、南怀瑾注释：《周易今注今译》，台北：商务印书馆，1971 年，第 53 页。

④ 朱熹撰，朱杰人、严佐之、刘永翔主编：《朱子全书》第 1 册，第 35 页。

⑤ 徐芹庭、南怀瑾注释：《周易今注今译》，第 53 页。

⑥ 黎靖德：《朱子语类》，第 1746 页。

⑦ 同上。

极作用的。

第一节　朱熹的儿童观

朱熹的儿童观主要围绕"童蒙""赤子""求放心""小儿"等核心观念而展开。这些思想散见于《朱子语类》《小学》《童蒙须知》和《近思录》等著作中。我们可以从以下三个方面来阐述朱熹的儿童观。

一、童蒙之教

除了《小学》《近思录》等以故事、义理为形式的著作外，朱熹的儿童哲学思想常以对话的形式在《朱子语类》中展现出来。我们先来看《朱子语类》的一段记载：

> 问："'礼闻取于人，不闻取人；礼闻来学，不闻往教。'吕与叔谓上二句学者之道，下二句教者之道。取，犹致也。取于人者，我为人所取而教之；在教者言之，则来学者也。取人者，我致人以教己；在教者言之，则往教者也。此说如何？"
>
> 曰："道理亦大纲是如此，只是说得不甚分晓。据某所见，都只就教者身上说。取于人者，是人来求我，我因而教之；取人者，是我求人以教。今欲下一转语：取于人者，便是'有朋自远方来''童蒙求我'；取人者，便是'好为人师''我求童蒙'。"①

上面这段话是说，儿童教育应该有两个层面：一是"取于人者，是人来求我，我因而教之"；二是"取人者，是我求人以教"。在朱熹看来，儿童教育的核心应该是以受教育者为主导，而教育者应该处在一种被动等待的状态。这与我们今天学校的教育方式完全相反。于是，他向我们展示出教育中常出现的两种现象：一是受教之人是自己有所需求，而自来求知，是为学而学；二是教育者主动前去授之，是求人以教，也就是"好为人师"。两者相较，朱熹更倾向于前一种，即"童蒙求我"，"'童蒙'则又教人以须是如童蒙而求资益于人，方

---

① 黎靖德：《朱子语类》，第 2228—2229 页。

吉"①。即是说，儿童教育必须强调的是教师根据儿童的主动性求学来施教，这样才能取得好的教育效果。此为朱熹儿童观的第一个方面，即"为孩子的哲学"。

二、小儿之道

朱熹的儿童观里有一个颇为新奇的观念，即"小儿"。这个"小儿"观念围绕儿童的工夫进路而频繁出现，如"教小儿读诗，不可破章"②。在朱熹看来，"小儿"本身就具有善的源泉，具有成为圣贤的可能。朱熹说："古者小学已自养得小儿子这里定，已自是圣贤坯璞了，但未有圣贤许多知见。及其长也，令入大学，使之格物、致知，长许多知见。"③这就是说，古代的小学教育中常出现这样的思想：小儿自身先天就已经具备了成为圣贤的可能，但是他们没有圣贤的那些知识。等到他们大一些，进入"大学"阶段的学习，开始接触格物、致知的方法，就自然能学会很多知识。但是朱熹同时指出，"小儿"成为圣贤，不是因为他们本来就具有知识。他们依然需要借助他人（父母或师长）的帮助和陪伴。

朱熹说："古人小学养得小儿子诚敬善端发见了。然而大学等事，小儿子不会推将去，所以又入大学教之。"④也就是说，小儿的成圣成贤的伦理学思维，是在与社会、家庭的"事"的关系中逐步建立形成的。大人需要花时间和精力陪伴儿童一起在"事君，事父，事兄，处友等事"⑤的工夫中思考自我与社会、自我与家庭的伦理关系，陪伴儿童在具体情境中完成"明理"的践行工夫。朱熹说："须庄敬诚实，立其基本，遂事遂物，理会道理。待此通透，意诚心正了，就切身处理会，旋旋去理会礼乐射御书数。"⑥这也是朱熹强调"小学"之教的一个原因。注重儿童伦理学思想中成人的陪伴及成人与儿童在共同的活动（礼、乐、射、御、书、数）中体会天道，进而理解在此事基础上的"发现此事之理"，此为朱熹儿童观的第二个方面，即"陪伴孩子的哲学"。

---

① 黎靖德：《朱子语类》，第 1621 页。
② 同上，第 126 页。
③ 同上，第 124 页。
④ 同上。
⑤ 同上，第 125 页。
⑥ 同上，第 124 页。

三、赤子之心

"赤子之心"是朱熹理论中一个非常重要的概念。他经常用儿童的"赤子之心"来诠释伦理学中的敬、诚思想。关于这一点，我们将在后面详细论述。《朱子语类》中有这样一段记载：

> 贺孙问："如'孩提之童，无不知爱其亲；及其长也，无不知敬其兄'，这个不是旋安排，这只就他初发上说。"
>
> 曰："只如今不能常会如此。孩提知爱其亲，如今自失了爱其亲意思；及其长也知敬其兄，如今自失了敬其兄意思，须着理会。孟子所以说'大人者，不失其赤子之心'，须要常常恁地。"①

这里的"无不知爱其亲""无不知敬其兄"在朱熹看来，是儿童在质朴面向上的一种天理的表达。孩子的"爱其亲""敬其兄"呈现出儿童"赤子之心"的一个重要方面，而这个方面则构成了儒家伦理思想追求的性善之端。

我们知道，在孟子的思想里，"四端之情"②是其性善论的主要依据。而朱熹在发展"四端之情"时，则将"赤子之心"设定为"四端之情"的形下展现。于是，形上的理论由于形下的具体补充，可以起到良好的示范效果。朱熹以"赤子"为主线，意在讨论儒家工夫中的"敬"思想。而"敬"思想是朱熹工夫论中极为重要的一个环节。因此，我们可以说，朱熹在儿童的"赤子"时期发现了"敬"的工夫来源。朱熹说：

> 涵养此心须用敬。譬之养赤子，方血气未壮实之时，且须时其起居饮食，养之于屋室之中而谨顾守之，则有向成之期。才方乳保，却每日暴露于风日之中，偃然不顾，岂不致疾而害其生耶！③

在这里，朱熹借助父母诇赤子的事例，将"敬"工夫形象地表达了出来。他的这种儿童观主要是为了让成人认识在与儿童交往中呈现出来的思维特性，让成人在尊重并欣赏儿童的内在本质与外在表现的同时，反思成人从儿童之处汲取

---

① 黎靖德：《朱子语类》，第 1335—1336 页。
② 即恻隐、羞恶、辞让、是非之情。——作者注
③ 黎靖德：《朱子语类》，第 2456—2457 页。

的工夫参照。此为朱熹儿童观的第三个方面，即"从孩子中来的哲学"。

第二节 朱熹儿童哲学的文本搜集

有关朱熹儿童哲学的文本较多。除了前面我们提到的《朱子家训》《童蒙须知》，还有《小学》《近思录》《通书注》和《朱子语类》等相关文本。在如此丰富的文本之中，选取一定的样本来处理朱熹儿童哲学的哲学来源问题，是有不小的难度的。因此，以下的选择，并不是介绍朱熹儿童哲学最适合的材料，但它们却是一些研究朱熹儿童哲学思想的典型文本参考。

文本一：《小学题辞》节选

元亨利贞，天道之常。仁义礼智，人性之纲。凡此厥初，无有不善。蔼然四端，随感而见。爱亲敬兄，忠君弟长。是曰秉彝，有顺无强。惟圣性者，浩浩其天。不加毫末，万善足焉。众人蚩蚩，物欲交蔽。乃颓其纲，安此暴弃。惟圣斯恻，建学立师。以培其根，以达其支。小学之方，洒扫应对。入孝出恭，动罔或悖。行有余力，诵诗读书。咏歌舞蹈，思罔或逾。穷理修身，斯学之大。明命赫然，罔有内外。德崇业广，乃复其初。昔非不足，今岂有余。世远人亡，经残教弛。蒙养弗端，长益浮靡。乡无善俗，世乏良材。利欲纷拏，异言喧豗。幸兹秉彝，极天罔坠。爰辑旧闻，庶觉来裔。嗟嗟小子，敬受此书。匪我言耄，惟圣之谟。①

文本二：《童蒙须知》节选

夫童蒙之学，始于衣服冠履，次及语言步趋，次及洒扫涓洁，次及读书写文字，及有杂细事宜，皆所当知。今逐目条列，名曰《童蒙须知》。若其修身治心，事亲接物，与夫穷理尽性之要，自有圣贤典训昭然可考，当次第晓达，兹不复详著云。②

---

① 朱熹撰，朱杰人、严佐之、刘永翔主编：《朱子全书》第 13 册，第 394 页。
② 同上，第 371 页。

文本三：《近思录·卷十一》节选

教人未见意趣，必不乐学。欲且教之歌舞，如古《诗》三百篇，皆古人作之。如《关雎》之类，正家之始，故用之乡人，用之邦国，日使人闻之。此等诗，其言简奥，今人未易晓。别欲作诗，略言教童子洒扫应对事长之节，令朝夕歌之，似当有助。

子厚以礼教学者最善，使学者先有所据守。

语学者以所见未到之理，不惟所闻不深彻，反将理低看了。

舞、射便见人诚。古之教人，莫非使之成己。自洒扫应对上，便可到圣人事。

自"幼子常视无诳"以上，便是教以圣人事。

先传、后倦，君子教人有序：先传以小者近者，而后教以大者远者；非是先传以近小，而后不教以远大也。

伊川先生曰：说书必非古意，转使人薄。学者须是潜心积虑，优游涵养，使之自得。今一日说尽，只是教得薄。至如汉时说下帷讲诵，犹未必说书。

古者八岁入小学，十五入大学，择其才可教者聚之，不肖者复之农亩。盖士农不易业，既入学则不治农，然后士农判。在学之养，若士大夫之子，则不虑无养；虽庶人之子，既入学则亦必有养。古之士者，自十五入学，至四十方仕，中间自有二十五年学，又无利可趋，则所志可知，须去趋善，便自此成德。后之人，自童稚间已有汲汲趋利之意，何由得向善？故古人必使四十而仕，然后志定。只营衣食却无害，惟利禄之诱最害人。人有养，便方定志于学。

天下有多少才！只为道不明于天下，故不得有所成就。且古者"兴于《诗》，立于礼，成于乐"。如今人怎生会得？古人于《诗》如今人歌曲一般，虽闾巷童稚，皆习闻其说而晓其义，故能兴起于《诗》。后世老师宿儒，尚不能晓其义，怎生责得学者，是不得兴于《诗》也。古礼既废，人伦不明，以至治家皆无法度，是不得立于礼也。古人有歌咏以养其性情，声音以养其耳目，舞蹈以养其血脉，今皆无之，是不得成于乐也。古之成材也易，今之成材也难。

孔子教人，"不愤不启，不悱不发"。盖不待愤悱而发，则知之不固；待愤悱而后发，则沛然矣。学者须是深思之，思而不得，然后为他说便好。初学者，须是且为他说，不然，非独他不晓，亦止人好问

之心也。（已上并《遗书》）

横渠先生曰："恭敬撙节退让以明礼。"仁之至也，爱道之极也。己不勉明，则人无从倡，道无从弘，教无从成矣。

《学记》曰："进而不顾其安，使人不由其诚，教人不尽其材。"人未安之，又进之；未喻之，又告之。徒使人生此节目。不尽材，不顾安，不由诚，皆是施之妄也。教人至难，必尽人之材，乃不误人。观可及处，然后告之。圣人之明，直若庖丁之解牛，皆知其隙，刃投余地，无全牛矣。人之才足以有为，但以其不由于诚，则不尽其才。若曰勉率而为之，则岂有由诚哉？（《横渠礼记说》。下同）

古之小儿，便能敬事。长者与之提携，则两手奉长者之手；问之，掩口而对。盖稍不敬事，便不忠信。故教小儿，且先安详恭敬。①

文本四：《通书注：蒙艮第四十》节选

"童蒙求我"，我正果行，如筮焉。筮，叩神也。再三则渎矣，渎则不告也。此通下三节，杂引《蒙卦彖》《象》而释其义。童，稚也。蒙，暗也。我，谓师也。筮，揲蓍以决吉凶也。言童蒙之人，来求于我，以发其蒙，而我以正道果决彼之所行，如筮者叩神以决疑，而神告之吉凶，以果决其所行也。叩神求师，专一则明，如初筮则告，二三则惑。故神不告以吉凶，师亦不当决其所行也。②

以上文本，基本可以概括朱熹儿童哲学的主要思路。借助以上材料，接下来我们讨论朱熹儿童哲学中要表达的问题意识。

第三节 朱熹儿童哲学的问题意识

一、天理意识与本体论分析

《小学题辞》文本是朱熹"小学"思想中的一个纲领性文献。如何在既有的儿童哲学理论下，探讨朱熹儿童哲学理论向儿童传达的教育方法是什么，这是一个重要的问题。《小学题辞》对元亨利贞、仁义礼智进行了强调，基本上

---

① 朱熹撰，朱杰人、严佐之、刘永翔主编：《朱子全书》第 13 册，第 269—271 页。
② 同上，第 129 页。

奠定了朱熹以儒家思想为基础的儿童观的核心。按照朱熹的理解，"元亨利贞"的天道之常，"仁义礼智"的人性之纲，爱亲敬兄、忠君长弟及惟圣性者的浩浩其天，是其儿童哲学应有的理论基础。这也就是说，虽然朱熹在《朱子语类》等文本中鼓励弟子及门人发问，主张多维思考，但天理本体的根本性是不能动摇的。朱熹的教育思想强调要通过各种方式（如格物致知的知识建构、山水美学的美育教育、"求其放心"的良心本体追求），最终达到"复性以归仁"的教育目的。

朱熹在《童蒙须知》中也表达了相似的观点。如上所言的"修身治心，事亲接物，与夫穷理尽性之要"，便体现了这种思想。朱熹说："凡此五篇[①]，若能遵守不违，自不失为谨愿之士，必又能读圣贤之书，恢大此心，进德修业，入于大贤君子之域，无不可者。"[②]严文儒指出："作为教育家的朱熹，一生有关教育的著述甚多，而尤重于蒙学教育。他认为，儿童接受童蒙教学打好基础，学会谨守心术之要、威仪之则、衣服之制和饮食之节，养成正道，'于洒扫应对进退之间，持守坚定，涵养纯熟'，成年之后，才能'通达事物''无所不能'。基于此，朱熹撰写了《童蒙须知》，以规范儿童的思想品行、言谈举止。"[③]

朱熹在其理学启蒙读物《近思录》中，也肯定了天理本体的存在依据。《近思录》中朱熹较为看重儿童哲学的读本。朱熹曾写信给宰相陈俊卿说：

> 蒙谕第二令孙为学之意，乃能舍世俗之所尚，而求夫有贵于己者，此盖家庭平日不言之教有以启之，非面命耳提之所及也……伊洛文字亦多，恐难遍览，只前此所禀《近思录》乃其要领。只此一书，尚恐理会未彻，不在多看也。《大学》《中庸》，向所纳呈谬说，近多改正，旦夕别写拜呈。近又编《小学》一书，备载古人事亲事长、洒扫应对之法，亦有补于学者。并俟录呈，乞赐裁订，以授承学也。[④]

王澔指出，朱熹曾将此书推荐给宰相陈俊卿以作为其孙的理学读本，由此可看出朱熹自己对此书也是相当满意的。①因此,《近思录》应该是朱熹最看重的儿童哲学文本。

《近思录》对天理本体的体现最为明显。其开篇便说:"濂溪先生曰:无极而太极。太极动而生阳,动极而静;静而生阴,静极复动……圣人定之以中正仁义圣人之道,仁义中正而已矣。而主静,无欲故静。立人极焉。故圣人与天地合其德,日月合其明,四时合其序,鬼神合其吉凶。君子修之吉,小人悖之凶。故曰:'立天之道,曰阴与阳;立地之道,曰柔与刚;立人之道,曰仁与义。'又曰:'原始反终,故知死生之说。'大哉《易》也,斯其至矣!"②这足见朱熹儿童哲学的天理、仁义本体的特征。除此之外,《小学》也提出"顺理则裕,从欲惟危。造次克念,战兢自持。习与性成,圣贤同归"③,基本也是这种思想的表达。

二、致知次第与知识论分析

清代儒者张伯行指出:

"古者有大学、小学之教。八岁入小学,十五入大学。大学之书,传自孔门,立三纲领、八条目,约二帝三王教人之旨以垂训,程子以为入德之门是也。而小学散见于传记,未有成书,学者不能无憾。于是朱子辑圣经贤传及三代以来之嘉言善行,作《小学》书……使夫入大学者,必先由是而学焉。"又云:"朱子自谓一生得力只看得《大学》透。而又辑《小学》一书者,以为人之幼也,不习于小学,则无以收其放心、养其德性,而为大学之基本。"④

这里讲的是哲学知识论的认知次第。在朱熹看来,作为行为主体的个人对世界的系统认识主要分为两个阶段:小学与大学。其中,小学期间认识的成败,与大学最终取得的成效具有一定的关系。这个关系表现为小学成为大学的前提与基础。这就是朱熹说的"不习于小学,则无以收其放心、养其德性,而为大学之基本"。在《小学题辞》中,也有"小学之方"先于"穷理修身"的表述。

---

① 朱熹撰,朱杰人、严佐之、刘永翔主编:《朱子全书》第13册,第152页。
② 同上,第167页。
③ 同上,第452页。
④ 同上,第379—380页。

《近思录》更是以系统的方式呈现了认知的先后顺序。《朱子语类》记载：

> 《近思录》逐篇纲目：（一）道体；（二）为学大要；（三）格物穷理；（四）存养；（五）改过迁善，克己复礼；（六）齐家之道；（七）出处、进退、辞受之义；（八）治国、平天下之道；（九）制度；（十）君子处事之方；（十一）教学之道；（十二）改过及人心疵病；（十三）异端之学；（十四）圣贤气象。①

这基本上介绍了《近思录》的认识次序。虽然朱熹曾言"若于第一卷未晓得，且从第二、第三卷看起"②，但基本上能判定朱熹的知识论次第是没有太大的变动的。

同样，对于《小学》与《近思录》，朱熹认为这两个文本也存在着一定的先后认知次序，如"修身大法，小学备矣；义理精微，近思录详之"③。这基本上又点明了掌握《小学》是学习《近思录》的前提与基础。我们以现代的教育思路来看，这样的安排也是合理的。相对于抽象的"义理精微"，《小学》中的故事性渲染，是能更好地被儿童理解的。在儿童哲学的教育模式中，有很大一部分是故事教育，这基本上与朱熹《小学》教育的思想吻合。

同时，朱熹就知识的认知本身也构建了一个可遵循的次序，即"《近思录》好看。四子，六经之阶梯；《近思录》，四子之阶梯"④。这里的"四子"主要指《四书章句集注》，而"六经"则为《诗》《书》《礼》《易》《乐》《春秋》的合称。按照儒家的认识论体系，"六经"为认识的基本文献。我们通过儿童哲学思路来分析朱熹教育思想的建构，发现他建立了一条《小学》—《近思录》—"四书"—"六经"的完整认知体系。可以说，从儿童哲学发展的角度，我们可以清晰地明白朱熹知识论的理论体系。在他看来，儒家思想作为一个伴随儿童一生的哲学思想，一定是具有连贯性的。这个连贯性体现在两个方

---

① 黎靖德：《朱子语类》，第 2629 页。
② 同上。这句话说，"第一卷很难，不好理会，可以先略过第一卷，从第二、第三卷开始读起"。从文本表面呈现出来的内容来看，似乎《近思录》的学习秩序是可以打乱的，这其实是一种误解。朱熹与吕祖谦在编撰完《近思录》后，将儿童较难理解的《道体》一章放在书首，目的是强调这一章在全书中的奠基之功。但是，他们也知道儿童对于抽象的无极、太极等观念是难以理解的，所以提出可以先看后面，然后再返回来看第一章，就容易得多。这并不代表朱熹知识论次第存在着可变动的空间。
③ 黎靖德：《朱子语类》，第 2629 页。
④ 同上。

面：一是知识传授的由简到难。如《童蒙须知》与《小学》最易，《近思录》次之，"四书"与"六经"则最难。二是知识的溯源与发展。在朱熹看来，"格物致之"是知识溯源与发展的方法和知识途径。如朱熹在追求"理"思想的源头时将目光指向了《易经》和"观象授时"。朱熹说："浑象之说，古人已虑及此，但不说如何运转。今当作一小者，粗见其形制，但难得车匠耳。"①又说："竹尺一枚，烦以夏至日依古法立表以测其日中之景，细度其长短示及。"②此为一例。

再者，他的"格物致知"也在认识上探索了真理存在的本然。如探索"天道之常"和"人性之纲"。值得一提的是，较西方的知识论系统而言，朱熹的知识论是明显偏向于伦理学的。因此，就他的知识论的验证方式而言，不可以采用通过实验反复验证的方式，而只能是通过"自家体会"③或"古圣先贤"的言论加以证明。因此，他的知识论的一个特点便是以"伦理道德"做知识验证的标准。当然，相对于当代的知识论体系而言，他的这种验证是经不起严格的逻辑批判的。但是，在当代知识论（主要是笛卡尔知识论思想）产生之前，他的标准在现实践行中也具有一定的可行性。因此，我们不必在此对其进行过多的苛责。

除此以外，朱熹对认识主体的主动性也做了一定的界定。在《通书注》中，朱熹说："言童蒙之人，来求于我，以发其蒙，而我以正道果决彼之所行，如筮者叩神以决疑，而神告之吉凶，以果决其所行也。叩神求师，专一则明，如初筮则告，二三则惑。故神不告以吉凶，师亦不当决其所行也。"④这里阐释了朱熹治学的一个行为主体的先后次序选择，即生问师答、生惑师教的教学逻辑模式，反对"好为人师"。这与当代儿童哲学的理念十分契合。"在儿童哲学的范围内，应使儿童自己思考如何理解我与他人的关系、这种关系的核心是什么以及如何寻找相互间的联结点等，并使其能够自发主动去理解和行动。"⑤

总之，在朱熹的知识论体系中，一是言明了致知的工夫文本次第、工夫次

---

① 朱熹撰，朱杰人、严佐之、刘永翔主编：《朱子全书》第 25 册，第 4713 页。

② 朱熹撰，朱杰人、严佐之、刘永翔主编：《朱子全书》第 22 册，第 1968 页。

③ 朱熹在这一点上与程颢和陆九渊的工夫验证方法相似，甚至在某种程度上是相同的。这也是他被认为是"心学家"的一个原因。但他的这种工夫与二者又不相同，他的"与心相映"的前提是在格物时找到相应的体验而得，而非完全地靠自身的"顿悟"或"冥想"。

④ 朱熹撰，朱杰人、严佐之、刘永翔主编：《朱子全书》第 13 册，第 129 页。

⑤ 尹锡珉、李溱镕：《论道家的儿童哲学与人性教育的方法论：以老子和庄子为主》，《哲学与文化》2017 年第 12 期，第 66 页。

第，二是言明了师生行为主体之间的主动性顺序，三是言明了知识验证的标准与方法。此三者虽然贯穿于朱子理学的始终，却在儿童哲学方面表现得更为明显。

三、修身工夫与伦理分析

尹锡珉、李溙镕指出："儿童教育和人的教育是儿童哲学教育中最核心的主题之一。儿童最重要的是要学习一个社会中公认的道德规范。"①而在朱熹的理论中，专注于儿童的《小学》则是确认道德规范的基础与前提。朱熹说：

> 古者小学，教人以洒扫应对进退之节、爱亲敬长隆师亲友之道，皆所以为修身、齐家、治国、平天下之本。而必使其讲而习之于幼稚之时，欲其习与智长、化与心成，而无扞格不胜之患也。今其全书虽不可见，而杂出于传记者亦多。读者往往直以古今异宜而莫之行，殊不知其无古今之异者，固未始不可行也。今颇搜辑以为此书，授之童蒙，资其讲习，庶几有补于风化之万一云尔。②

朱熹要表达的，一是小学（儿童哲学）为其大学之本。在朱熹看来，洒扫应对进退之节及爱亲、敬长、隆师、亲友之道，都是修身、齐家、治国、平天下的基础与前提。二是朱熹的儿童哲学强调的是一种为己的修身之学。在朱熹看来，"圣人教人，只是为己"③。也就是说，在朱熹看来，"授之童蒙，资其讲习"，实际上是帮助儿童修身的阶梯。因此，在朱熹的理论中，无论是洒扫、应对、进退之节，还是修身、齐家、治国、平天下之道，其目的都是"习与智长、化与心成"。同时，《近思录》所言"盖稍不敬事，便不忠信。故教小儿，且先安详恭敬"，也应是这个意思。朱熹在谈卜筮时说："'童蒙'则又教人以须是如

---

① 尹锡珉、李溙镕：《论道家的儿童哲学与人性教育的方法论：以老子和庄子为主》，《哲学与文化》2017年第12期，第66页。
② 朱熹撰，朱杰人、严佐之、刘永翔主编：《朱子全书》第13册，第393页。
③ 黎靖德：《朱子语类》第13册，第243页。对这句话的理解，可追溯到"古之学者为己，今之学者为人"（《论语·宪问》）。程子说："为己，欲得之于己也。为人，欲见知于人也。"（朱熹：《四书章句集注》，第146页。）"为己之学"意为圣贤读书，都是为了提高自己的认识，修正自己的品行，所以是"为自己而读书"。"为人之学"，是为了宣扬自己的学识，希望得到别人的承认，倾向于从别人的肯定与赞扬中寻找学习的意义。因此，两者相较，自然"为己之学"是圣人所选。不能将"为己之学"理解为"为自己的利益而学习"，这是古今语言表达方式的不同，需要注意。

童蒙而求资益于人，方吉。"①这里朱熹要表达的也是古人"为己之学"的修身
思想。

朱熹的这种"为己之学"，在修身层面则表示出"诚"的道德修养。朱熹
说："古之学者为己，故其立心如此。"②《中庸》第三十一章与第三十三章，
均谈论修身以诚的观念。

> 唯天下至诚，为能经纶天下之大经，立天下之大本，知天地之化
> 育。夫焉有所倚？肫肫其仁！渊渊其渊！浩浩其天！苟不固聪明圣知
> 达天德者，其孰能知之？③
> 诗曰"衣锦尚䌹"，恶其文之著也。故君子之道，暗然而日章；
> 小人之道，的然而日亡。君子之道：淡而不厌，简而文，温而理，知
> 远之近，知风之自，知微之显，可与入德矣。诗云："潜虽伏矣，亦孔
> 之昭！"故君子内省不疚，无恶于志。君子之所不可及者，其唯人之所
> 不见乎。诗云："相在尔室，尚不愧于屋漏。"故君子不动而敬，不言
> 而信。④

朱熹在诠释这两章时指出：

> 前章（第三十一章）言圣人之德，极其盛矣。此复自下学立心之
> 始言之，而下文又推之以至其极也。诗国风卫硕人、郑之丰，皆作
> "衣锦褧衣"……古之学者为己，故其立心如此。尚䌹故暗然，衣锦
> 故有日章之实。淡、简、温，䌹之袭于外也；不厌而文且理焉，锦之
> 美在中也。小人反是，则暴于外而无实以继之，是以然而日亡也。远
> 之近，见于彼者由于此也。风之自，著乎外者本乎内也。微之显，有
> 诸内者形诸外也。有为己之心，而又知此三者，则知所谨而可入德矣。
> 故下文引诗言谨独之事……无恶于志，犹言无愧于心，此君子谨独之
> 事也……承上文又言君子之戒谨恐惧，无时不然，不待言动而后敬信，

---

① 黎靖德：《朱子语类》，第 1621 页。
② 朱熹：《四书章句集注》，第 40 页。
③ 同上，第 39 页。
④ 同上，第 40 页。

则其为己之功益加密矣。故下文引诗并言其效。①

以着装来理解修身以诚，是朱熹儿童教育思想的一个主要方面，也是其"为己之学"所要强调的面向。从这个线索上来说，我们可清晰看到朱熹理论中强调小学教育是大学教育的基础和根据的面向。人在儿童时期，赤子之心尚存，这是成人教育所无法比拟的。朱熹在其教育文本的编排上，按照《小学》—《近思录》—"四书"—"六经"这个顺序加以排列，足见其用心。因此，如果小学出现问题，大学虽可依然进行，但无法成圣成贤的风险性会增加。朱熹说："学之大小，固有不同。然其为道则一而已。是以方其幼也，不习之于小学，则无以收其放心，养其德性，而为大学之基本。"②可见小学阶段对儿童做修己之功的作用。但是，如果人在小学之时未受到良好的德行训练，虽依然可能修身以德，取得一定的成就，但总是充满着风险。朱熹说：

> 幼学之士，以子之言而得循序渐进，以免于躐等陵节之病，则诚幸矣；若其年之既长，而不及乎此者，欲反从事于小学，则恐其不免于扞格不胜，勤苦难成之患。欲直从事于大学，则又恐其失序无本，而不能以自达也，则如之何？曰：是其岁月之已逝者，则固不可得而复追矣。若其功夫之次第条目，则岂遂不可得而复补耶！盖吾闻之敬之一字，圣学所以成始而成终者也。为小学者，不由乎此，固无以涵养本原，而谨夫洒扫、应对、进退之节，与夫六艺之教。为大学者，不由乎此，亦无以开发聪明、进德、修业，而致夫明德新民之功也。③

以此观之，朱熹的儿童教育思想中显示出明显的儿童哲学的特征。也就是说，朱熹的蒙学思想及其理学思想，是一种 Philosophy with Children 和 Philosophy for Children 的儿童哲学培养模式。在朱熹看来，儿童的这种哲学培养是至关重要的，不可或缺。虽然并不能完全否定成人后的修德成人的可能，但儿童时期的哲学修养对其德性的养成的重要性是需要被重视的。朱熹说"不由乎此，亦无以开发聪明、进德、修业，而致夫明德新民之功也"，便是这种思想的表达。

---

① 朱熹：《四书章句集注》，第40页。
② 《四库全书荟要》（经部第七二册），台北：世界书局，1997年，第73页—9，下。
③ 同上，第73页—10，上下。

结　语

关于朱熹是否存在儿童哲学的回答，涉及朱熹儿童哲学存在的合理性与合法性的问题。一般来说，以当代概念来诠释古代经典，或以当代理念来诠释古代的哲学观，都是充满风险的：一是当代观念中所用概念与古代中国所用之概念完全不同；二是由于概念内涵和外延的发展，同一语词在不同的时空中所表现的含义也并不完全相同。因此，以今释古毕竟困难重重，但这却值得一试。任何一种思想之所以流传至今而未消亡，是因为其与当代的思想有一定的融合性。因此，只要我们能从古人的思想中挖掘出适应当代儿童哲学发展的新路径，把握古今语词的连贯性，就不必过度苛求与古人思想的完全趋同，这才是古今对话的应有之途。

对于朱熹而言，除了本书所列举的《小学》《童蒙须知》和《近思录》，在民间广为流传的《朱子家训》也涵盖了朱熹的儿童观。在朱熹的儿童观中，理学思想依然是其儿童教育的核心与主轴。因此，他的儿童观一定含有儿童哲学的面向。朱熹的这种儿童哲学思想，与当代较为流行的李普曼式儿童哲学及马修斯式儿童哲学既有联系也有区别。其联系主要是指确定儿童的主体地位，引领儿童的价值导向，培养儿童的问题思维；区别在于，朱熹的儿童哲学偏重确定师长的主体地位，明确德行的修养本旨，培养儿童"复礼达仁"。当然，朱熹的儿童哲学思想相对于现当代的哲学思想来说，注定是朴素的。但其文本中所展示出来的有关儿童哲学思想的萌芽与趋势，配以两宋的政治文化环境，是值得我们借鉴的。

时至今日，儿童哲学的研究取向已成为儿童教育发展的一个趋势，但其中强调儿童绝对的主体性，弱化家长与教师在儿童教育中的作用的现象越发明显，这需要我们注意，也值得进一步思考。以儒家文化为代表的中国，需要预防儿童哲学中教师与家长主体性缺失的趋向。儿童需要的不仅是物质方面的满足，还有情感方面的沟通，特别是较小的儿童对父母具有较强的依赖，并渴望父母的陪伴和情感沟通。[1]这是不争的事实。因此，如何避免当代儿童哲学在发展中出现以下现象，将成为学者不得不重视的问题：

---

[1] 李娜娜：《亲子关系与小班幼儿焦虑的关系》，《陕西学前师范学院学报》2019 年第 35 期，第 94—98 页。

第一，部分学生被动学习，另一部分学生的任务又过重。

第二，同伴之间学习的排挤效应，不利于后续学习的发展。

第三，购置学习用品会给学生家长带来经济负担。

第四，儿童哲学教学所需要的时间较长，教学情境的设计较为复杂，教师需要较多的备课时间，在教学步骤上也需要重新调整。①这些都是当代儿童哲学发展中渐渐凸显出来的问题，需要解决。

朱熹的儿童哲学思想虽并不完善，还存在着一定的问题，如方法简单、过于注重理想化的道德进入等，但其对化解上述当代儿童哲学教育中出现的问题，是有一定的借鉴意义的。除此之外，朱熹儿童哲学与乡土文化教育的结合，可以填补传统文化缺失的当代幼儿教育。②儿童哲学作为一种新型的儿童教育理念，旨在开拓学生的问题意识与深度思考能力，注重其主体性的塑造。这与朱熹理学的教育理念也颇为相似，值得进一步探讨。

---

① 陈辰、刘微微：《"互联网+"视域下以 PBL 问题导向高层次思考的移动学习模式探讨》，《长春教育学院学报》2019 年第 9 期，第 34 页。

② 林赟：《幼儿园乡土环境创设现状调查与分析》，《陕西学前师范学院学报》2020 年第 36 期，第 104—111 页。

第三章

没有"儿童"的儿童哲学

加雷斯·B.马修斯的儿童哲学是西方儿童哲学的一个重要流派。其中,他的《童年哲学》(*The Philosophy of Childhood*)、《与儿童对话》(*Dialogues with Children*)和《哲学与儿童》(*Philosophy and the Young Child*)被称为"儿童哲学三部曲",对国内外研究儿童哲学的学者影响很大。他的儿童哲学偏重对儿童本身的探究,而很少谈及围绕儿童的其他社会关系。因此,与强调以儿童为绝对主体的马修斯儿童哲学相比,朱熹的儿童哲学则偏重"成人哲学"与"家庭哲学"。

于是,如果以马修斯的儿童哲学来做比较,朱熹的儿童哲学是一种"没有儿童"的儿童哲学。这里的"没有儿童",是指朱熹将"儿童"视为成人教育的前期阶段,表现为他的"小学"与"大学"的同构性。同时,朱熹在讨论儿童哲学时,主要以成人与家庭视角切入,而并非只是从儿童视角出发。这有两个方面的原因:

一是南宋儿童观在哲学语境上还处在萌芽阶段,这需要一个发展的过程;二是中国自古以来都是家国天下一体的状态,儿童的价值与意义往往要在家庭的存在中才得以体现。基于此,朱熹文本中的儿童无法达到马修斯主张的完全"主体性",父母也不存在为儿童"释放权利"。相反,朱熹希望通过父母和师长的"干预"使儿童形成上达"天理"、下至格物穷理的伦理道德目的。在这一路径上,父母与师长构成儿童上达天理的主要中介。但是,儿童并不是简单地对父母与师长表示"服从",或者任意听由父母或师长意识的摆布,其行为存在着一定的前提条件。父母与师长必须在"道德本心存在"的前提下,才具有教育儿童的资格,也就是朱熹对儿童说的"有德者,年虽下于我,我必尊之;不肖者,年虽高于我,我必远之",以获得父母与儿童互相限制的教育情景。

朱熹的儿童哲学指向并非仅限于儿童本身,他更强调以儿童哲学的方式来促进成人教育。在他的理论中,儿童哲学是成人教育的一部分。基于此,他进行了小学与大学的一体化建构，使小学成为大学的一部分。在其中，儿童哲学是"学以成人"的一个关键环节，也是成人教育中的预习与演练。无论是从"洒扫应对"的现实实践，还是《朱子家训》中的道德劝导，均可见到这种趋势。因此，如果我们将这种现象进行反观，可发现朱熹的儿童哲学，实际上是一种没有"儿童"的儿童哲学。这种没有"儿童"的含义是指：朱熹的儿童哲学侧重的不是"为孩子的哲学"，而是"陪伴孩子的哲学"和"从孩子中来的哲学"这两个方面。这虽然在教育本质上与当代的儿童哲学存在着一定的差异，但总的来说还是处于趋同的状态。

　　看待朱熹的儿童哲学，有以下三点需要注意：一是要辨析朱熹儿童哲学使用者的具体指向，即家庭而非儿童个人；二是要明确儿童哲学在朱熹家庭观中的位阶，即儿童哲学是家庭关系的一部分；三是儿童哲学的核心概念，即"赤子之心""小儿"和"家庭"。这三个部分可进一步细分为"大学"与"小学"。其次，"大学"是以家庭为核心的"格物致知、正心诚意"和"治国、平天下"；而"小学"则是以道德修养为核心的"修身"和"齐家"。"大学"与"小学"的联结，也正如"齐家"与"修身"的内在联系一样，有一个结果与前提的逻辑关系。最后，朱熹的小学观与大学观，实际上反映的是其理路中有关个人修为与社会融为一体的思想体系。因此，虽然朱熹的儿童哲学有明显的当代西方儿童哲学特征，但其理论主旨则在于与儿童哲学共同发展的家庭方面。进而，我们通过家庭观与儿童哲学的关系，可发现朱熹儿童哲学的当代意义，也可发现家庭是儿童哲学发展的关键性存在。

第一节　与马修斯儿童哲学的对比

　　在上一章《蒙学思想与儿童哲学》中，我们将朱熹儿童哲学的核心概念概括为"童蒙""赤子""求放心""小儿"等。之所以这样选择，一是朱熹关于儿童哲学的主要文本，即《小学题辞》《童蒙须知》《近思录》《通书注》均以上述概念作为其论述的主要对象。这些概念构成了朱熹儿童哲学叙事逻辑的核心节点，也构成了我们理解朱熹儿童哲学思想的核心环节。

　　反观这些概念，可发现无论是童蒙，还是小儿，这些基本概念暗含了儿童存在的一个关系主体，即家庭的涵射。这与马修斯的观点是截然相反的。马修斯指出：

让儿童享有更多权利，让儿童在愈来愈年幼的年龄享受权利，这是我们的社会渐渐推进的方向。我曾指出，有一种理解这一发展的方式，它会让这一发展趋势得到哲学上的支持。那就是将我们社会中的权威理解为理性权威，即便人们先是由于血缘关系而拥有权威的位置，也要请他们对自己所施加的权威进行合理性的解释。①

马修斯的上述观点明显透露出儿童"远离"父母（或家庭）干扰的自由儿童哲学理念的发展倾向。在他看来，家庭或父母在某种程度上成为干扰儿童自我发展的阻力。因此，儿童哲学的发展要想成功，最终是要以"远离"家庭，至少是要以与"父母"保持距离的方式而存在的。这就意味着，他的儿童哲学理论体现了一种"家庭让位于理性"的儿童哲学构建方式。他在论述儿童权利时，将这一趋向展露无遗。他说：

在一个理想的家庭里，儿童随着年龄的增长会有愈来愈多的自由，来品评家庭管理他们生活的规矩、措施和决策。父母逐步让儿童有权对家事进行品评，就等于认识到这几项事实：（1）随着年龄的增长，儿童以自己的名义来行使行为人功能的能力是逐步增强的；（2）儿童需要逐步地像成人那样行使责任，而逐步允许他们对自己的生活做更多的决定，有助于发展他们这方面的成熟度；（3）承认儿童有权让父母重新考虑他不希望接受的决策，有权品评他不希望接受的家庭举措，也就意味着理解了这些决策之所以不能简单地被接受，是因为它们是父母所立之"法"，更确切地说，典型的情况应是，因为父母认为这些决策是明智的或正确的，所以向孩子提出了这个决策。②

我们从马修斯的字里行间，看到了一种儿童"入侵"父母权力的境况。这里马修斯所谈的"自由""有权"与"允许"等词汇，明显有着鼓励儿童"争权""夺权""解放"的意味。这种场景设计与移民者向移民国家所提出的独立自主的要求在思路上基本是一致的。于是，在这种儿童哲学的权利思维下，父母被马修斯推到"斗争"的对立面。在他看来，只有通过树立儿童自由的远大理想

---

① （美）加雷斯·B.马修斯：《童年哲学》，刘晓东译，北京：生活·读书·新知三联书店，2015年，第101—102页。
② 同上，第100页。

和进行愈来愈明显的夺权斗争，才有可能达到儿童"健康"发展的最终目标。这种理解显然是值得商榷的。

在朱熹看来，童蒙、小儿的天然位阶是处于第二梯队，是处在被教育、被引导的层次的。朱熹说："仁义礼智，人性之纲。凡此厥初，无有不善。蔼然四端，随感而见。爱亲敬兄，忠君弟长。是曰秉彝，有顺无强。"①又言："若其修身治心，事亲接物，与夫穷理尽性之要，自有圣贤典训昭然可考，当次第晓达，兹不复详著云。"②此种论述在朱熹的存世文本中皆不少见。在朱熹看来，儿童不具备"权利的主体性"，但他们具备"行为的主体性"。所谓权利的主体性，是指儿童自我产生权利主张，要求从与父母及其他大人的关系中获得权利；所谓行为的主体性，是指儿童自我产生学习的主张，如朱熹说："言童蒙之人，来求于我，以发其蒙，而我以正道果决彼之所行。"③

相较而言，马修斯的儿童哲学发展之路，是倾向于儿童权利的主体性的。这种主张，虽对抑制家庭对儿童的错误干涉有明显的纠偏作用，然而由于将道德领域的问题"过渡"成法律领域的问题，这显然构成了一种儿童对原有家庭的"入侵"状态。因此，这种纠偏非但不会有显著的效果，还极易诱导儿童滑向"不守规矩、反对传统、肆意妄为"的窘境。这些窘境在家长与教师处理亲子、教学的矛盾时得以体现，如成人世界中的"公主病"和恶意挑战社会规则的"巨婴"，都与这种过度自由的提倡难以脱离本有的关系。

家庭在一定程度上构成了社会生活的训练场。儿童在家庭中对儿童权利主体性的强调，明显是一种将社会模式嫁接到家庭模式中的做法。这种思维在逻辑上是一种思维倒推，即将家庭—社会，变成社会—家庭。这便是马修斯儿童哲学建立的基石。但相较而言，这种儿童哲学的结构问题已经在教育中逐渐凸显。就 21 世纪初的小学教育而言，中国大部分地区 1980 年以后出生的家长由于长期受到西方自由、民主等思想的影响，遂将这些理念以无形的家庭交互行为方式传递给儿童。因此，在现实生活中出现了诸如"女儿是爸爸上辈子的小情人""孩子是父母之间的'第三者'"之类的"乱伦"思维。在这种思维的主导下，父母过度强调儿童在教育中的主体性，采用"夸奖""劝导""反打骂"等家庭教育方式，致使儿童在入学后出现学校教育失衡：不能管和不敢管。这种"不能"和"不敢"，最终演化为"父母成为管教和辅导儿童学习的主体"

---

① 朱熹撰，朱杰人、严佐之、刘永翔主编：《朱子全书》第 13 册，第 394 页。
② 同上，第 371 页。
③ 同上，第 129 页。

的奇怪现象，而这一角色以往一直是由教师扮演的。

于是，在父母被儿童夺权的同时，教师与学校的权利也在进一步被限制。最终的结果就是这种"权利"反噬父母本身，导致父母在儿童成人后遭受伤害。因此，马修斯的设准与判定，在利弊关系的分析中，可能弊多利少。这种现象如不引起重视，则有逐渐扩大的趋势。

第二节　儿童哲学与小学、大学的建构

在朱熹看来，小学与大学本为一体。他说："古者小学，教人以洒扫应对进退之节、爱亲敬长隆师亲友之道，皆所以为修身、齐家、治国、平天下之本。"①前者为小学，后者为大学。这种小学与大学的关系建构，一是说明了小学是大学的基础，是成人教育的一个环节。朱熹强调："小学者，学其事；大学者，学其小学所学之事之所以。"②二是说明了大学与小学具有相同的主体，即儿童是"未点化的"大人。朱熹说："古人于小学，存养已自熟了，根基已深厚了。到大学，只就上点化出些精彩。"③三是儿童与成人在成圣成贤上具有相同的可能性。朱熹说："古者小学，已自是圣贤坯璞了，但未有圣贤许多知见。及其长也，令入大学，使之格物致知，长许多知见。"④

朱熹关于大学与小学的表述，所反映出来的并不是马修斯理论中提倡的儿童与成人的互为主体的概念，而是强调儿童与成人在道德修养上具有相同的可能性。相较而言，儿童与成人之间的教育工夫进路上的差异，如"小学只是教他依此规矩做去，大学是发明此事理"⑤，只是一个为学次第的问题，而不是泾渭分明的两条路径。在这种思维中，朱熹与马修斯较为明显的区别就是放弃成人与儿童的对立状态，反而强调二者在道德上的同构性面向，从而达到教育共荣的最终效果。

因此，在朱熹看来，成人（父母）在生理位阶上要先于儿童，这成为判定儿童修养的工具尺度，如"小学是学事亲，学事长；大学便就上面讲究委曲，其所以事亲是如何，事长是如何"⑥。这就是说，儿童的个人修养和德行如何，

---

① 朱熹撰，朱杰人、严佐之、刘永翔主编：《朱子全书》第 13 册，第 393 页。
② 赵顺孙：《大学纂疏中庸纂疏》，上海：华东师范大学出版社，1992 年，第 11 页。
③ 同上。
④ 同上。
⑤ 同上。
⑥ 同上。

要看他们对待父母和兄长的态度与行为。如是尊敬有加,则可判定儿童具有一定的德行;相反,如果轻蔑傲慢,则判定儿童不具有一定的德行。显然,这里的"父母"和"师长"成为判定儿童个人品行修为的工具。在这种思想的作用下,父母与儿童在做工夫的社会位置与接受教育的过程中,不能是一个"平等"的存在关系。相反,儿童的道德修养要通过其与父母的关系来达成一种判断的基本标准。因此,父母在儿童的成长过程中承担主要的责任,同时也享有一定的权利,而不是马修斯所强调的义务。

这种强调父母权利而不是儿童权利的思维,与马修斯所主张的儿童权利是完全相背离的。这就是说,在朱熹的教育思想里,知识与伦理的构建来源于伏羲、神农、黄帝、尧、舜、禹、汤、文、武、周公、孔、孟等先贤的思想,而不是儿童自我的意志主体。从这种思想的构建来看,儿童只有接受圣人之教,行圣人之礼,才有可能成为正向的道德主体,并且这个道德主体是达到学以成人的标志。父母在对儿童进行道德宣教时,拥有着绝对的权威和严格的权利。而且,这种道德宣教权利进一步延伸,衍化为师长教育儿童的权利。因此,在这种逻辑中,儿童不可能拥有绝对平等的教育位置。

然而,这种教育的不平等却不能是人格意义上的不平等和伦理学意义上的不平等。这就是说,儿童如果取得了父母还未达到的道德水平,是可能反制父母的"弱道德现象"的,这是一个很有意思的现象。《朱子家训》中说:"有德者,年虽下于我,我必尊之;不肖者,年虽高于我,我必远之。"[1]这里的"不肖者,年虽高于我,我必远之"则是这种儿童反哺父母弱道德现象的体现。因此,在父母与儿童的关系中,朱熹强调的是一种"非对抗式"的父母、子的关系。在这里,儿童与父母之间既在道德上有平等的位阶,又在生活中有严格的上下阶层区分。他所强调的是,父母应是儿童教育的主导因素和关键环节。

朱熹说:"如小学,前面许多恰似勉强使人为之,又须是恁地勉强。到大学工夫,方知个天理当然之则。"[2]这里的"勉强",则强调在道德教育中,父母的位阶"在上",而儿童的位阶"在下"的现实。但是这种"勉强",不是父母意志的肆意妄为,而是一种"天理"之道的传承。在朱熹看来,父母及师长构成了圣人与儿童之间的中介。这个中介不能是马修斯所强调的"儿童有权",而是儿童在道德教育中的"儿童有义务",或者准确说,是一种"儿童自觉"。

---

① 朱熹著,朱杰人编注:《朱子家训》,第1页。
② 赵顺孙:《大学纂疏中庸纂疏》,第11页。

这种"儿童自觉"需要父母与师长的"教"才能达成。朱熹说："古人小学，教之以事，便自养得他心不觉自存了。到得渐长，渐列历、通达事物，将无所不能。"①这个"教"亦不是父母、子二者同位阶，而是"父母"明显要强势于"子"。父母具有一种教育上的"强势能"。

至此，朱熹所强调的儿童哲学，不同于李普曼、马修斯儿童哲学的路径，即主张儿童在家庭中的解放与独立；相反，朱熹强调的是儿童在家庭中的"遵守"与"服从"。需要指出的是，父母的教育权利并不源于父母的权利本身，而在于"天理"的本源。父母只是儿童在践行天理行为时的中介。在这种践行中，儿童需要无条件"执行"父母的教育指令。他所强调的是以父母为主体的家庭观。

但是，如果将对朱熹儿童哲学的理解仅局限于这种狭隘的空间，那自然就需要再次面对戴震等人的"以理杀人"评判的风险。要化解这一难题，就要在以家庭为主体的教育环境中，确定父母发布道德指令的合法性来源的"天理"本然。即是说，如果父母本人忽视天理，抑或是父母道德上存在严重的缺陷，其就不能成为"发布指令"的主体。这就是"不肖者，年虽高于我，我必远之"的原因。

这里的"远"之，亦不是马修斯所言的"对儿童权利的主张"，也不是强调父母与儿童关系的对立状态，而是强调儿童对父母的"道德反哺"。儿童之"远"，使父母、亲友及师长意识到德行的缺位，从侧面映照出父母、子在德行面前的平等。至此，我们可将朱熹儿童哲学的思想理清楚。

朱熹曾说：

> 学之大小固有不同，然其为道则一而已。是以方其初幼也，不习之于小学，则无以收其放心，养其德性，而为大学之基本。及其长也，不进之于大学，则无以察夫义理，措诸事业，而收小学之成功。②

在朱熹看来，小学与大学在人的教育方面，只存在认知程度的差别，而不是截然分开的两部分。父母在儿童的教育方面有绝对的权利，而这种权利的合法性来源则为天理；儿童在受教育过程中不是完全被动的，儿童在德行至上的

---

① 赵顺孙：《大学纂疏中庸纂疏》，第11页。
② 同上，第16页。

情形下，通过"远"反观父母及师长的道德使然，使其在"儿童之镜"中观照自我，进而达到修身以正的道德目的。

综上，朱熹的儿童哲学，可被看成是一种以家庭关系为核心的儿童哲学，是一种以处理家庭关系为主旨的生活、教育方式。

第三节　儿童哲学与赤子之心、求放心

朱熹的儿童哲学中，"赤子之心"与"求放心"是其理论发展的核心目标，代表着朱熹伦理思想发展的两极追求。所谓的"赤子之心"，代表着朱熹思想中对至诚思想的完美追求。朱熹说：

> 大人之心，通达万变；赤子之心，则纯一无伪而已。然大人之所以为大人，正以其不为物诱，而有以全其纯一无伪之本然。是以扩而充之，则无所不知，无所不能，而极其大也。①

"纯一无伪"虽源自天地本然，然则由于物欲之诱，让不失其者少之又少；而求其放心，则是朱熹对道德践行的基本要求。朱熹说：

> 学问之事，固非一端，然其道则在于求其放心而已。盖能如是则志气清明，义理昭著，而可以上达；不然则昏昧放逸，虽曰从事于学，而终不能有所发明矣。②

这就是说，学问之道的目的并不是其他，只是于"道"的"求放心"。这是做工夫的伦理底线。相对于"赤子之心"的形上追求，"求放心"则体现了一种行之可行的形下践履。这种形上与形下的结合，使朱熹的儿童哲学既存在着正向激励，又存在着具体的践行工夫。可以说，"赤子之心"与"求放心"是朱熹儿童哲学不可或缺的两个部分。

然而，我们将这两个概念进行再次分析可知，这种"赤子之心"与"求放心"的工夫指向，却不是儿童，反而是成人。朱熹在与弟子讨论"赤子之心"时说：

---

① 朱熹：《四书章句集注》，第 272 页。
② 同上，第 312 页。

大人无不知，无不能；赤子无所知，无所能。大人者，是不失其
无所知、无所能之心。若失了此心，使些子机关，计些子利害，便成
个小底人，不成个大底人了。大人心下没许多事。①

这里的"大人"虽不能直译为"成人"，但其所指的范围是以成人为主体
的。而对"求放心"之说，朱熹说：

学须先以求放心为本。致知是他去致，格物是他去格，正心是他
去正，无忿懥等事。诚意是他自省悟，勿夹带虚伪；修身是他为之主，
不使好恶有偏。②

这里的格物致知、正心诚意、修身皆为"成人"的大学之举。于是，反观
朱熹的理论指向，我们便不能简单从马修斯及李普曼式的儿童哲学的角度来分
析朱熹的儿童哲学。否则，朱熹的儿童哲学便以一种看似矛盾的方式来展示：
没有儿童的儿童哲学。这里所强调的"没有儿童"，即意在表明朱熹虽然以儿
童（赤子、求放心）作为其立论根据，实际上强调的是"非儿童"③的工夫次
第。这就是说，儿童反而成了其儿童哲学思想中的工具或中介，而不是最终目
标和行为主体。朱熹说：

今使幼学之士，必先有以自尽乎洒扫、应对、进退之闲，礼、乐、
射、御、书、数之习，俟其既长，而后进乎明明德、新民，以止于至
善，是乃次第之当然。④

于是，朱熹的理论虽以十五岁为界来区分儿童与成人，但基本上还是按照成人
的角度来设计儿童哲学思想的。

于是，儿童成为"成人的前期阶段"，是人的一个发展过程，而不是一个
独立思考的主体。这颇类似在医学儿科产生之前，儿童与成人在医生面前并无
实质的差别。于是，我们在分析朱熹的儿童哲学时，可能也要同分析儿科产生

---

① 黎靖德：《朱子语类》，第 1341 页。
② 同上，第 1409 页。
③ 即"成人"。
④ 赵顺孙：《大学纂疏中庸纂疏》，第 17 页。

之前的儿童医学一样，承认其存在着一定的朴素性。这种朴素，一是所处年代的久远，二是儿童与家庭的关系依然是以成人的世界为背景所导致的。

基于此，在观看儿童时，朱熹依然强调其与成人的"同等位阶"。这种现象，在朱熹的"敬"思想里被展示得一览无余。朱熹说：

> 盖吾闻之，敬之一字，圣学所以成始而成终也。为小学者，不由乎此，固无以涵养本原，而谨夫洒扫、应对、进退之节，与六艺之教。为大学者，不由乎此，亦无以开发聪明，进德修业，而致夫明德、新民之功也。①

即是说，在道德与伦理的学习与方法上，成人与儿童失去了位阶的不平等性。

这虽与我们前面所谈论的"不同等位阶"在语言使用上存在着一定的矛盾，但其实反映的是两个判断所依据的前提标准存在着一定的差异。

强调儿童与父母的不同位阶，主要是强调在接受教育方面，父母与师长成为位阶较高者，而儿童处于从属地位；而强调儿童与成人的相同位阶，则在于强调德性的标尺和受教育的材料、方法。

"敬"之工夫论，是朱熹始终要达成的伦理践行的统一。正如朱熹所说：

> 敬者，一心之主宰，而万事之本根也。知其所以用力之方，则知小学之不能无赖于此以为始。知小学之赖此以始，则夫大学之不能无赖乎此以为终者，可以一以贯之，而无疑矣。盖此心既立，由是格物致知，以尽事物之理，则所谓尊德性而道问学；由是诚意正心，以修其身，则所谓先立其大者而小者不能夺；是齐家治国，以及乎天下，则所谓修己以安百姓，笃恭而天下平。是皆未始一日而离乎敬也。②

综上，朱熹的儿童哲学可看成是一种"成人哲学"的前期阶段、萌芽阶段，亦可看成是"成人哲学"或家庭观的一个重要部分，而不是与父母、社会相背离的"独立"哲学。这也就是说，朱熹的儿童哲学既不是强调与父母维度相对立的

---

① 赵顺孙：《大学纂疏中庸纂疏》，第 17 页。
② 同上，第 20 页。

哲学讨论思维，亦不是强调以"儿童"为中心的哲学思考，而是强调在"人"的整体范围内对儿童的一种偏重，或是一种以儿童为视角、为中介的人的哲学。

结　语

在朱熹的儿童哲学理论中，儿童有三个存在面向：一是作为家庭教育与发展的一个延续，他的教育是以小学、大学这一套教育逻辑而开展的；二是成人以儿童为参照，以赤子之心、求放心为标志，以求明德之心；三是成人与儿童均需要在天理范围内，达成诚、敬的形下伦理工夫论。其中，有三个问题需要注意：一是在朱熹的儿童哲学中，儿童不能处在与父母对立的一端，被要求对父母的德行教育表示绝对"服从"。同时，这种"服从"虽然以父母为载体，实则是以"天理"为最终的衡量标准的。准确来说，父母只是一个传播或实践的媒介。二是在朱熹的儿童哲学中，儿童与父母在伦理呈现上表现为不同的位阶，但在伦理实践上却有相同的位阶。这种相同的位阶，体现在以"敬"思想等为标准的伦理践行上，而不是一种"无孝道的僭越"。三是朱熹的儿童哲学，是以成人或家庭为背景而预设的，它不同于西方观念中的"成人观念""与家无关"等特征①，而更接近家庭哲学。

因此，与李普曼与马修斯主张儿童与父母对立，突出儿童权利的儿童哲学相比，朱熹的儿童哲学可看成是一个没有"儿童"的儿童哲学。他的儿童哲学具有这种特点，一是因为宋代对儿童的重视还处在萌芽阶段，还需要进一步发展；二是因为中国儒家文化本质上强调的是儿童与家庭及社会的关系性存在，而不是如马修斯儿童哲学所强调的主体性存在。于是，儒家文化从根本上就将儿童视为成人的一个环节，而从未将儿童放置在与成人对立的位置上。这一现象，尤以"父母"与"子"的关系最为显著。

在中国文化中，儿童是与父母绑定在一起的。只不过这种绑定，不是一种权利与义务的绑定，而是父母、子二者二位一体式的融合。因此，中国式父母为孩子进行各种未来设计，如为其购买婚房、婚车，以及提供彩礼等在西方观念中无法理解的现象，也就可以得到合理的解释了。也正是因为这一点，中国儿童哲学教育的发展之路，可能会以有别于西方儿童哲学的路径开展，这需要被重视。

---

① 笑思：《家哲学：西方人的盲点》，北京：商务印书馆，2010 年，第 77 页。

第四章

赤子之心与儿童哲学

朱熹文本中的赤子之心存在着三个基本维度：一是"纯一无伪"，二是"至诚之心"，三是"敬直心"。"纯一无伪"对应着孟子的"大人者，不失其赤子之心"之说，"至诚之心"则对应着《尚书》的"如保赤子"。从内在和外在两个角度来看，"纯一无伪"更加偏重于人的内在工夫的本体培养，"至诚之心"偏重人与人之间的外在关系的联结。前者为内在，后者为外在。但有趣的是，"至诚之心"相对于朱熹的"敬"思想，前者表现为内在，而后者表现为外在。因此，三者的结构关系为"纯一无伪"—"至诚之心"—"敬直心"。这种结构的出现，基本点明了朱熹关于赤子之心思想的诠释的三个主要面向。

由于人的欲望和外界世界的发展，朱熹文本中的"赤子之心"存在着迷失的可能性，而无法被继续保持。"赤子之心"如果要被寻回，则需要"求放心"和"操存心"的目标指向，"毋自欺"的监督规范，"敬义夹持"的形下工夫，志气清明、湛然虚明、心常光明的判断标准。进而，在这条理路下，朱熹完成了他理论中赤子之心对照天理的模式建构。于是，朱熹在文本中理顺了本心从天理本然，再到"气欲之蔽"，最后到"敬义夹持"回归这一完整的循环。至此，朱熹的天理思想借由"赤子之心"的表述完成了伦理工夫的现实践行。同时，朱熹文本中的赤子之心构成了朱熹儿童哲学的一个主要内容，为他《小学》《童蒙须知》和《近思录》的编排和整理奠定了理论基础。

"赤子之心"并非朱熹的首创，在先秦的诸多文献中均有其印记。如《尚书·康诰》曰："若保赤子，惟民其康乂。"① 《老子·第十二章》曰："我独泊兮其未兆，如婴儿之未孩。"② 《庄子·山木》曰："赤子之布寡矣；为其累与？

---

① 孟子等：《四书五经》，第 259 页。
② 王弼注：《老子道德经注》，第 50 页。

赤子之累多矣；弃千金之璧，负赤子而趋，何也？"①《荀子·富国》篇曰："故先王明礼义以壹之，致忠信以爱之，尚贤使能以次之，爵服庆赏以申重之；时其事，轻其任，以调齐之；潢然兼覆之，养长之，如保赤子。"②孟子曰："夫夷子，信以为人之亲其兄之子为若亲其邻之赤子乎？彼有取尔也。赤子匍匐将入井，非赤子之罪也。"③从朱熹存世文本与先秦文献的对比可知，朱熹文本中的赤子之心的思想多是对先秦诸家赤子理念的继承和发展。

朱熹赤子之心的思想受到孟子影响较大，也就是为人所熟知的"大人者，不失其赤子之心者也"④。朱熹说：

> 大人之心，通达万变；赤子之心，则纯一无伪而已。然大人之所以为大人，正以其不为物诱，而有以全其纯一无伪之本然。是以扩而充之，则无所不知，无所不能，而极其大也。⑤

这里的"纯一无伪"可看成朱熹对赤子之心思想的基本立场，构成了朱熹"赤子之心"思想的一个面向。除此之外，朱熹对于《尚书·康诰》中的"如保赤子"⑥也有自己的理解。朱熹说：

> 程子有言，赤子未能自言其意，而为之母者，慈爱之心出于至诚，则凡所以求其意者，虽或不中，而不至于大相远矣，岂待学而后能哉？若民则非如赤子之不能自言矣，而使之者反不能无失于其心，则以本无慈爱之实，而于此有不察耳。传之言此，盖以明夫使众之道，不过自其慈幼者而推之，而慈幼之心，又非外铄而有待于强为也。事君之孝，事长之弟，亦何以异于此哉！既举其细，则大者可知矣。⑦

朱熹此言源于他对《大学》中"康诰曰'如保赤子'，心诚求之，虽不中不远

---

① 郭象注，成玄英疏：《南华真经注疏》，曹础基、黄兰发点校，北京：中华书局，1998 年，第 393 页。
② 荀况：《荀子校释》，王天海校释，上海：上海古籍出版社，2016 年，第 451 页。
③ 朱熹：《四书章句集注》，第 244—245 页。
④ 同上，第 272 页。
⑤ 同上。
⑥ 一说为"若保赤子"，二者相差一字。
⑦ 朱熹撰，朱杰人、严佐之、刘永翔主编：《朱子全书》第 6 册，2010 年，第 536 页。

矣。未有学养子而后嫁者也"①一句的理解。这句文本中的"至诚"思想，构成了朱熹理解"赤子之心"的另一个面向。

于是，我们通过对朱熹诠释过的《孟子》《尚书》《礼记》等先秦文献的梳理，基本上确定了"纯一无伪""至诚之心"和"敬直心"是朱熹在对待"赤子之心"问题上的三个主要维度。其中，"纯一无伪"强调个人修身之中内在的工夫取向，"至诚之心"强调工夫关系的外在工夫取向，而"敬直心"则是对前两者的综合和践行。这里，朱熹的赤子之心思想表达了儒家向内、向外两种工夫的取向，构成了我们看待朱熹"赤子之心"的标尺。

第一节　赤子之心与纯一无伪

朱熹"赤子之心"思想中的"求放心"源于孟子。孟子曰："仁，人心也；义，人路也。舍其路而弗由，放其心而不知求，哀哉！人有鸡犬放，则知求之；有放心，而不知求。学问之道无他，求其放心而已矣。"②朱熹对这一段的解释如下：

> 仁者心之德，程子所谓心如谷种，仁则其生之性，是也。然但谓之仁，则人不知其切于己，故反而名之曰人心，则可以见其为此身酬酢万变之主，而不可须臾失矣。义者行事之宜，谓之人路，则可以见其为出入往来必由之道，而不可须臾舍矣。③
>
> 程子曰："心至重，鸡犬至轻。鸡犬放则知求之，心放而不知求，岂爱其至轻而忘其至重哉？弗思而已矣。"愚谓上兼言仁义，而此下专论求放心者，能求放心，则不违于仁而义在其中矣。④
>
> 学问之事，固非一端，然其道则在于求其放心而已。盖能如是则志气清明，义理昭著，而可以上达；不然则昏昧放逸，虽日从事于学，而终不能有所发明矣。故程子曰："圣贤千言万语，只是欲人将已放之心约之，使反复入身来，自能寻向上去，下学而上达也。"此乃孟子开

---

① 朱熹：《四书章句集注》，第 10 页。
② 同上，第 312 页。
③ 同上。
④ 同上。

示切要之言，程子又发明之，曲尽其指，学者宜服膺而勿失也。①

以上三段，是朱熹对孟子"求放心"的解答。在这里，我们可以清楚地看到，朱熹强调的是人性本有的"仁者之心"，如其所言"其生之性"。这种"仁者之心"是"湛然虚明"的，是天性使然。朱熹说："人之一心，湛然虚明，如鉴之空，如衡之平，以为一身之主者，固其真体之本然，而喜怒忧惧，随感而应，妍蚩俯仰，因物赋形者，亦其用之所不能无者也。"②很明显，这里的"放心"与"赤子之心"的第一个面向十分契合。

在朱熹看来，"纯一无伪"是人的心之本然，然而人在日常行为之中，难免因物欲所蔽而有所过失，有所不察，以至于失掉了本心。他的这个观念与程颢的观念颇为相似。程颢说："先识仁。仁者浑然与物同体。义、礼、智、信皆仁也。识得此理，以诚敬存之而已，不须防检，不须穷索。"③对于这句话，周丹丹解释说："在程颢看来，首先是要有对'仁'的认识，再以敬的工夫来达到这种'纯一'的本体境界，而防检与穷索则已经是次要的工夫了。"④显然，朱熹的思想里有这个痕迹。朱熹说："惟其事物之来，有所不察，应之既或不能无失，且又不能不与俱往，则其喜怒忧惧，必有动乎中者，而此心之用，始有不得其正者耳。"⑤因此，"纯一无伪"与"心之正者"应为同一层含义。也就是说，朱熹强调"赤子之心"的"纯一无伪"的面向时，并非完全强调人性中的天然本性，而是强调围绕"仁"而展开的"心之正者"。朱熹说：

> 惟是此心之灵，既曰一身之主，苟得其正，而无不在是，则耳目口鼻、四肢百骸，莫不有所听命以供其事，而其动静语默，出人起居，惟吾所使，而无不合于理。⑥

在这里，朱熹强调的"求放心"与"赤子之心"是"人心向善，兴仁达性"的这个面向。而对于克服人欲之本然对人德行的干扰，则不是朱熹谈论

---

① 朱熹：《四书章句集注》，第 312 页。
② 朱熹撰，朱杰人、严佐之、刘永翔主编：《朱子全书》第 6 册，第 534 页。
③ 程颢、程颐：《二程集》，王孝鱼点校，北京：中华书局，1981 年，第 16—17 页。
④ 周丹丹：《"赤子之心"观念史研究》，硕士学位论文，安徽师范大学，2016 年，第 50 页。
⑤ 朱熹撰，朱杰人、严佐之、刘永翔主编：《朱子全书》第 6 册，第 534—535 页。
⑥ 同上，第 535 页。

"赤子之心"的本初意愿。

朱熹"赤子之心"的另一个方面是"操存心"。朱熹说："则身在于此，而心驰于彼，血肉之躯，无所管摄，其不为'仰面贪看鸟，回头错应人'者，几希矣。孔子所谓'操则存，舍则亡'，孟子所谓'求其放心，从其大体'者，盖皆谓此。"①在这里，朱熹强调了"求放心"中的另一个面向：集中心。这也是朱熹"赤子之心"思想的一个典型特征。我们发现，儿童在婴幼儿时期常表现出来的一种状态是，他一旦被一事物或现象所吸引，往往会形成心无旁骛、一心为此的表现。这时，即使父母或其他成人的干预，也无法在短时期内消除儿童对那个事物或现象的"痴迷度"。而这种"痴迷"，在成人的世界中是很难出现的。因为成人在乎太多的外在利益与面子之类的外在约束，而对内心之本有的那个"集本心"往往采取压制的态度，而导致这种"集中心"无法以本来的面貌出现。

也就是说，人在"赤子"时期，外在事物的"气物"之弊会对人的本心造成干扰。因此，朱熹强调的是通过"操存"或"求放心"，帮助成人在受到"气弊"影响时重新回到赤子的那种专注的状态。此为"操存心"。这里朱熹要强调的是孔子"操则存，舍则亡"的面向。朱熹说：

> 孔子言心，操之则在此，舍之则失去，其出入无定时，亦无定处如此。孟子引之，以明心之神明不测，得失之易而保守之难，不可顷刻失其养。学者当无时而不用其力，使神清气定，常如平旦之时，则此心常存，无适而非仁义也。程子曰："心岂有出入，亦以操舍而言耳。操之之道，敬以直内而已。"②

又言：

> 愚闻之师曰："人，理义之心未尝无，惟持守之即在尔。若于旦昼之间，不至梏亡，则夜气愈清。夜气清，则平旦未与物接之时，湛然虚明气象，自可见矣。"孟子发此夜气之说，于学者极有利，宜熟玩而深省之也。③

---

① 朱熹撰，朱杰人、严佐之、刘永翔主编：《朱子全书》第6册，第535页。
② 朱熹：《四书章句集注》，第310页。
③ 同上。

　　这里，有两个关键词需要注意：一是"此心常存"，二是"持守之即"。朱熹说："《孟子》云：'操则存，舍则亡。'人才一把捉，心便在这里。孟子云'求放心'，已是说得缓了。心不待求，只警省处便见。'我欲仁，斯仁至矣。''为仁由己，而由人乎哉？'其快如此。盖人能知其心不在，则其心已在了，更不待寻。"①这也便是朱熹的"一心具万理。能存心，而后可以穷理""心包万理，万理具于一心"②中"存""具"要表达的含义。

　　何为"存"？朱熹在前面解释孔子"操则存，舍则亡"时指出"操之则在此"。这个"在此"指的是存的状态，即集中无散。否则无法"存"。何为"具"？朱熹说："盖心具是理，而所以存是心者，则在乎人也。"③这里是指"理"的一种凝结状态。而二者用当代语言来表示，则为"集中"，即集中心的状态。朱熹这里要表达的就是"此心常存"与"持守之即"这两种状态。而这两种状态，在赤子身上最为常见。这种状态在心理学上可理解为是一种"专注力"。何谓专注力？贾卫红说："专注力指的是一种有意识的察觉能力，特别是指对自己当下的思想、感受、态度、行为等的察觉能力。它可以让人突破已有的思维模式，用积极开放的态度来看待事情。"④因此，朱熹这里所要强调的，是赤子身上这种有意识的察觉能力及积极开放的态度。相比较成人，赤子所展现出来的专注力要更为明显。

第二节　赤子之心与至诚之心

　　相对于"赤子之心"中的"纯一无伪"，朱熹对"赤子之心"的另一种表达则为"至诚之心"。它强调的是主体之间的关系。如果说"纯一无伪"强调行为主体自我的修身，那"至诚之心"则强调主体与主体之间的至诚关系。朱熹通过对"如保赤子"中母亲对赤子的真诚之心来描述主体之间本有的真诚无妄的关系。这种至诚关系在物欲流弊中时常归于消逝，于是才有朱熹所言的"诚其意者，自修之首也"⑤之类的描述。这种说法表面看来虽然以描述行为主体自我的修养为主，实际上却是一种通过自修修人进而构建自我与他人之间良

---

①　黎靖德：《朱子语类》，第 151 页。
②　同上，第 155 页。
③　同上，第 607 页。
④　贾卫红：《3—6 岁幼儿结构游戏中专注力表现的特点研究》，硕士学位论文，沈阳师范大学，2016 年，第 2 页。
⑤　朱熹：《四书章句集注》，第 8 页。

好联系的工夫路径。在这个维度中，前者关注"纯一无伪"的行为人"赤子之心"的内在反应，后者则关心"至诚之心"对主体间关系维持的外在联结。值得一提的是，二者依然存在着相同之处，即这种源于"赤子之心"的"纯一无伪"和"至诚之心"皆为先天本有，只是在人的发展过程中迷失了。

朱熹的"至诚之心"源于《中庸》，如：

> 唯天下至诚，为能尽其性；能尽其性，则能尽人之性；能尽人之性，则能尽物之性；能尽物之性，则可以赞天地之化育；可以赞天地之化育，则可以与天地参矣。①

> 其次致曲，曲能有诚，诚则形，形则著，著则明，明则动，动则变，变则化，唯天下至诚为能化。②

> 至诚之道，可以前知。国家将兴，必有祯祥；国家将亡，必有妖孽；见乎蓍龟，动乎四体。祸福将至：善，必先知之；不善，必先知之。故至诚如神。③

> 故至诚无息。④

> 唯天下至诚，为能经纶天下之大经，立天下之大本，知天地之化育。⑤

在朱熹看来，

> 天下至诚，谓圣人之德之实，天下莫能加也。尽其性者德无不实，故无人欲之私，而天命之在我者，察之由之，巨细精粗，无毫发之不尽也。人物之性，亦我之性，但以所赋形气不同而有异耳。能尽之者，谓知之无不明而处之无不当也。⑥

这即是说，"至诚之心"是人最初显现、无所复加的本初之心，即为"赤子之心"。此"至诚之心"，为天性使然，亦为天命之在我。这种"至诚"是人存在

---

① 朱熹：《四书章句集注》，第34页。
② 同上。
③ 同上。
④ 同上，第35页。
⑤ 同上，第39页。
⑥ 同上，第34页。

的本性，只是"形气不同"。这里，朱熹既强调了至诚的"赤子之心"面向，也强调了它的外在气化状态及与他物的关联。

在关于"至诚"的思想中，"至诚无息"最能体现朱熹文本中的"赤子之心"思想。朱熹解释说："既无虚假，自无间断""复以天地明至诚无息之功用。天地之道，可一言而尽，不过曰诚而已。不贰，所以诚也。诚故不息，而生物之多，有莫知其所以然者。"①这种至诚，即为母亲对孩童的"如保赤子"之诚，弥足珍贵。而且，这种"至诚"是唯一的。朱熹说："言天地之道，诚一不贰。"②这种"一"，则为"纯一无伪"。朱熹在解释《中庸》中的"诗云：'维天之命，于穆不已！'盖曰天之所以为天也。'于乎不显！文王之德之纯！'盖曰文王之所以为文也，纯亦不已"时指出，"纯，纯一不杂也。引此以明至诚无息之意"③。"至诚之心"的一个主要面向便是"毋自欺"。

朱熹所谓"毋自欺"有两个方面：一是不要被自己妄设的偏见所引，进而达到自欺；二是心之所发有未实。

所谓"偏见所引"，朱熹说："所谓'诚其意'，便是要'毋自欺'，非至诚其意了，方能不自欺也。"④何为"自欺"？朱熹说：

> 所谓自欺者，非为此人本不欲为善去恶。但此意随发，常有一念在内阻隔住，不放教表里如一，便是自欺。但当致知。分别善恶了，然后致其慎独之功，而力割去物欲之杂，而后意可得其诚也。⑤

也就是说，人在现实生活之中，物欲之杂干扰了"如保赤子"的关系存在。人本向善，但因自欺而往往被"一念阻隔"，而无法以真性情示人。这种"一念阻隔"在朱利安的理论中表示的就是"观念的局囿"⑥。朱利安指出：

> 圣人告诉我们说，只要开始提出一个观念，那么一切的现实（或一切可以思想的事物），都会向后退去，更准确地说，都会消失在观念的后面，以后再想接近它们，就需要付出许多努力，需要通过很多的

---

① 朱熹：《四书章句集注》，第 35 页。
② 同上，第 36 页。
③ 同上。
④ 黎靖德：《朱子语类》，第 331 页。
⑤ 同上，第 328 页。
⑥ （法）朱利安：《圣人无意：或哲学的他者》，闫素伟译，北京：商务印书馆，2019 年，第 7 页。

媒介。一开始提出的观念打破了围绕在我们周围的明证性之本（le fond d'évidence）；这个观念将我们指向事物的一个方面，同时也使我们倒向了专断。①

借用朱利安的诠释，我们便清楚朱熹试图要完成的至诚努力的原因究竟为何，即摒除这种"一念阻隔"而返回"赤子之心"。因此，"如保赤子"之心，并不是创造一种新的"善心"，也不是一种做工夫的新路径，而是一种心的回归（或者说对现有观念壁障的一种清除）。在朱熹看来，在这种回归、清除过程中，"至诚"思想占有很大的比重。甚至可以说，朱熹的"存理灭欲"的哲学思想，也表现为一种以至诚求天理的工夫路径。这便是"心固是主宰底意，然所谓主宰者，即是理也，不是心外别有个理，理外别有个心"②的另一种表达。"至诚"是一种内心之理彰显出的外在联系。

所谓"心发未实"，朱熹说："诚其意者，自修之首也。毋者，禁止之辞。自欺云者，知为善以去恶，而心之所发有未实也。"③这是"毋自欺"的第二种表达。朱熹说：

> 言欲自修者知为善以去其恶，则当实用其力，而禁止其自欺。使其恶恶则如恶恶臭，好善则如好好色，皆务决去，而求必得之，以自快足于己，不可徒苟且以殉外而为人也。然其实与不实，盖有他人所不及知而己独知之者，故必谨之于此以审其几焉。④

比较可知，第一种因偏见之私而形成自欺，是一种方向状态上的自欺；第二种因其"心发未实"而形成自欺，则为一种程度状态上的自欺。后一种自欺并非心之不诚，而是无法达到至诚。因此，孔子强调"君子必慎其独也"的必要性，亦是从程度上说的。

朱熹诠释《中庸》中的"小人闲居为不善"一段时说：

> 小人阴为不善，而阳欲掩之，则是非不知善之当为与恶之当去也；

---

① （法）朱利安：《圣人无意：或哲学的他者》，第 8 页。
② 黎靖德：《朱子语类》，第 4 页。
③ 朱熹：《四书章句集注》，第 8 页。
④ 同上。

但不能实用其力以至此耳。然欲掩其恶而卒不可掩，欲诈为善而卒不可诈，则亦何益之有哉！此君子所以重以为戒，而必谨其独也。①

在这里朱熹指出，小人与君子之别，不是小人不知道"为善"或"向善"，而是小人只显示善的"形于外"，而没有"诚于中"。小人相对于君子，对外的"形诚"是可能做得到的，故有"阳欲掩之"之举；但对内的"心诚"则是被放弃的。因此，君子需要"重以为戒"。这实际上也是强调程度上的实与未实。在朱熹看来，君子可以"毋自欺"，实际上在心之所发的程度上达到了内外合一，而不只是停留在表面的"形"。小人的"自欺"是将"形于外"等同于"内外合一"，重形而轻实。故而朱熹强调"至诚之心"，在程度上达到内外合一，实为儒家修养的正途。而这一点，也正是儒家"赤子之心"思想的一个表现。在"如保赤子"的至诚中，母亲对孩子的关心与疼爱，并不只是外在表现出来的"形"，而是"内外合一"的至诚。

第三节　赤子之心与敬直心

朱熹说："程子曰：'心岂有出入，亦以操舍而言耳。操之之道，敬以直内而已。'"②这是说，朱熹强调的"求放心"与"操存心"，是在"敬直心"的工夫下逐渐展开的。在朱熹看来，"人之一心，本自光明"③。这本光明之心，既为他的赤子之"心"，也是求其收放之"心"。然则人常受物欲所蔽，将赤子之心丢失或不显，遂才有"求放心"一说。求放心与敬工夫构成了朱熹工夫论的一体两面。朱熹说："敬，只是收敛来。"④这其实是从另一种角度来说明"求放心"的状态。在朱熹看来，敬直之心可以是求放心工夫的另一种表达。他说："人只是要求放心。何者为心？只是个敬。人才敬时，这心便在身上了。"⑤也就是说，在这里，敬直之心、求放心、赤子之心三者约可以等同。不同的是，"赤子之心"为其工夫的目标指向，"求放心"为其心理意愿，而"敬直之心"则为工夫实践。

---

① 　朱熹：《四书章句集注》，第 8 页。
② 　同上，第 310 页。
③ 　黎靖德：《朱子语类》，第 292 页。
④ 　同上，第 208 页。
⑤ 　同上，第 209 页。

正如前面所说的，"赤子之心"的一个典型特征为"纯一无伪"，而上面三者也均在不同方面呈现出"赤子之心"的这一特征。朱熹说："圣人教人，将许多材料来修齐治平此心，令常常光明耳。"①这就是说，人本就以"赤子之心"为光明，亦即"纯一无伪"。但因物欲所扰，而无法保持。敬直慎独工夫是朱熹坚持"纯一无伪"的一个面向。朱熹说："此君子所以重以为戒，而必谨其独也。"②在保持"纯一无伪"的赤子之心上，"'心，言其统体；意，是就其中发处。正心，如戒惧不睹不闻；诚意，如慎独。'又曰：'由小而大。意小心大'"③，这描绘了"求放心"的心理状态及侧重，也说明"纯一无伪"在心、意二者中的工夫主体。同时，在朱熹看来，求其放心的"赤子之心"可采用"敬以直内"的工夫达成。朱熹说："心有不存，则无以检其身，是以君子必察乎此而敬以直之，然后此心常存而身无不修也。"④这即《大学》所言的"修身在正其心"。

实际上，"敬直"本来就是"纯一无伪"的一种工夫表现。我们在日常语言中形容一个人说话心直口快，言外之意就是此人"纯一无伪"，亦即保有"赤子之心"。因此，无论在朱熹的文本表述中，还是在日常的语言使用习惯中，"赤子之心"往往是以"纯一无伪"的方式呈现的，表现为求放心、操存心和敬直心的三种不同的状态。清晰了这一点，则有助于我们理解朱熹的"赤子之心"思想在个人主体价值作用上的工夫取向。这表现为主体自我的一种内在省察工夫，为"赤子之心"的另一种表达。

至诚之心的第二个面向便是"敬义"。在宋明理学家眼中，诚、敬两者多结合在一起使用，强调的是至诚思想在不同程度上的表达。

"纯一无伪"与"至诚之心"，以及"至诚之心"与"敬义之心"，两组均可看成是关于"赤子之心"的两种向内向外的描述表达。相对于"纯一无伪"强调个体本然，"至诚之心"则强调个体间的关系之诚，前为内在，后为外在；相对于"至诚之心"强调个体内心之诚，"敬义之心"则强调外在表现形式，前为内在，后为外在。因此，三者的关系大致可看作纯一无伪—至诚之心—敬义之心。相对于后者，前两者存而不显。而后者，则可以在人的具体工夫实践中得到印证。

---

① 黎靖德：《朱子语类》，第 292 页。
② 朱熹：《四书章句集注》，第 8 页。
③ 黎靖德：《朱子语类》，第 292 页。
④ 朱熹：《四书章句集注》，第 9 页。

一般认为，朱熹的敬义思想源于程伊川的敬义夹持。程伊川说："敬义夹持，直上达天德自此。"①在朱熹看来，"敬义夹持"也是至诚思想的一种体现。朱熹说：

> 因说敬恕，先生举明道语云："敬义夹持，直上达天德自此。""而今有一样人，里面谨严，外面却蠢（直）苴；有人外面恁地宽恕，里面却都是私意了。内外夹持，如有人在里面把住，一人在门外把持，不由他不上去。"②

也就是说，外在的"敬"与内在的"义"出现了分离，所产生的效果就是偏执一端而出现"无礼"或"存伪"两种现象。朱熹说："须敬义夹持，循环无端，则内外透彻。"③在朱熹的理论中，"敬"也是赤子之心的一种体现。《朱子语类》记载：

> 敬不是万事休置之谓，只是随事专一，谨畏，不放逸耳。
> "敬，只是收敛来。"又曰："敬是始终一事。"
> 问敬。曰："一念不存，也是间断；一事有差，也是间断。"
> 问："敬何以用工？"曰："只是内无妄思，外无妄动。"④

这里明显有赤子之心"纯一无伪"思想的表达。而朱熹所说的"人常恭敬，则心常光明"⑤中的"光明"一词即是朱熹"赤子之心"所期望达到的目的，也是朱熹"赤子之心"思想中的一个重要面向。因此，敬义思想则基本符合了朱熹对"赤子之心"的判定。

以上，我们完成了朱熹"赤子之心"学理上的剖析。如果我们的研究到此为止，那么显然我们只是做了一个复古的工作，这对我们的现实生活没有实际意义。这显然不是我们讨论的初衷。我们需要做的是，将朱熹的"赤子之心"与当代的儿童教育思想进行桥接，寻找出适合当今社会的蒙学教育体系或者方

①　程颢、程颐：《二程集》，第 78 页。
②　黎靖德：《朱子语类》，第 2450 页。
③　同上，第 216 页。
④　同上，第 211 页。
⑤　同上，第 210 页。

法。因此，对于"赤子之心"与儿童哲学的讨论，也就是不可避免的问题了。

在当代儿童哲学的训练中，除了培养儿童的问题意识和哲学思想之外，在道德和伦理上的儿童哲学建构也逐渐引起了学者的注意。这是说，儿童哲学的教育并不像 PBL 和翻转课堂那样，只将研究的重心放置在教育方法之上，而是要使教育的重点回溯到儿童的知识论训练和伦理学塑造这两个层面。于是，儿童的"求学之德"的培养和塑造，决定了儿童哲学教育的未来成效。这个"求学之德"的培养和塑造，有两个方面需要指出：一是要纠正儿童的"胡乱发问"或者"无诚发问"，引导他们做有效的发问，提出好问题。这与"如何提问、如何厘清问题、如何讨论、如何对话"等儿童哲学理念相契合。①二是"求学之德"的培养与塑造，是学生"真学、真懂、真信"的前提基础。儿童不像成人那样有丰富的人生阅历和判断思维，过度强调"批判意识"而非"纯一无伪"的至诚思想，对儿童教育发展是有阻碍作用的。

在儿童教育方面，朱熹主张只有儿童前来主动求学，才可以去教他，而不是师者主动去"好为人师"。朱熹在诠释《易经·蒙卦》的"匪我求童蒙，童蒙求我"时说："人来求我，我则当视其可否而告之。"②这是朱熹对儿童哲学主体性与主动性的强调，也是对"诚"的工夫论引导。在朱熹看来，儿童是否有主动求学之念，表现为儿童在教育过程中是否具有"诚心"。朱熹的儿童教育思想体现了对"诚"的伦理思想的偏重，将儿童教育的讨论引入儿童哲学的讨论范围之内。他指出，儿童的初次求学则为他的"诚心"，这是儒家所提倡的求学精神；但是如果不断地重复一个发问，就是"不诚"的表现。这便违反了上面我们讨论的朱熹"赤子之心"中的"纯一无伪"思想。于是，在他的儿童哲学理念里，朱熹主张"盖视其来求我之发蒙者，有初筮之诚则告之，再三烦渎，则不告之也"，这里虽以占卜为叙述背景，但也反映了朱熹儿童哲学思想中以"诚"为核心的教育理念。

在儿童的早期蒙学教育之中，朱熹希望通过洒扫应对来达到对儿童"诚"思想的训练。儿童进入成人后，又主张以"求放心"工夫路径来帮助成人回归赤子之心的精神境界。他的儿童哲学理念的建设基本上是围绕这一线索而展开的。这种思想的源头是孟子的"四端之心"，体现的是对孟子思想的继承与发展。在这里，"赤子之心"构成了朱熹的小学、大学连接的主脉，成为他儿童

---

①　陈永宝：《小学与哲学：论朱熹蒙学思想中的儿童哲学》，《陕西学前师范学院学报》2020 年第 10 期，第 8 页。

②　黎靖德：《朱子语类》，第 1746 页。

哲学理念"正心诚意"思想的铺垫，促使童蒙教育与成人教育达到有机的统一。于是，"纯一无伪"与"求放心"构成了儿童与成人完成格物、致知、正心、诚意、修身、齐家、治国、平天下这八条的不可或缺的内在标准和外在动力。

当我们剖析了朱熹"赤子之心"的理论内涵后，再用当代的儿童哲学视角（如李普曼的儿童哲学）来观看"赤子之心"，便会发现"赤子之心"构成了朱熹儿童哲学思想的重要纽带和思想核心。在朱熹构建的以《小学》《童蒙须知》和《近思录》等为核心的儿童哲学的文本体系中，"赤子之心"成为众多连接之中的一个隐形的主脉。于是，从朱熹"赤子之心"的角度来反观当代儿童哲学思想的构建，我们既发现了李普曼、马修斯等的西方式儿童哲学的短板，也看到了从中国传统优秀文化中发展儿童哲学的希望。可以说，学者对儿童哲学的研究，除了以往主张的"怀疑精神"和"批判思维"知识论取向外，又增添了"正心诚意"的伦理学引导。这里，朱熹经常把儿童的赤子之心与伦理学中的敬、诚思想相融合，讨论伦理学的发展目标指向及反身而诚的现实途径。

可以说，就朱熹儿童哲学的最终归宿问题，依然要回到伦理学的角度来讨论，而不是从马修斯等人的知识论和方法论的角度来讨论。在其中，儿童的赤子之心让朱熹看到了天理显现的可能，通过孩童的爱其亲、敬其兄的赤子之心，他找到了儒家伦理思想追求的性善之端。这种对儿童哲学的探索，让朱熹在印证了孟子性善论存在的合理性依据的同时，也为其对"四端之情"的诠释与发展提供了理论铺垫。同时，朱熹文本中的"赤子之心"所透露出来的"诚敬"的工夫论，既表明了他的童蒙教育的目标指向，也表明了他的儿童哲学与伦理学的亲缘关系。他的这种儿童哲学理念，强调认识与发掘儿童思维中的特性，提倡尊重并欣赏儿童的内在本质与外在表现[1]，也为当下的儿童哲学研究指明了新的研究路径。

结　语

朱熹文本中的"赤子之心"存在着三个基本面向：一是"纯一无伪"，二是"至诚之心"，三是"敬直心"。"纯一无伪"对应着孟子的"赤子之心"之

---

[1]　陈永宝：《小学与哲学：论朱熹蒙学思想中的儿童哲学》，《陕西学前师范学院学报》2020年第10期，第9页。

说，"至诚之心"则对应着《尚书》"如保赤子"之论。"纯一无伪"强调对人内在的回溯和对现实的反省，"至诚之心"注重主体之间的至诚无妄。两者既有联系，亦存在着区别。所谓联系，是二者相对于"敬直心"而言，均属于人的内在感悟；所谓区别，是"纯一无伪"强调个人内在感受，"至诚之心"强调对他人的情感。而这一切，均在朱熹的"敬义"理论中得以体现。

"赤子之心"是朱熹天理思想的一种表现，相对于"理气""无极太极"等形上概念，更易使人们产生形下的理解。从"赤子之心"到"四端之情"，既强调了人性为善的先天本有，又强调了孟子性善论存在的合法性依据。可以说，朱熹对"赤子之心"的关注，使敬义工夫的实行有了本体论依据，为朱熹的伦理学工夫进路指明了方向。

同时，需要注意的是，朱熹文本中的"赤子之心"也可成为当代学者拓宽儿童哲学思想研究领域时的参照标准。我们在《朱子语类》中可以找到大量这种儿童哲学式的表述，如：

> 孩提知爱其亲，如今自失了爱其亲意思；及其长也知敬其兄，如今自失了敬其兄意思，须着理会。孟子所以说"大人者，不失其赤子之心"，须要常常恁地。①

通过"赤子之心"的引导，加上《朱子家训》《童蒙须知》《小学》及《近思录》等相关文献的支撑，可发掘出朱熹在儿童哲学领域的贡献，亦可为当代儿童哲学的发展提供借鉴。

在中国，儿童哲学方法的实行，不可能离开伦理价值观的引导，而选择一种适合于儿童哲学方法的价值观是十分重要的。朱熹的儿童观中，"赤子之心"展示出人之本有的天性之善，亦表现为为人处世的"至诚之心"，这两者都可以作为儿童哲学的价值参考而被采用。这也就是说，孩子的爱知之心，无气欲之蔽的"纯一无伪"，辅之以其爱其亲、敬其兄之"赤子之心"，既成为儒家伦理思想追求的性善之端，又是中国儿童哲学追求的理论之源。在这个背景下，"敬"思想被朱熹所采用，也说明了这个问题。朱熹在谈赤子之说时发现了"敬"的工夫证据，正如其所说：

---

① 黎靖德：《朱子语类》，第1335—1336页。

涵养此心须用敬。譬之养赤子，方血气未壮实之时，且须时其起居饮食，养之于屋室之中而谨顾守之，则有向成之期。才方乳保，却每日暴露于风日之中，偃然不顾，岂不致疾而害其生耶！①

这指明了儿童哲学未来可行的实践模式。需要指明的是，朱熹文本中的"赤子之心"相对于当代的儿童哲学来说，只处于一种萌芽阶段。但它为当代儿童哲学中国化的探索提供了一条借鉴途径，值得深入研究与总结。

_____

① 黎靖德：《朱子语类》，第 2456—2457 页。

第五章

前语言时期的儿童哲学

一般认为，今天我们接触的哲学来自古希腊爱琴海边的先哲们对世界的一些惊叹与好奇，然后，他们以自己独特的表达方法，并借用语言的工具将它们呈现于世人面前。研究发现，儿童的生长时期存在着一段不使用语言的"前语言"时期。如果我们依然坚持哲学必须以语言为工具才能实现，那么对于这一时期的儿童来讲，是否存在着哲学这一问题是需要讨论的。于是，对这个问题的回答，就牵涉到前语言儿童哲学解决的问题：哲学是否伴随人的一生，还是只是伴随人一生中的某一个阶段？

在这个追问中，我们在考虑哲学的价值与意义时，就避免不了用全体的思维或总体的方式来进行探求。于是，相对于一般认为人是否具有哲学思想的判定标准是他"说出来的语言"，也就是所有的哲学问题必须通过"语言"得以呈现，语言也构成了哲学存在的"容器"。这是否将我们拘围在一个自我设计的思维牢笼之中呢？也就是说，哲学是否必须围绕语言而展开？这是一个值得再思考的问题。于是，儿童前期的非语言时期是否存在着哲学，就成为解决这个大问题的过程中的一个不可回避的小问题了。这个问题既关系到前语言时期的儿童哲学存在的合法性问题，又涉及哲学与语言的关联性问题，以及哲学与外在行为的关系问题。

虽然，哲学来自古希腊先哲们对世界的一些惊叹与好奇，并最终以语言的方式为世人所熟知，但我们不能关闭"非语言"或"前语言"哲学存在的可能。对于儿童而言，他们的独特之处便是其成长时期存在着一段"非语言"或者"无语言"的前语言时期①。对于这一时期的儿童来讲，是否存在着儿童哲

---

① 前语言的判定不能以年龄为标准，而应以儿童能否清晰地用母语表达为标准。这里的清晰，一是指儿童可以用一串完整的语音表达出自己内心的想法，二是指儿童具有"撒谎"的迹象。相较于前者，以后者来验证可能更为标准。因此"谎言"不是对现实的模仿或获得性知识，而是人心智的一种自我展现。

学？这就值得继续进行讨论。

前语言儿童哲学需要讨论的问题是：哲学是伴随人的一生，还是只是伴随人一生中的某一个阶段？如果是前者，则要求我们在考虑哲学的价值与意义时需要用全体或总体的方式来探求；如果是后者，那么就需要我们对这个阶段做出合理性说明。这个问题正如研究儿童哲学时如何判定儿童的年龄界线（如以12岁、14岁、18岁等为界），界线不清晰，最终导致的是儿童哲学中的诸多问题只能被悬置，或者直接被抛弃，而不能被解决。

前语言时期的儿童，在宗教学（特别是基督教）的研究中已被认定为一个"完整的人"，在心理学的研究中则被认为是"完整的人"的一个初级阶段。两者相较，前者强调的是儿童的主体性状态不容磨灭；后者强调的是儿童在心智的成熟度上有待发展。二者似乎存在着一个确定的界线，进而使二者的研究、讨论不会出现过多的歧义。

一般来说，一个人是否具有哲学思想，判定的标准是其"说出来的语言"。如泰勒斯说："水是本原。"[1]《圣经》记载："上帝说：'要有光'，就有了光。"（《创世记》）所有的哲学问题必须通过"语言"得以呈现，语言也构成了哲学存在的"容器"。黄裕生指出：

> 哲学是通过在反思中的概念演绎来摆脱"这个世界"而走向本源，也就是说，哲学是在追问"这个世界"为什么这样而不是别样的根据而走向再无根据的本源，因此，哲学需要完成从概念存在者到非概念存在者的跳跃。[2]

以上，无论从何种方面来讲，哲学似乎都必须围绕"语言"而展开，无论是从广义上粗糙的日常表达，还是从理性的概念逻辑分析而言均是如此。进而，儿童前期的非语言时期是否存在着哲学，就是一个可以讨论的问题了。于是，我们首先要解决的问题是非语言时期的儿童哲学存在的合法性问题及儿童哲学是否要分阶段和分层次的问题。这些都涉及哲学与语言的关联性问题，也涉及哲学与行为外显的关系问题。

---

[1]　叶秀山、王树人著：《西方哲学史（学术版）》第二卷，南京：凤凰出版社、江苏人民出版社，2005年，第89页。
[2]　叶秀山、王树人著：《西方哲学史（学术版）》第三卷，第22页。

第一节　前语言时期的儿童哲学存在判定

一、赤子之心的儿童哲学

为了使接下来的讨论有一个存在的根基，我们首先选择从西方哲学的语境下脱离出来。也就是说，在中国哲学语境下，对儿童哲学的界定大概是一个什么样的情形？《孟子》曰："大人者，不失其赤子之心者也。"①为此，朱熹解释说："赤子之心，则纯一无伪而已。然大人之所以为大人，正以其不为物诱，而有以全其纯一无伪之本然。是以扩而充之，则无所不知，无所不能，而极其大也。"②这是伦理学对赤子之心的一个典型的描述方式。

孟子所说的"赤子之心"，强调的是一种外在行为的表现，而不是语言的"言说"。虽然这条理论的表达亦是通过语言，但强调的是非语言的现实感受及行为表现。于是，我们发现在中国哲学的语境下，行为具有了替代语言成为研究儿童哲学的工具的可能性。从这一点来看，我们对儿童哲学的界定，显然要越过李普曼和马修斯等早期儿童哲学的定义者所规定的范围。

从孟子的"赤子之心"来看待这个问题，可知它实际上解决了一个非心理学方式的行为验证标准的问题。相比较复杂的心理学验证，这种强调儿童赤子之心的验证显然更具有简易性和可取性。也就是说，通过当下的体认和关照，我们很容易就能判断儿童内心世界的心理取向。这种心理取向既包括善、恶的伦理学取向，也包括喜好、厌恶等日常行为取向。

作为先秦的文献的《孟子》自然不会如当代行为伦理学那样可以展示出精确的行为判断，也不会出现通过医学体液检验而出现的心理行为的佐证。但孟子的这种简易行为判断标准，无疑打破了当代对儿童行为僵化判断的局限，至少使儿童的行为从医学视角中解放出来。于是，赤子之心的验证，也正如"望、闻、问、切"或通过精密的医疗器械和体液进行的化学检验一样，亦存在可挖掘的价值。

当然，在这里我们不能否认"赤子之心"在验证中表现出来的粗糙性。这种"粗糙性"并非错误性，而是如医院的全科医生给病人做的初步检查，相对于专科医生来讲，明显就过于"粗糙"。但是，这种"粗糙"是可以被接受，

---

① 朱熹：《四书章句集注》，第272页。

② 同上。

也是可以被理解的。因此，孟子的"赤子之心"在儿童哲学中的标准价值与意义，在此可以表现出来。

二、行为的验证标准

在儿童哲学的研究路径上，因为中国传统思想中对知行的强调（准确来说是对"行"大于"知"的强调），导致我们在看待儿童哲学的问题时，依然要遵循"行"这个大的原则。这样我们在分析中国儿童哲学的发展路径时才有可能找到适合中国本土的儿童哲学发展之路。但不可否认的是，这种非语言的儿童哲学虽然在理论上可行，但在具体的实际操作方面如何，却不得不引起我们的再思考。这些思考包括：

一是我们要考虑如何建立非语言的评价标准体系。所谓建立非语言的评价标准体系，即是说，我们在考察儿童的哲学思考与问题意识时，是否有可能建立一种非语言的验证标准。这就是说，在考证儿童是否具有疑问性的思考时，我们能否用行为外显和眼睛运动的表达来验证儿童此时已经具有思考和"提出问题"的能力。

二是我们要考虑行为本身存在的欺骗性问题。在分辨行为与语言的区别时我们发现，行为的复杂性导致了行为是一种立体的存在，而不可能如语言一样是一种线性的存在。相较而言，语言的验证是比较容易寻找到验证标准的。如验证一条线是否是直线，我们只需要找到另一条直线与之比较，答案立明。但行为不一样，行为的复杂性是很难用单一的维度来衡量的，其中难免包含着欺骗性，而且这种欺骗在行为外显中是隐藏性存在的。婴儿在求父母抱抱的过程中表现出来的开心，或"婴儿调戏母亲"等行为，则往往是一种"欺骗"行为。于是，在考证儿童是否具有问题意识的时候，行为验证标准本身就是一个需要被讨论的问题。

但我们需要指出的是，是否是"行为标准"的复杂性才导致我们认为的这种标准存在的不可能性？这种判断显然过于武断。于是，我们在验证非语言存在的时候，不妨试试以下两条路径：一是我们通过研究，简化或者明晰行为验证的细则，这一点行为心理学已经做出大量的前期工作，可供我们借鉴；二是增加验证的次数与频率，如判定一个儿童是"乖小孩"还是"熊孩子"，不能只以他单次的行为为依托，而应以在单位时间内他个人行为出现的频率来验证。

显然，行为验证明显要难于语言验证。基于此，我们在考虑前语言时期儿童哲学能力的时候所付出的精力显然不可小觑。这既是父母在儿童生长阶段面临的一个现实存在，也是儿童本身发展规律的体现。

三、非语言的验证标准

无论是孟子的"赤子之心"，还是当代的行为检验，都是一种非语言的验证标准。我们可以借助这种非语言的验证，开启一个非语言存在的儿童哲学的方法。这里给我们的提醒就是：我们是否需要从"以语言为中心"的哲学思维中跳脱出来，以摆脱语言在哲学中不可撼动的束缚？也就是说，我们在验证儿童的"儿童哲学"存在时，是否可以逃脱"语言"的验证存在？

首先，婴儿对知识的渴求是一个自然现象。习惯怀抱婴儿的家长在婴儿早期会发现这样一种现象，就是久抱的婴儿是难以重新安静地留在床上的。对于婴儿的这个外在行为，我们思考的问题是：在并不缺乏安全与食物，又无冷暖的干扰的情况下，婴儿为何不愿意留在床上？这其实就是一种婴儿对单一知识摄入的厌倦，亦可看成婴儿对知识的渴求。这种渴求，与成人的思维中对未知的好奇是一致的。不同的是，成人行为的自主性，使我们可以在心智上支配自己的行为，这种渴求能在无形中得到满足，而婴儿由于"受制于人"，因此，对父母产生的"强干扰现象"①成为判定婴儿求知心理的一个行为外显。

其次，儿童产生的与外界交流的身体"语言"，实际上就是一种独特的生活方式。这种非语音、非文字的行为方式，是儿童与世界沟通的主要途径，可以成为我们验证儿童在前语言时期的行为的验证标准。儿童早期通过哭、笑两个行为来表达自己的赞同与反对。并且，不同的哭声和笑声可以传达出更多复杂信息，比如召唤、驱使、求喂食、换尿布、出去走走等。

第三，在现实生活中出现的语言残障人士所使用的手语，是通过行为"表达"思维的一条常见之路。因此，利用行为来验证的方式并非危言耸听或者不可思议。聋哑残障人士用手势的不同变化来指代现实生活中的各种事务，形成了一种独特的"手语"，在这种正常人无法理解的"行为表述"中，我们发现他们彼此之间的沟通是无障碍的。因此，既然用"手语"表达思维的路径早已

---

① 如求抱，求陪伴，求关注等。在成人世界中，由于成人的行为自主性，成人对他人依赖性较弱，而表现为一种"弱干扰"；而对于"婴儿"来说，他们只能求助于父母和其他亲友来实现自己的"行动自由"，所以表现出一种打扰其他人正常活动的"强干扰"。这种强干扰表现为笑、哭、喊叫等，给人一种不达目的誓不罢休的感觉。

存在，便不需要我们在这里为此举出更多的证明材料。

最后，非语言的验证标准还需要解决一个问题，就是反思性语言。虽然我们承认语言残障人士可以通过手语来表达他们的反思性思维，如"可能我的行为需要改正"，抑或是"今天某件事我做错了"，但这种手语的表达除了行为的外显外，还体现了一个问题，就是心智的成熟。这一点，是前语言时期的儿童所无法拥有的。虽然在宗教思维中，儿童一出生（甚至是未出生的胚胎）就已经属于"一个成人"，但从心理学意义上来说，人的心智是需要后天通过时间、经验的累积而达到成熟状态的。显然，前语言时期的儿童缺乏这个条件。因此，我们通过行为承认儿童有"思想"似乎不难，但论证前语言时期的儿童有"反思性思维"，则可能需要做出进一步的说明。

第二节 前语言时期的儿童哲学存在的合理性检视

一、前语言时期儿童哲学存在的检视

关于儿童哲学的判定标准，大致可分为以下三类：一是"4C 思考"，即批判性、创造性、关怀性和合作性。[1]二是基于西方的"反思性传统"，注重儿童的思维能力而非知识灌输的标准。[2]三是外显的可观察的表现。[3]这三类标准既可看成是相辅相成的三个方面，又有各自的理论侧重面。

在儿童进入语言时期，以上三者是可以并存的。我们通过"4C"思考训练，建立儿童的反思性思维，并通过行为的外显而加以验证。儿童处于前语言时期时，由于语言摄入的无效性，我们无法通过"语言"来向儿童传输"4C"的理念；同时，反思性传统作为对事后的反思，要求儿童具备一定的记忆力，而这对于前语言的儿童来讲，是一个困难。

我们发现，在长期的婴幼儿教育中，我们给出的强制或非强制的行为，在婴儿的现实反馈中只是形成了婴儿的恐惧或非恐惧的两种表现。至于生气、谩骂等极端负面行为，在婴儿的反馈中常常失效。婴儿只是通过行为人说出语言时的面部表情来判断他是开心还是害怕。他的这个反馈不可以看成是语言对儿童发挥了作用。

马修斯在《与儿童对话》中借助唐纳德的语言说："如果人天生就不会说

---

① 潘小慧：《儿童哲学的理论与实践》，第 32 页。
② 高振宇：《儿童哲学导论》，桂林：广西师范大学出版社，2020 年，第 149 页。
③ 同上，第 159 页。

话，天生只会用东西做动作——应该说不是做动作，是把东西'秀'出来，虽然这样子做会非常麻烦，但或许是一个行得通的办法。"①这里，马修斯同样注意到语言问题对前语言时期儿童的困扰，即陌生概念对儿童的交互作用较弱的现实。

但相对于前语言时期的儿童来说，语言时期的儿童由于有了一定的语言累积，其对新的概念的接收和使用只是经历学习后的效果呈现问题。对于前语言时期的儿童来说，他们的"牙牙学语"能否被看作是语言，本身就是一个存在着争议的问题。因此，以此来作为前语言时期的"语言构成"或"检验标准"，显然还需要大量的证据。

因此，探索前语言时期的存在标准时，简单以语言为工具显然是过于唐突的。至少我们可以说，语言并非儿童哲学存在的唯一工具。这里，我们既不反对语言成为验证儿童哲学存在的标尺，也赞同用一种非语言的方式来替代语言成为验证儿童哲学存在的新的标尺。而这个标尺集中于"做"上可能会更有意义。它解决的是受儿童哲学教育的孩子的年龄问题。

二、连词与反思性检视

儿童哲学作为一种哲学的教育模式，不同于教育学研究中将其视为一种教育方法，而倾向于启发儿童的哲学思考，帮助儿童梳理哲学问题。因此，哲学本有的反思性活动，就成了前语言时期的儿童哲学中不可回避的一个难题。

如何检验前语言时期的儿童存在反思性活动？我们不可将其简单地推给"行"的话语概念就乍然停止。这里有两个方面需要说明：一是在"行"的外显中，能否体现反思性的存在？二是在"行"之中出现语言中的连词的天然存在，能否反向推导出"行"的先天性？前者，我们试图在达到目标时绕开语言来推测反思性思维存在的可能性。这一点，我们可以从聋哑人士的行为中得到一定的启示。后者，"连词"作为一种无现实参照的独特存在，在儿童的表达中可能自然生成，这可能意味着语言只是"行"的一种"特殊表现"或者"天然本有"，于是，前语言时期的儿童自出生时就具有了这种反思表达的潜质。

对于语音中的"连词"在言说中的独特作用，是需要多加注意的。马修斯

① （美）马修斯：《与儿童对话》，李鸿铭译，北京：生活・读书・新知三联书店，2015 年，第 78 页。

指出：“没有一样东西的名字叫作‘和’，所以没有办法表示或说出‘和’。”①对于这个难题，马修斯试验中的达波②给出了一个解决方式，即“做出某种动作，让别人能够明白那是‘和’的意思”③。

在马修斯的这种探讨中，我们发现了以下问题，即虽然 3—6 岁的孩子已经多数具备了语音的言说功能，然而对于他们来讲，由于名词在现实世界的反复出现刺激到他们，导致这些名词更容易被他们接受或使用。与此相对应的是，由于连词在现实中缺少参照物，在思维理解上显然是无法被孩子轻松掌握的。于是，正常的现象是，孩子会熟练地使用名词，而不会熟练地使用连词。或者，孩子在学会使用大量名词后，才会使用小部分的连词。然而真实的情况却不是这样的。孩子在使用连词“和”的时候，并没有出现明显的卡顿或不适感，这就说明他们在应对外在世界的刺激时，具有了先天的反馈机制。这种反馈机制，是否近似于我们在哲学中的反思活动，或者说，是否就是哲学中的反思活动？这是需要进一步探讨的。

但是，从连词的存在属性中，我们可以进一步揭示儿童的行为中存在着一种行为与语言的次第问题，即先“行为”后“语言”的现实逻辑。而反思活动不可能只在语言刺激产生时才出现，而应是在儿童对真实世界有反馈行为时就已经产生。当然，对这一大胆的推测，我们依然需要神经科学和行为心理科学的实验来验证，但在思维逻辑上，这应该是不会错的。

三、“做哲学”的检视

由于语言的形成是儿童出生后较晚才会出现的现象，因此何时开展儿童哲学教育，成为儿童哲学研究者探讨的问题。在关于儿童哲学的受教年龄的界定问题上，迈克尔·西格蒙德指出：

> “与儿童一起做哲学是一种思考与对话的过程，它是开放且动态的。在这之中，每个人的可能性都得到了扩展。”我在此主张的是对“做哲学”的相当广义的理解，我想明确地说，对于“做哲学”而言，并不存在最低年龄的“下限”。最大的限制莫过于对思想的表达能

---

① （美）马修斯：《与儿童对话》，第 76—77 页。
② 人名。——作者注
③ （美）马修斯：《与儿童对话》，第 77 页。

力……当代神经科学研究可以帮助我们了解儿童的学习过程。我认为，将固定年龄定为做哲学（从广义上理解）的下限是荒谬的。①

在迈克尔·西格蒙德的表述中，我们可以获得两个信息：一是儿童哲学的侧重点在"做"而不在"说"；二是儿童哲学没有年龄下限，包括了前语言时期的儿童（或婴儿）。于是，西格蒙德的研究再次为我们研究前语言时期的儿童哲学提供了一条新的佐证。

相较于以"说哲学"作为验证儿童哲学存在的标准，"做哲学"的先天优势就在于它突破了言说本身存在的年龄界限。孟子思想中的"赤子之心"与朱熹的蒙学思想，皆将儿童视为成人发展中的一部分，其中没有出现将儿童思维进行再次切割的倾向。在孟子看来，成人不应该失去赤子之心所表现出来的"纯一无伪"。朱熹补充说："盖赤子之心，纯一无伪，而大人之心，亦纯一无伪。但赤子是无知觉底纯一无伪，大人是有知觉底纯一无伪。"②同时，朱熹在其蒙学思想中，也诠释了儿童与成人之间哲学教育的连续性。朱熹说："古者小学，已自是圣贤坯璞了，但未有圣贤许多知见。及其长也，令入大学，使之格物致知，长许多知见。"③又言："古人于小学，存养已自熟了，根基已深厚了。到大学，只就上点化出些精彩。"④

至此，我们将迈克尔·西格蒙德与孟子、朱熹的思想进行融合后，可发现他们其实都是在强调一种"（知）行"的儿童哲学理路。也就是说，当我们对儿童哲学的思考或检证从语言的局囿中摆脱之后，无论是从"做"的角度，还是从"成人与儿童一体化"的角度，都可以寻找到儿童哲学进行的可能性。进而，我们对前语言时期的儿童存在儿童哲学教育的可能性，又夯实了第二个论证。

第三节　前语言时期的儿童哲学的哲学分析

一、整体性与本体论分析

在哲学的本体论与认识论的意义上，我们思考的问题是儿童哲学在整个人

---

① （德）迈克尔·西格蒙德：《你好，小哲学家——如何与幼儿一起做哲学》，杨妍璐译，北京：中国轻工业出版社，2020年，第21—22页。
② 黎靖德：《朱子语类》，第1341页。
③ 赵顺孙：《大学纂疏中庸纂疏》，华东师范大学出版社，第11页。
④ 同上。

一生的教育过程中，是部分性存在，还是整体性存在；在本体论的讨论中，无论是物质与精神，还是思维与存在，都是在探讨哲学的统一存在状态，还是区域性存在状态。

我们在阅读马修斯及李普曼的儿童哲学作品时，发现他们列举的事例基本上集中在 3 岁以上的儿童身上，抑或是处在语言时期的儿童群体身上。李普曼的《哲学教室》里的陈明宣、李莎、唐宁、齐媛和陆哲雄等，基本是处在幼儿园和小学阶段；马修斯的《哲学与幼童》中的蒂姆、乔丹、约翰·埃德加、戴维和丹尼斯等，也基本上是 3 岁以上的儿童。于是，我们在阅读这些著作后的感受是，儿童哲学只是儿童在语言形成后的一种存在，抑或是儿童哲学只是人一生中某一部分的存在，而不是整体性的存在。

我们在思考哲学的本体论问题时发现，只有在以物质为前提的讨论中才有可能存在着说服力，而讨论以精神、存在或思维为本体论存在的问题时，可能就无法自圆其说。也就是说，论证儿童在前语言时期是否存在着儿童哲学，它关联到人在学习哲学中是否是以整体性方式存在的这样一个核心问题。

儿童哲学作为一种哲学，在本体论中应具有恒定性的存在可能性。于是，这种考虑就决定了我们在思考儿童哲学问题时，对其存在的时间和空间问题需要进行再次的考虑。

儿童哲学只是"语言存续中儿童的哲学"，这明显是把儿童哲学作为"部分哲学"来判定的。这种判定存在着三种考虑：一是儿童哲学产生和结束的时间界限如何界定；二是儿童哲学与成人哲学（我们暂且用这个语词）是否存在连续性和一致性的问题；三是儿童哲学存在的地域性因素考虑。这是需要给出回答的三个问题。

朱熹在蒙学思想的建构中认为蒙学是成人教育的一部分。朱熹说：

> 学之大小固有不同，然其为道则一而已。是以方其初幼也，不习之于小学，则无以收其放心，养其德性，而为大学之基本。及其长也，不进之于大学，则无以察夫义理，措诸事业，而收小学之成功。[①]

在朱熹的这种表述中，我们基本可以得出以下三个回应：一是在朱熹看来，无论是衣服冠履、语言步趋，还是洒扫涓洁、读书写文字，都是在演习圣人的

---

① 赵顺孙：《大学纂疏中庸纂疏》，第 16 页。

精神。因此，这些活动一定是从儿童出生就已经开始的，只不过，不同的时期侧重点会不同。如在语言时期更为重视衣服冠履和语言步趋等因素的培养，而稍大一点则进行洒扫涓洁、读书写文字方面的培养。二是儿童的伦理思维培养显然是成人伦理行为所不可缺少的必要条件，因此，他的小学（儿童哲学）与成人教育之间没有严格的界限。也就是说，这种儿童哲学教育始于儿童出生，直至终老。朱熹强调的"赤子之心"的思想，基本上就是这种思路的表达。三是朱熹在教学中，提倡以幽静的山林作为培育场所，无论是武夷精舍，还是考亭书院，皆是如此。朱熹注重山水美育对儿童学习的熏陶，意在达到"从心所欲不逾矩"这一儒家最高的"行"的境界。

以上这些显然是儿童哲学研究者需要注意的本体论问题，即儿童哲学在人生中的时间跨度和中西方儿童哲学因空间而存的异同性问题。

二、认知取向与知识论分析

在多数的认识思维的观察中，由于语言的便利与显见，其常常成为人们判定哲学反思行为存在的唯一工具，这是值得商榷的。因此，前语言时期的儿童哲学的价值，在于在已有的神经科学、当代医学及心理学的基础之后，再来探讨人在知识获取和反思辨析中的认识问题。也就是说，一个人是否具有哲学反思能力，在认识论中应该是主体与客体之间能否建立有效反馈与修正的行为，本质上应该集中于"行为"本身，而不是由语言构成的现象媒介（或者说中介系统）。我们在思考人的主客体认识时，能否摆脱语言对哲学发展的钳制，这是一个具有重要意义的问题。

在以往的研究中，我们从聋哑残障人士的手语等肢体语言中，发现了逐步达到"语言"禁令的钥匙。然而，聋哑残障人士所表达的手势或盲文是否也是一种"语言"？这种讨论又会让我们的认识思维再度被拉回"语言哲学"的泥潭。

同时，聋哑残障人士的思维成熟度，也不易作为拓展非语言路径下对哲学思维的思考。与此不同的是，前语言时期我们可以逃离"缺乏""不完整"等概念对思考的误导，而从前语言儿童的主体本身来思考人的认识的整体性存在是否可能，以及哲学思考是整一存在，还是区间存在。

三、前语言时期的儿童哲学和伦理意义

儿童哲学是一种整体性哲学，它不像"以科学为哲学探讨对象的'科学哲

学'（philosophy of science）、以政治为哲学探讨对象的'政治哲学'（philosophy of politics）、以教育为哲学探讨对象的'教育哲学'（philosophy of education）"①等其他分支哲学，而呈现出一种整体性的性质。之所以强调儿童哲学的整体特性，是为了说明儿童哲学在人的整个伦理教育中处在一个关键的位置上。这是我们思考或研究中国儿童哲学时一个不可忽视的问题。

中国哲学视域的儿童伦理教育，无论是孔子的"仁"思想，孟子的"赤子之心"，还是朱熹的蒙学体系，都在诠释着对儿童的教育是人一生教育的核心和反哺资源。如，"仁"思想是贯穿于人发展的始终的，不因儿童的幼小就可以规避。儿童在学习使用语言之前，父母对他的哲学教育也基本围绕着仁、义、礼、智、信等儒家传统价值观展开，而非放任不管；同时，由"赤子之心"产生的"求放心"②的伦理追求，亦是儿童对成人的伦理反哺。

在孟子的"赤子之心"理念的引导下，我们发现中国古代的伦理教育意在达到的"纯一无伪"的"至诚"思想，来源于前语言时期的儿童。这也从另一个角度说明了"学而复其初"的伦理行为在前语言时期存在的意义与价值。至此，前语言时期的儿童哲学研究也展示出它的重要性。

结　语

哲学自古希腊以来常以语言的方式呈现于世人面前，造成了人们对哲学的思考被局囿在语言之中，而忽视了哲学的本质在于行为。③儿童在其生长时期存在着一段"前语言"的时期，这个时期虽被早期的西方哲学关注，却被近现代语言哲学的浪潮所湮没。在中国，儿童从来不是一个独立存在的群体，但前语言时期的儿童在伦理行为和主客体认识形成的过程中，也是完整的一体。因此，关于儿童在前语言时期是否存在着哲学，就出现了两个不同研究取向。也就是说，前语言时期儿童哲学解决的问题是：哲学伴随人的一生，还是人一生中的一个阶段？在这个追问下，我们在考虑哲学的价值与意义时就避免不了用全体或总体的方式来探求。一般认为，人是否具有哲学思想，判定的标准是其"说

---

① 潘小慧：《儿童哲学的理论与实践》，第 14 页。

② 孟子曰："仁，人心也；义，人路也。舍其路而弗由，放其心而不知求，哀哉！人有鸡犬放，则知求之；有放心，而不知求。学问之道无他，求其放心而已矣。"（《孟子·告子上》）

③ 如学者关于亚里士多德"德性伦理学"与"德行伦理学"的语词争辩。前者倾向于言语，后者倾向于行为。

出来的语言"。所有的哲学问题必须通过"语言"来呈现，语言也构成了哲学存在的"容器"。然而，哲学是必须围绕"语言"而展开，还是必须以另一种诸如"做"的方式来进行？同时，从先秦诸家思想中的"味与味道"的角度来思考，也是一种新的选择。这些都是值得再思考的问题。

于是，在儿童前期的非语言时期是否存在着哲学，就是一个不可回避的问题了。这个问题既关系到前语言时期的儿童哲学存在的合法性问题，又涉及哲学与语言的关联性以及哲学与外在行为的关系问题。对此进行持续关注，不但可以突破以往儿童哲学研究的狭隘理论特征（如只以西方的伦理与法律为载体），还可以采用多维度的视角进行诠释（如东西方的道德体系和行为表现）。因此，对儿童哲学的多角度研究，注定是一个任重而道远的事情。但随着当代儿童教育的精英化，这个问题又是不可回避、急需解决的。因此，在这一路径上的研究，还需要继续深化和发展。

第六章
儿童哲学与家庭哲学

在 2014 年 5 月举办的"第三届尼山世界文明论坛"中，美国学者安乐哲
（Roger T. Ames，1947—　　）接受了记者王晓慧的采访，当时有以下报道：

> 参与全球化进程中的多文明对话，中国可以发挥什么样的作用呢？
> 安乐哲以儒学中的"关系"概念来分析了这一问题："我个人觉得，
> 儒学最重要的成分是重视关系，而不是只有重视个体，所以我们每一
> 个人不是单独的、独立的个人的存在，一个人是由他跟他的家人的关
> 系、跟他的家庭的关系、跟他的社会的关系、跟他的朋友的关系创造
> 的。在现在的多文明对话中，我们要从个体概念，转到以关系为中心
> 的概念。"换言之，中国儒家文化中关于处理个人和个人的关系的伦理
> 道德也适用于国家与国家之间。[1]

这里，安乐哲点明了中国思想中以"关系"为中心的一个主要特征，这是值得
思考的。王晓慧在这里的判准，即中国儒家文化中关于处理个人和个人的关系
的伦理道德也适用于国家与国家之间，也进一步点明了这个问题。关于"关
系"的概念描述，贺来进一步提出"关系理性"这个概念：

> "关系理性"是一种在超越实体化、单子化个人的社会关系中，
> 去理解"个体"的存在规定、生存意义和根据的理性。它既要求破除
> 人的自我理解问题上的"唯实论"，也要求破除人的自我理解问题上
> 的"唯名论"；既融解和扬弃人的"普遍本质"，也融解和扬弃孤立

---

[1] 《美国夏威夷大学教授安乐哲：要把儒学从唐人街带到外国》，http://www.chinanews.com/cul/2014/
05-23/6206788.shtml，访问时间：2014 年 5 月 23 日。

"自我"的实体化。它要求从"关系"而不是从"实体"出发对人的现实存在进行规定，现实的人不能被解读为"普遍的人的本质"的显现和定在，也并非孤立的"个体"，而是与自我发生关系同时也与他人发生关系的"关系中的个体"。①

通过以上这段话，我们可以看出贺来在这里强调了"关系"在当代人发展中的重要作用，指明了它在处理当代人问题上的一个核心价值。不同于安乐哲的是，他在这里将关系定位为当代对古代的替代。虽然，贺来在这里并没有明确地反对中国古代依然存在着关系理性，但从其将古代社会（包括中国古代社会）界定在"主观理性"与"客观理性"②的维度中，可见他在这里提出的关系理性是对前两者的"当代替代"。

安乐哲与贺来的这两篇文章明显是将关系界定在不同的两个时代中。前者将关系界定于中国古代至今，而着重点在古代。也就是说，在他的思维中，关系是中国人一直本有的一种特征。后者将关系界定为一个当代的理性存在，意在指出他对分离式理性（主观理性与客观理性）的一种修正。而以上两者均有意义，但均存在着欠缺，即关系的价值。后来，贺来将其修补为：

> "关系性价值观"所强调的是：面对价值观的异质性及其冲突，我们需要寻求一种协调价值观间关系的价值观，或者说，一种处理价值观之间关系的更高层面的价值观。由于价值观的异质性和价值观的冲突对人们的现实生活所带来的重大影响，因此，如何协调价值观之间的关系，使之于共在中保持良性的互动，这本身就是一个价值观问题。"关系性价值观"就是关于"价值观间关系"的价值观。③

他进一步指出：

> 在人类思想史上，"关系性价值观"一直是不同民族和文明的思想家们自古以来就思考和探索的重大主题。中国儒家创始人孔子的核

---

① 贺来：《"关系理性"与真实的"共同体"》，《中国社会科学》2015 年第 6 期，第 30 页。
② 同上，第 22—28 页。
③ 贺来：《关系性价值观："价值观间"的价值自觉》，《华东师范大学学报》（哲学社会科学版）2020 年第 1 期，第 14 页。

心概念"仁"，不是某种普通的价值观，而是一种"关系性的价值观"，孔子说道："夫仁者，己欲立而立人，己欲达而达人，能近取譬，可谓仁之方也。"……"忠恕之道"的重点不在于提供诸种价值观中之一种，而是处理和协调不同价值观关系的"关系性价值观"，正是在此意义上，孔子把"忠恕之道"称为"仁之方"。"仁"之为"方"，即是处理不同价值观和有着不同价值观的人们之间关系的"方法"或"原则"，究其实质，这种"方法"或"原则"就是我们所说的"关系论价值观"。①

他最后总结说：

　　哲学史家们常说，孔子在不同语境中对"仁"有着不同的表述，而没有提供一个关于它的统一定义，之所以如此，根源就在于"仁"这一概念所着眼的不是某种特殊的价值观，而是着力于响应"价值观间"问题并处理这一问题的价值原则。②

至此，我们可以将二者有机地融合。无论是安乐哲提出的"关系为中心"，还是贺来提出的"关系理性"及"关系性价值观"，实际上点明的就是中国典型的以家庭关系为中心而构造的社会模式。在中国的家庭关系中，无论是以母系为主体的原始社会，还是以父系为主体的奴隶社会和封建社会（或者说前工业社会），都是围绕家庭关系而展开的一种社会样态。《大学》中说：

　　所谓齐其家在修其身者：人之其所亲爱而辟焉，之其所贱恶而辟焉，之其所畏敬而辟焉，之其所哀矜而辟焉，之其所敖惰而辟焉。故好而知其恶，恶而知其美者，天下鲜矣！③

这里无非是在强调一种家庭关系的存在。我们甚至可以说，中国传统的关系构成即是以家庭为细胞的一个关系的存在。而修身则是处理家庭关系的一个关键

---

① 贺来：《关系性价值观："价值观间"的价值自觉》，《华东师范大学学报》（哲学社会科学版），第14页。
② 同上。
③ 朱熹：《四书章句集注》，第9页。

环节。无论是以关系为中心，还是关系理性及关系性的价值，都可以在家庭中发现其存在的根芽。总而言之，这是一种家庭哲学形成的基础，也是一种家庭哲学的体现。

第一节 儿童哲学与家庭哲学

家庭哲学相对于儿童哲学来讲，不是一套新的理论体系，而是一种实践方法的新探索。它的理论根植于儿童哲学和哲学咨询的[①]已有理论，并在结合中国传统思想的基础上进行了再思考。家庭哲学是围绕家庭从事的哲学思考活动，是以家庭为具体情境的一种哲学探讨。它的建构基于三个理念，即无病人存在、价值引领和互为主体。在众多的思想中，朱熹的伦理学理论与之较为契合，可在此基础上进行进一步的探讨。朱熹在注释《大学》时所提倡的修身齐家治国，在注释《中庸》时所强调的君子人格与至诚思想，均体现了以上三种理念。

通过对朱熹儿童哲学与家庭哲学思想的叙述，可以揭示出宋明理学家除修身正德外的另一种理论维度。这一维度可用来解决后工业社会中出现的诸多家庭、社会问题，具有一定的借鉴作用。另外，中国自古以来家国一体的思想，也描绘出儿童哲学的目标导向最终要发展到家庭哲学的趋势。此外，朱熹的家庭哲学中暗含的山水美学思想，也为当代家庭关系的良好构建提供了理论参照，同时也为我们研究儿童哲学提供了深一层的探讨空间。

一、家庭哲学的界定

儿童哲学研究专家潘小慧教授指出：

> 从 20 世纪 70 年代，美国李普曼教授（Matthew Lipman，1922—2010）开始，历经欧、美、亚、澳以至全球到目前的发展，儿童哲学包含三种意涵：Philosophy for Children、Philosophy with Children 和 Philosophy by Children，彼此并不冲突也不对立。[②]

---

① "哲学咨询"即"哲学咨商"，本书除引文外，统一表述为"哲学咨询"。
② 潘小慧：《真实与谎言——以〈思考舞台〉第 5 章第 10 节"三头巨人"为据的讨论》，《哲学与文化》2017 年第 12 期，第 22 页。

我们可以借助这种形式，将家庭哲学界定为 Philosophy for Family（为家庭的哲学）、Philosophy with Family（伴随家庭的哲学）和 Philosophy by Family（从家庭中来的哲学），即围绕家庭从事的哲学思考活动，这是以家庭为具体情境的一种哲学探讨，而不是 Philosophy of Family（家庭的哲学）。①基于此，我们可以说家庭哲学是围绕家庭关系而展开的哲学思考。它相较于儿童哲学，更为关注家庭成员存在关系之间的哲学反思，而不是个体成员的哲学活动。

儿童哲学与家庭哲学反映出中国哲学思想中的两个重要维度：修身与齐家。前者，通过对儿童个体或群体的哲学反思，挖掘出哲学发展的本根和现实应用；而后者，则注重于哲学思考中相互关系的存在，意在指出家庭成员之中的位阶及其相互作用。前者可成为后者研究的基石，如"齐其家在修其身者"；后者是前者的进一步发展，如《大学》章句之八章"释齐家治国"：

> 所谓治国必先齐其家者，其家不可教而能教人者，无之。故君子不出家而成教于国：孝者，所以事君也；弟者，所以事长也；慈者，所以使众也。《康诰》曰"如保赤子"，心诚求之，虽不中不远矣。未有学养子而后嫁者也！②

因此，儿童哲学的发展与家庭哲学的建构，是中国社会发展的一体两面。二者都在处理人与人之间的关系中发挥着重要的作用。不同的是，前者侧重于关注个人的修身与发展。潘小慧指出：

> 儿童哲学计划的目标并非要造就儿童成为一名哲学家或决策者，所以并不会像大学中的哲学系尝试教导儿童关于哲学史的知识，或是教导哲学专门术语（如"实体""本质""位格""异化"之类的），而是希望透过这些思考方案鼓励儿童去验证自己的观点，帮助鼓励儿

---

① 关于家庭哲学的界定可参照潘小慧对儿童哲学的分析："儿童哲学"的英文原名不是"Philosophy of Children"，不是儿童"的"哲学；这与以科学为哲学探讨对象的"科学哲学"（Philosophy of Science）、以政治为哲学探讨对象的"政治哲学"（Philosophy of Politics）、以教育为哲学探讨对象的"教育哲学"（Philosophy of Education）等哲学分支不尽相同……"儿童哲学"的英文是"Philosophy for Children"，也就是"为"儿童设计的哲学教育计划，或者可以说是针对儿童的哲学训练……若将它翻译为英文则为"Philosophy with Children"，含义是"伴随儿童的哲学"，强调"和"儿童一起做哲学……"Philosophy by Children"，意即"儿童的思维方式和儿童的思考特质"。参见潘小慧《儿童哲学的理论与实践》，第14—15页。

② 朱熹：《四书章句集注》，第10页。

童去发现和使用推理的规则，使儿童成为更富思考、更深思熟虑、更能反省、更明辨事理、更具判断力的个体。使儿童——未来的公民——国家未来的主人翁成为一个良好的思考者，能够为自己思考，在日常生活中找出自己的意义。①

也就是说，儿童哲学虽然对关系有所关注，但总体上是围绕个体而展开的哲学思考，意在帮助个体（儿童）达到或完成某种程度的哲学训练。这颇类似朱熹在《大学》中提到的个体"修身"的层面，注重对个体（儿童）的思考方法、个人修为及接物应事能力的培养。相较于儿童哲学，家庭哲学在群体关系的强调上更为突出，它越过关心家庭单个成员的独立思考的层面，更为偏向于解决家庭各成员之间的关系问题。

二、家庭的"关系"桥梁

《家族治疗概观》指出：

> 家庭和家庭成员的成长与改变同时发生，所以明了家庭和成员间的互动，对执行修复与预防工作而言是非常重要的（Nichols & Pace-Nichols, 2000）。在成长历程中，家庭成员在发展个人认同的同时，依然依附着家庭团体，使家庭团体亦发展并保持独特的认同或集体形象。这些家庭成员并非独自生活，而是互相依赖——不只是为了衣食住行和金钱，同时还为了爱、情感、彼此的承诺、陪伴、社交、长久关系的期待，以及其他非实质需求的实现。②

这里已经点出了家庭与成员之间的关系，也就是朱熹在《大学》中提到的"齐家"的层面。在朱熹的理论中，家庭是连接个人与社会的一个关键纽带。在"格物、致知、诚意、正心、修身、齐家、治国、平天下"这八条中，"齐家"成了"修身"与"治国、平天下"的桥梁。这也是"所谓治国必先齐其家者，其家不可教而能教人者，无之"观点的表达。《大学》言："一家仁，一国兴仁；一家让，一国兴让；一人贪戾，一国作乱；其机如此。此谓一言偾事，一

---

① 潘小慧：《儿童哲学的理论与实践》，第 26 页。
② （美）Irene Goldenberg、Mark Stanton、Herbert Goldenberg：《家族治疗概观》，杜淑芬等译，台北：新加坡商圣智学习亚洲私人有限公司，2019 年，第 3 页。

人定国。"①也是这种思想的表达。

实际上,"一个运作良好的家庭,除了会以系统为单位的方式存活下来,也会鼓励其成员了解自己的潜力,即允许他们在受保护和安全的感知下,自由地探索与自我发现"②。因此,我们可以讲,如果家庭出现问题,儿童哲学的开展必然就失去了前提条件。只有在一个良性发展的家庭中,各成员之间产生良性的互动,儿童哲学的开展才有可能。从这一点上来讲,家庭哲学的存在是至关重要的。

从应用哲学的角度来讲,处理好"关系"成为讨论的关键环节。以儒家修身的角度来看,其最终目的也是要回归到解决"关系"的社会存在之中。作为社会关系的基本构成形式,家庭被朱熹看成是人在进入社会之前的孵化场所,这也是有一定的道理的。

虽然从当代的视角来看,家庭关系处理得当不必然推出社会关系的良好处理,但缺乏家庭关系的训练必然会影响到社会关系的良性发展。前者是后者的必要非充分条件。这与朱熹在处理"大学"与"小学"的关系时的思考如出一辙。朱熹说:

> 三代之隆,其法寝备,然后王宫、国都以及闾巷,莫不有学。人生八岁,则自王公以下,至于庶人之子弟,皆入小学,而教之以洒扫、应对、进退之节,礼乐、射御、书数之文;及其十有五年,则自天子之元子、众子,以至公、卿、大夫、元士之适子,与凡民之俊秀,皆入大学,而教之以穷理、正心、修己、治人之道。此又学校之教、大小之节所以分也。③

前者是后者的基础,后者是前者的发展。因此,家庭哲学与儿童哲学的关系,基本上也遵循这个原则。家庭哲学的重点在于处理围绕家庭成员而产生的关系问题。这些关系问题既表现了对家庭关系的哲学思考,又表明了在家庭关系维持过程中的哲学探索,以及由家庭关系而引出的对个人及社会的哲学反思,如家庭伦理问题及儿童哲学问题。因此,我们首先需要做的是将家庭哲学从众多

---

① 朱熹:《四书章句集注》,第10页。
② (美) Irene Goldenberg、Mark Stanton、Herbert Goldenberg:《家族治疗概观》,第3页。
③ 朱熹:《四书章句集注》,第2页。

哲学分支中区别出来，亦需要将家庭哲学与家庭心理学做一定的划分，进而讨论家庭哲学成立的合理性与合法性问题。同时，借助于发展较为成熟的儿童哲学体系与朱子理学体系，更易将家庭哲学这个观念阐述清楚。

总的来说，朱熹将家庭与社会的关系进行了梳理，明确了家庭在人之生长过程中的价值与意义。儿童哲学的当代探索，也为家庭哲学的可能提供了前提条件。

三、家族治疗与家庭哲学

在心理学方面，家庭被注意多是因为正常的家庭关系出现了问题。即在某种原因或特殊场景、背景的影响下，"家庭关系"产生了断裂或异化，家庭成员之间或家庭之间出现了严重的交流问题。在这种情况下，家族治疗开始进入了人们的视野，它的目的在于对这种关系进行修补。家族治疗的出现多与第二次世界大战有关。

> 多数专家指出，第二次世界大战后的十年是许多研究学者及后来跟进的实务工作者，将其注意力转向家庭在创造或维持一个或更多家庭成员的心理困扰中所扮演的角色。在战后余波中，家庭突然的团聚制造了一连串的问题（社会的、人际关系的、文化的、环境的），而为了这些问题，社会大众转向心理健康专家以寻求解决之道。①

以上这些背景让我们开始反思家庭在人存在中的价值与意义。它不是一个可有可无的生活点缀品，而是人与人存在时必要的空间与时间的集合体。可以说，如果把现实中的人比作灵魂，那么家庭就是承载灵魂的肉体。戈登伯格（Irene Goldenberg）等人指出：

> 家庭不仅是由一群共享特定物理和心理空间的个体所组成的，同时也是一个具有独特性质的自然社会系统。家庭会发展出一组规则，里面布满了对成员角色的分配和要求；会有一个组织化的权力结构，且发展出外显和内隐的沟通形式，并发展出协商和解决问题的复杂方

---

① （美）Irene Goldenberg, Mark Stanton, Herbert Goldenberg：《家族治疗理论与技术》，翁树澍等译，台北：扬智文化，1999 年，第 94 页。

法以有效执行各种不同的任务。在这个微小文化下，因为家人有共同的历史，对这个世界有共同的内在知觉和假设，以及共同的目的感，所以家庭成员间的关系是深刻而多层次的。在这样的系统内，个体间借由有力的、持久的、相互的情感依附和忠诚而连接在一起，虽然连接的强度可能会随时间而变动，然而却是与家庭终生共存。①

因此，家庭治疗要解决的问题就是使上述出现的问题，回归到家庭关系本有的状态本身。也就是说：

> 在家庭治疗领域早期的历史中，最大的贡献在于提供一个了解行为的新架构。我们对"改变"的看法由直线性、聚集于个别，转而为搜寻行为发生的脉络，并以互动、交换以及关系的角度来加以思考……我们相信家族治疗师在他们从事帮助家族的工作之前，需要一个植基于家庭发展原理与系统理论的工作知识。他们需要理解那些导致家庭失去功能的原因，能将那些正在经验一个不安短期危机而能独立运用其资源来重组或复原的家庭，与那些重复错误解决模式的家庭做区分。②

以上基本上是心理学对家庭关注的面向，主要有以下三个特征：一是心理对家庭的关注集中于家庭关系本身，着重于家庭成员或家族各成员关系的状态；二是心理研究多集中于"病态家庭"，即家庭关系出现了严重问题，需要家族治疗师进行强烈的干预；三是心理学对家庭的关注，最终目的在于恢复"正常家庭"的构成模式，即重组或复原家庭。

与此相对比，家庭哲学与其所关注的方面既有相同点，又有差异。所谓相同点，是家庭哲学研究的主要特点也在于家庭关系本身，"关系"是它思考的基本概念，它着重于对个人与家庭整体或个人之间的反思。所谓差异，一是家庭哲学研究的背景不是"病态家庭"中的问题，而是正常家庭中出现的问题。这个"正常"主要是指家庭成员并无残缺，存在父、母、子三角的基本架构，且家庭成员中并无明显的关系裂痕和敌视情绪。二是家庭哲学的目的不在于恢

---

① （美）Irene Goldenberg, Mark Stanton, Herbert Goldenberg：《家族治疗理论与技术》，第 4 页。
② 同上，原序第 i—ii 页。

复"正常家庭"原有的样态，而是将"正常家庭"的样态作为研究的基础。它的研究目的在于在正常家庭环境下，围绕中国和西方已有的哲学理念，对个人与家庭、家庭与社会、女性与家庭、儿童与家庭、男权与家庭等问题进行哲学思考。在这一点上，家庭哲学与哲学咨询有一定的相似之处。黎建球指出：

> 由于早期学术发展的内容中，许多学科没有那么清楚的界限，彼此都有涵括的部分，很难去清楚地分辨谁是谁，而只能笼统地说是哲学，即使到了今日学科分工那么精细的年代仍有不少彼此跨越的重叠部分，如现代心理学理论中就有人使用存在主义、现象学、结构主义等哲学语词，甚至大量使用哲学理论，既然有所谓的存在主义心理学（The Psychological Exit-tenitialism）、意义治疗（The Meaning Therapy）、完形治疗（The Gestalt Therapy）、当事人中心疗法（Client-center Therapy）、理情疗法（Rational Emotive Therapy）、沟通分析法（Transactionalan-alysis）等的哲学式的心理治疗方式，那么当哲学咨商还原使用自己的哲学方法时又有什么好值得惊讶的呢？①

但这并不是说明哲学咨询与心理咨询就没有区别。黎建球指出，哲学咨询有三项基本原则：一是没有病人的观念；二是注重价值引领；三是建立互为主体的关系。②与此相类同，家庭哲学也遵循这些原则，即家庭哲学的研究中没有病人的观念，注重理论与实践方面的价值引领，以家庭成员互为主体作为研究的背景。

综上，我们将家庭哲学的基本定义、研究背景及研究范围基本界定了。需要指明的是，家庭哲学并不是一个新的"哲学分类"或"哲学派别"，它自古以来就存在着。尤其在以儒家文化为主体的中国文化中，家庭哲学一直存在。如孔子与其弟子所说："'相维辟公，天子穆穆'，奚取于三家之堂？"（《论语·八佾》）"出门如见大宾，使民如承大祭。己所不欲，勿施于人。在邦无怨，在家无怨。"（《论语·颜渊》）"子张对曰'在邦必闻，在家必闻。'子曰：'是闻也，非达也。夫达也者，质直而好义，察言而观色，虑以下人。在邦必达，在家必达。夫闻也者，色取仁而行违，居之不疑。在邦必闻，在家必

---

① 黎建球：《哲学咨商论文集》，新北：辅仁大学出版社，2019年，第12—13页。
② 同上，第21—35页。

闻.'"（《论语·颜渊》）等。其中，朱熹作为儒家重要的继承者与转述者，他的家庭哲学思想尤为值得研究。

第二节　朱熹的家庭哲学理念

家庭哲学得以讨论的前提是，必须确定家庭成员的"无病态"。它的基本框架预设为简单的父亲、母亲和（一个）儿童这个简单生存三人组（primary survival triad）①。家庭中出现多子女、三辈同堂或四世、五世同堂等，暂时不是讨论的范围。原因如下：一是多子女家庭是一个子女的情况的重复和累加，本质上不影响家庭哲学的讨论；二是关于曾祖父、曾祖母的讨论类似父母对子女的讨论，只是在程度上有所不同；三是关于家庭细节的过于复杂的讨论，对家庭哲学的讨论没有实际价值，反倒容易让人陷入心理学的讨论范围之中，这是需要避免的。也就是说，对家庭哲学的讨论，类似对几何学中的三角形的讨论。不是讨论直角三角形、钝角三角形或锐角三角形，也不是讨论这个三角形或那个三角形，而是讨论一个抽象的、具有普遍意义的三角形，如三角形的内角和、中线、中位线等。我们对家庭哲学的讨论也应该落脚于此。

一、"无病人存在"关系与平等位阶

朱熹的家庭哲学建构无疑是囊括在他的伦理学体系中的。家庭哲学这个概念朱熹不可能提出，但它却与朱熹的伦理思想十分吻合。这就如同朱熹生前从未以"理学家"自称，他甚至认为"道是统名，理是细目"②。可见他本人更偏重"道学家"这个称谓。但他被后世普遍认为是宋明理学的集大成者，甚至被判定为"理学家"，这其实是一种"名从主人"③的研究思想。④因此，用家庭哲学来解释朱熹伦理思想中的一个方面，抑或是一个部分，是可以被接受的。

"无病人存在"是家庭哲学讨论的基础。这个基础是家庭哲学与家庭心理学得以区分的重要标志之一。这个"无病人存在"主要包括以下两个内容：一是不考虑身体或心理出现残缺以至于无法正常生活或者因这种情况而影响生活的因素；二是家庭成员中不存在认知残缺或病态认识的可能性。也就是说，我

① （美）Irene Goldenberg、Mark Stanton、Herbert Goldenberg：《家族治疗理论与技术》，第 223 页。
② 朱熹撰，朱杰人、严佐之、刘永翔主编：《朱子全书》第 16 册，第 236 页。
③ 冯友兰：《中国哲学史新编》（第五册），北京：人民出版社，1988 年，第 25 页。
④ 陈永宝：《论朱熹"理学家"的称谓考辨》，《鹅湖月刊》2020 年第 7 期，第 45—54 页。

们对家庭哲学的讨论要尽可能地将不必要的特殊因素排除，使家庭中的成员〔父、母、子（女）三个〕处于平等的认识位阶上。这是需要被强调的方面。这种认识的位阶上的平等，不是政治意义上的管理平等，而是人格尊严平等。以此，我们来讨论朱熹的伦理学。

朱熹伦理学的提出是严格遵循以上原则的，我们以《朱子家训》为例，全文如下：

> 君之所贵者，仁也。臣之所贵者，忠也。父之所贵者，慈也。子之所贵者，孝也。兄之所贵者，友也。弟之所贵者，恭也。夫之所贵者，和也。妇之所贵者，柔也。事师长贵乎礼也，交朋友贵乎信也。见老者，敬之；见幼者，爱之。
>
> 有德者，年虽下于我，我必尊之；不肖者，年虽高于我，我必远之。慎勿谈人之短，切莫矜己之长。仇者以义解之，怨者以直报之，随所遇而安之。人有小过，含容而忍之；人有大过，以理而谕之。勿以善小而不为，勿以恶小而为之。人有恶，则掩之；人有善，则扬之。
>
> 处世无私仇，治家无私法。勿损人而利己，勿妒贤而嫉能。勿称忿而报横逆，勿非礼而害物命。见不义之财勿取，遇合理之事则从。诗书不可不读，礼义不可不知。子孙不可不教，童仆不可不恤。斯文不可不敬，患难不可不扶。守我之分者，礼也；听我之命者，天也。人能如是，天必相之。此乃日用常行之道，若衣服之于身体，饮食之于口腹，不可一日无也，可不慎哉！①

《朱子家训》是反映朱熹家庭哲学的一个典型材料。这里的前提预设一定是"无病态"②家庭成员存在。这基本符合第一个预设。如文中从"君之所贵者，仁也"到"见幼者，爱之"一段，朱熹的讨论前提便是无病态的家庭成员共同面临的问题；而"有德者，年虽下于我，我必尊之；不肖者，年虽高于我，我必远之"一句及以下，更反映出家庭成员在德行面前的平等概念。也就是说，长幼尊卑及父父子子、君君臣臣虽为朱熹主张的管理秩序，但在德性的践履上，则无差别可言，这也是儿童哲学基本的理念。

---

① 朱熹著，朱杰人编著：《朱子家训》，第1页。
② 主要指认识层面，而非指身体方面。在朱熹看来，即使身体上有残缺，道德践履上依然要同于常人，而没有特殊的关照可言。

在朱熹的家庭理念中，平等人格是家庭关系维系的核心。因此，家庭各主体间的关系，便有了对话和讨论的前提。道德的平等影射了家庭关系共同遵守的标准，这是家庭哲学讨论的基础。

在道德面前的平等存在应该是儒家的共识。孔子的"仁"、孟子的"义"及周濂溪的"诚"、二程的"理"，均是在一种无差别的个体面前展示出的道德践履。朱熹上书皇帝的《戊申封事》一片段云：

> 臣之辄以陛下之心为天下之大本者，何也？天下之事千变万化，其端无穷而无一不本于人主之心者，此自然之理也。故人主之心正，则天下之事无一不出于正；人主之心不正，则天下之事无一得由于正。盖不惟其赏之所劝、刑之所威，各随所向，势有不能已者，而其观感之间，风动神速，又有甚焉。是以人主以眇然之身，居深宫之中，其心之邪正，若不可得而窥者，而其符验之著于外者，常若十目所视、十手所指而不可掩。此大舜所以有"惟精惟一"之戒，孔子所以有"克己复礼"之云，皆所以正吾此心而为天下万事之本也。此心既正，则视明听聪，周旋中礼，而身无不正。是以所行无过不及而能执其中，虽以天下之大，而无一人不归吾之仁者。①

这足以说明朱熹的家庭哲学中无差等位阶的存在。无病人观念及位阶平等构成了朱熹家庭哲学讨论的基础，正如朱熹所言："天下只是一理；圣贤语言虽多，皆是此理。"②

二、价值引领与父母主导作用

家庭哲学的价值引领的主要方面更偏向于父母，这是基于以下三个原因来考虑的：一是儿童在家庭中的认知成熟度处于一个生长期，他们时常无法给出准确或恰当的社会交往方式；二是儿童缺乏经济独立的基础，在决策权的分配方面处于劣势；三是社会对儿童的定位还无法完全使其承担责任（如儿童损害别人的物品，往往是由儿童的父母代为赔偿）。维琴尼亚·萨提尔（Virginia Satir）认为：

---

① 朱熹撰，朱杰人、严佐之、刘永翔主编：《朱子全书》第 20 册，第 590—591 页。
② 黎靖德：《朱子语类》，第 2044 页。

> 父母必须意识到自己是整个家庭的领导者，他们有责任教导小孩认识人类的真实面进而了解人生。领导者的形态是民主的；领导者的能力并非天生的，而是学习的。①

萨提尔这里对两种父母提出警告：一是对儿童的价值引导的放纵，一是对儿童的价值引导的失效。这两种情形都有一个前提，那就是价值本身的正确性不用质疑，也不能怀疑，否则将造成价值引领的混乱。黎建球指出：

> 在哲学的发展历程中，我们必须接受的事实是，每一种哲学都有它的价值观。不论是唯心论、唯物论、实用主义、理性主义、经验主义、存在主义……都有其自称的完善的价值观，因此，在哲学咨商的原则中，要以什么样的价值观来做其价值引领？这可能需要一些假设，如果这些假设可以为大多数人接受，甚至成为一种可以有效的理论，则这种方法就可以成立。②

当然，家庭哲学中的父母的价值引领不能完全等同于哲学咨询中的价值引领，但后者一定是前者的重要组成部分。也就是说，我们依然需要考虑的是：赤子（儿童）之心的道德本心是家庭哲学的一个重要内容。因此，黎建球根据亚里士多德和中国儒家的孔子的思想来建构他的价值哲学内容，是值得参考的。③

朱熹作为儒家的集大成者，孔子的思想自然是其理论的来源。因此，他的家庭哲学有一个不可怀疑的前提就是儒家思想的正确性，如仁、义、性、理、道等核心观念，如存理去欲的工夫法门、格物致知的工夫次第等。可以说，家庭哲学的价值前提不是朱熹所讨论的问题，而是他继承下来的价值遗产，如其在《戊申封事》中说：

> 伏惟陛下察臣之言，以究四说之同异而明辨之，则知臣之所言，非臣所为之说，乃古先圣贤之说，非圣贤所为之说，乃天经地义自然之理。虽以尧、舜、禹、汤、文、武、周、孔之圣，颜、曾、伋、轲之贤，而有所不能违也。则于臣之言与夫论者之说，其为取舍从违，

---

① （美）维琴尼亚·萨提尔：《家庭如何塑造人》，第18页。
② 黎建球：《哲学咨商论文集》，新北：辅仁大学出版社，2019年，第25—26页。
③ 同上，第26页。

不终日而决矣。①

从这里看，朱熹家庭哲学的道德标准是先天本有的，无须对其进行过多的讨论。在朱熹看来，个人、家庭和国家的维系是根植于同一套价值伦理系统的。这也是他"理一分殊"思想的表达。朱熹说："盖至诚无息者，道之体也，万殊之所以一本也；万物各得其所者，道之用也，一本之所以万殊也。"②《朱子语类》有这样一段记载："圣人之道，见于日用之间，精粗小大，千条万目，未始能同，然其通贯则一。"③基本上都是这种思想的表达。

在朱熹看来，家国天下和个人修为都必须严格遵循儒家的道德标准。这种道德标准可外现为正心诚意，抑或是格物致知；既可以是动心忍性，也可能是存理去欲。可以说，朱熹对道德标准的价值引领是严格的，但对道德标准本身的阐述是多样的。这并非朱熹系统内的矛盾，而是儒家本身的特征使然。朱熹在这里与孔子主张"仁"思想的严格性和对"仁"思想诠释的多样性如出一辙。可以说在这一点上，朱熹严格遵守了儒家对道德的引领这个工夫法则。而这一点，也将成为朱熹家庭哲学中不可或缺的一个重要组成部分。

三、互为主体的家庭关系

价值引领在朱熹的家庭哲学中的地位，并不能抹杀朱熹所说的家庭成员间互为主体的家庭关系的存在，即父—母—子互为主体。我们再来看《朱子家训》中"有德者，年虽下于我，我必尊之；不肖者，年虽高于我，我必远之……人有恶，则掩之；人有善，则扬之"这一段。这里并没有等级差别，而是强调了人在德行面前的平等。在这一段中，父母与子（儿童）的区别并不影响家庭成员对道德的践履和评判。也就是说，在这里，家庭成员是互为主体的家庭关系。

萨提尔指出：

> 在西方的文化中，大多数的人会说是为爱而结婚，而且期望透过爱能带来被注意、性满足、儿童、地位、归属感、被需要和物质的满

① 朱熹撰，朱杰人、严佐之、刘永翔主编：《朱子全书》第 20 册，第 613 页。
② 朱熹：《四书章句集注》，第 71 页。
③ 朱熹：《朱子语类》，第 674 页。

足等等，以促进彼此的生活。异性爱是人类的经验中，最有报酬和最满足的感觉，没有爱与被爱，人类的灵魂和精神必会枯萎和死亡，但我们也要知道爱无法带来生活上的所有需要。①

在中国的文化中（清代以前），大多数人是被决定而结婚的。实际上，以上所说的西方，也被判定为文艺复兴后的西方，而不是之前的西方。不管怎么说，互为主体的家庭关系在朱熹的时代，注定是与现代有所不同的。在社会层次上，男尊女卑的社会现实无法被抹杀。但在家庭中，这种现象却有所不同。就对女孩的教育，《朱子语类》中有这样一段话：

> 问："女子亦当有教。自《孝经》之外，如《论语》，只取其面前明白者教之，何如？"曰："亦可。如曹大家《女戒》、温公《家范》，亦好。"②

这段材料透露出朱熹思想中的两个信息：一是男女（儿童）在教育的机会面前是一律平等的，都要研习《孝经》与《论语》；二是男女（儿童）受教育的内容是不同的，如女孩可能要增加《女戒》和《家范》。但我们也要注意的是，男孩同时也有额外的学习任务。因此，单凭此条不可得出男尊女卑的结论。如：

> 天命，非所以教小儿。教小儿，只说个义理大概，只眼前事。或以洒扫应对之类作段子，亦可。每尝疑《曲礼》"衣毋拨，足毋蹶；将上堂，声必扬；将入户，视必下"等叶韵处，皆是古人初教小儿语。《列女传》孟母又添两句曰："将入门，问孰存。"③

这里，朱熹将孟母在家庭中的地位提得很高。实际上，朱松（朱熹的父亲）早逝，朱熹一直被其孤母祝氏带大。因此，他对母亲在家庭中的地位的界定，定然不会是家庭的陪衬或附庸。实际上，我们通常在理解古代女性时多受到明清小说的较大影响，极易关注女性受苦这个层次。这是事实，但不全面。也就是说，在朱熹的时代，家庭中的父母各尽其职。父亲往往以"主外"的形象存

① （美）维琴尼亚·萨提尔：《家庭如何塑造人》，第133—134页。
② 黎靖德：《朱子语类》，第127页。
③ 同上，第126页。

在，而母亲则是"家庭"的核心主干。明晰了这一点，我们再来看家庭中互为主体的关系存在，也就觉得十分清晰了。

实际上，在中国古代，女性虽然与男性有明显的等级差异，但在越级的家庭构成中，这种差异却时常被打破。《红楼梦》中"贾母"在贾家至高无上的地位，元春省亲时家中男性群体的跪拜，均说明了这个道理。

因此，在以孝为主的两宋家庭环境中，父亲和母亲在家庭中的地位不会相差太多。朱熹与弟子谈气化时说：

> 问："气化形化，男女之生是气化否？"曰："凝结成个男女，因甚得如此？都是阴阳。无物不是阴阳。"①

又如朱熹谈《易》时所说：

> 一物上又自各有阴阳，如人之男女，阴阳也。逐人身上，又各有这血气，血阴而气阳也。如昼夜之间，昼阳而夜阴也，而昼阳自午后又属阴，夜阴自子后又属阳，便是阴阳各生阴阳之象。②

这两段至少体现了男女之间一种朴素的平等观。在朱熹看来，男女同位也是天理思想的另一种体现，如其所言："天下之理，单便动，两便静。且如男必求女，女必求男，自然是动。若一男一女居室后，便定。"③"'乾道成男，坤道成女'，通人物言之，如牡马之类。在植物亦有男女，如有牡麻，及竹有雌雄之类，皆离阴阳刚柔不得。"④

总而言之，宋人对家庭中女性的评价不同于对其在社会中的评价。这既是因为在农业社会中男性在体力上的优越性，又源于古代的服装体系给女性带来的诸多不便。⑤这给男女在家庭内外的生活造成了极大的不同。然而，无论是宋儒对《诗经》生活的向往，还是南宋的多战事导致的男性在家中缺失的历史现实，都使朱熹等人对家庭中的女性的位阶有所重视。朱熹在谈论《诗经》时

---

① 黎靖德：《朱子语类》，第 1504 页。
② 同上，第 1604—1605 页。
③ 同上，第 1608 页。
④ 同上，第 1878 页。
⑤ 现代意义的内衣是清朝末期传入中国的。宋代虽对衣、裳有一定的发展，但在内衣发展上还处于雏形时期。

主张"乐得淑女以配君子。忧在进贤，不淫其色"①，也足见在家庭生活中"淑女"与"君子"的同位。

因此我们可以说，朱熹在家庭思想中构建了家庭成员互为主体的家庭关系的雏形。不论是父子在德性面前的同位，还是夫妇彼此之间的同位，都是显而易见的。实际上，中国古代一直推行"一夫一妻多妾制"，夫妻依然是互为主体的存在。"妾"与"多子"，则是这种情况的一种复杂形式。

第三节　朱熹家庭哲学的价值

由于生活背景的转变，朱熹的家庭哲学理念不可能在当代完全复制，但其中的某些思想理念对当今社会的家庭生活却有独特的参考作用。

在当代家庭哲学建设的过程中，存在着两种教育趋向：一是通过哲学思想的介入，主张家庭成员关系主体的独立，表现为以儿童为中心来建构家庭主体的关系模式；二是父母用自己的价值观趋向对儿童进行强干预，表现为儿童按照父母的社会经验及价值观趋向来从事自我教育的行为。前者，父母注重开发儿童在家庭中的独立人格与社会自我的存在能力；后者，父母开始注重儿童多方面的适应能力，以保证其在社会存在的关系环节中处于优势地位。二者在行为主旨上均有一定的道理，这也是它们得以存在的理由。但这两种趋向却显示出彼此之间的矛盾。

前者反对后者的强干预，认为后者阻碍了儿童自我发展的潜能，对儿童的哲学思考产生了干扰；后者认为过度强调儿童的主体地位，易使儿童的价值观在社会的多维引诱下出现扭曲。实际上，两种担心都有一定的道理。②注重其中的某一面，注定是无法解决问题的。因此，朱熹家庭哲学带来的思考，可能就具有一定的借鉴意义。

一、朱熹家庭哲学的理论架构

1.《大学》的核心架构

《大学》中的八条目，是朱熹家庭哲学的一个核心架构。《大学》言："物格而后知至，知至而后意诚，意诚而后心正，心正而后身修，身修而后家齐，

---

① 黎靖德：《朱子语类》，第 2095 页。
② 《学生高考后写遗书自杀：感觉不到父母的爱》，http://edu.sina.com.cn/gaokao/2016-06-15/doc-ifx-szmaa2053302.shtml，访问日期：2016 年 6 月 5 日；《我想看她会不会流产》，https://weibo.com/qjwb?is_all=1&stat_date=201803&page=6#_rnd1590025875503，访问日期：2018 年 3 月 25 日。

家齐而后国治，国治而后天下平。自天子以至于庶人，壹是皆以修身为本。"（《大学·右经一章》）朱熹说：

> 物格者，物理之极处无不到也。知至者，吾心之所知无不尽也。知既尽，则意可得而实矣；意既实，则心可得而正矣。修身以上，明明德之事也。齐家以下，新民之事也。物格知至，则知所止矣。意诚以下，则皆得所止之序也。①

新民与修身，是齐家的前提条件。反过来说，只有注重家庭成员的修身，齐家才有可能。这就是说，在朱熹的家庭哲学理论中，他为家庭的教育及发展提供了一个标准：修身。这是他家庭教育的核心。确认了这一前提，家庭哲学的开展才会成为可能。家庭只有在"明明德"后，才能有良好地处理社会关系的可能。这便是"壹是皆以修身为本"思想的表达。确定家中各主体的共同的德行标准，是朱熹家庭哲学的一个特色。在这里，主体间在"修身"面前达到了一种平等互助。父、母、子三者达到了和谐统一。

2.《中庸》的核心架构

《中庸》中的"诚"观念是朱熹家庭哲学中修身思想的一种升华。《中庸》曰："诚者，天之道也；诚之者，人之道也。"（《中庸·右第二十章》）又说："唯天下至诚，为能经纶天下之大经，立天下之大本，知天地之化育。"（《中庸·右第三十二章》）此为朱熹家庭哲学的又一标准。朱熹说：

> 大经者，五品之人伦。大本者，所性之全体也。惟圣人之德极诚无妄，故于人伦各尽其当然之实，而皆可以为天下后世法，所谓经纶之也。其于所性之全体，无一毫人欲之伪以杂之，而天下之道千变万化皆由此出，所谓立之也。其于天地之化育，则亦其极诚无妄者有默契焉，非但闻见之知而已。此皆至诚无妄，自然之功用，夫岂有所倚著于物而后能哉。②

《中庸》是朱熹家庭哲学思想的一个典型标志。它既点明了家庭哲学工夫的一个方法，如"天命之谓性，率性之谓道，修道之谓教"（《中庸·右第一章》），

---

① 朱熹：《四书章句集注》，第5页。
② 同上，第39页。

又点明了家庭哲学的目标指向，如"致中和，天地位焉，万物育焉"（《中庸·右第一章》）。不仅如此，《中庸》还点明了家庭之中夫妇的"君子之道"。如：

> 夫妇之愚，可以与知焉，及其至也，虽圣人亦有所不知焉；夫妇之不肖，可以能行焉，及其至也，虽圣人亦有所不能焉；天地之大也，人犹有所憾。故君子语大，天下莫能载焉；语小，天下莫能破焉……君子之道，造端乎父母；及其至也，察乎天地。（《中庸·右十二章》）

朱熹说："君子之道，近自夫妇居室之间，远而至于圣人天地之所不能尽。其大无外，其小无内，可谓费矣。然其理之所以然，则隐而莫之见也。"①君子人格与至诚思想，为朱熹家庭哲学的另一核心架构。

3. 德性为本的哲学理念

无论是《大学》中的修身，还是《中庸》的君子人格、至诚理念，都是朱熹以德治家思想的表达。通过树立道德标准，他在传统社会中成功地解决了家庭哲学的三个面向，即无病人存在、价值引领和互为主体。在朱熹看来，人之所以可能感知"天命"，达到率性修道，一个根本前提是这个人是一个正常的人，而不是一个有着生理或心理缺陷的人。因此，朱熹在这里已经预设了讨论的前提，即"无病人的家庭主体共存"，而以君子人格为价值引领是朱熹家庭哲学的一个主要特征。他以知、仁、勇三大德为入道之门的工夫次第，来阐述"道不远人"的哲学思想。②在德性面前，家庭各成员主体之间达到了农耕文明中难有的平等。也就是说，《朱子家训》中"有德者，年虽下于我，我必尊之；不肖者，年虽高于我，我必远之"是这一思想的表达。

二、朱熹家庭哲学中的家国一体

朱熹的家庭哲学是其治国思想的一个关键环节，也是人能否达到治国的一个界定标准。在朱熹看来，如果一个人在家庭关系的处理方面有所欠缺，那么他在治国方面也就会存在问题。《大学》中"齐家"是"治国平天下"的前提条件。对《大学》中的"齐家"一段，朱熹指出："此是言一家事，然而自此

---

① 朱熹：《四书章句集注》，第24页。
② 同上，第23—24页。

推将去，天下国家皆只如此。"①也就是说，在朱熹这里，家与国是理一而分殊，同理而异域的。这体现了他朴素的家国一体的思想。

《朱子语类》记载：

> 才卿问："'上老老而民兴孝'，恐便是连那老众人之老说？"曰："不然。此老老、长长、恤孤方是就自家身上切近处说，所谓家齐也。民兴孝、兴弟、不倍此方是就民之感发兴起处，说治国而国治之事也。缘为上行下效，捷于影响，可以见人心之所同者如此。"②

可见，朱熹的家庭哲学并非只是处理家庭各成员之间的关系，它最终要被援引到治国的层次。朱熹说：

> 人情自有偏处，所亲爱莫如父母，至于父母有当几谏处，岂可以亲爱而忘正救！所敬畏莫如君父，至于当直言正谏，岂可专持敬畏而不敢言！③

这里体现了宋代士大夫的以国为家的基本治世理念。这个理念中透露出两点信息：一是治国如同治家，将国与家合为一体，以国为家，存敬畏之心；二是治国与治家一样，以德为标准。如果统治者违背德行或出现行政上的失误，可将其视为平等主体而力谏。也就是说，在德性面前，父母之亲、君主之敬都被化解，此时行为主体在一个"平等"的位阶上进行对话。这里的平等不是形式上的平等，而是在德性面前的平等。④这就是朱熹在《戊申封事》中所言的"是以所行无过不及而能执其中，虽以天下之大，而无一人不归吾之仁者"思想。

朱熹家庭哲学中的互为主体的关系，在治国上表现为君主与臣子共商"国是"⑤的思想。余英时指出：

> 在神宗与王安石之间，这时出现了一个共同原则：皇帝必须与士

---

① 黎靖德：《朱子语类》，第 356 页。
② 同上，第 360 页。
③ 同上，第 352 页。
④ 这就是说，父母与儿童在德性方面，是平等的关系。
⑤ 朱熹撰，朱杰人、严佐之、刘永翔主编：《朱子全书》第 25 册，第 4739 页。

大夫"共定国是"。这是北宋政治史上一项具有突破性的大原则，王安石因此才毅然接受了变法的大任。也正是在这一原则之下，王安石才可以说：士之"道隆而德骏者，虽天子北面而向焉，而与之迭为宾主"。文彦博才可以当面向神宗说："为与士大夫治天下。"程颐才可以道出"天下治乱系宰相"那句名言。尽管以权力结构言，治天下的权源仍握在皇帝的手上，但至少在理论上，治权的方向（"国是"）已由皇帝与士大夫共同决定，治权的行使更完全划归以宰相为首的士大夫执政集团了。①

这种互为主体是两宋士大夫在治国方面的目标追求。王如余英时所指出的：

　　朱熹的时代，可称之为转型期。所谓转型是指士大夫的政治文化在熙宁时期所呈现的基本型范开始发生变异，但并未脱离原型的范围。王安石变法是一次彻底失败的政治实验——这是南宋士大夫的共识。但这场实验的效应，包括正面的和负面的，都继续在南宋的政治文化中占据着中心的地位。王安石的幽灵也依然附在许多士大夫的身上作祟。最明显的，理学家中有极端反对他的，如张栻；有推崇其人而排斥其学的，如朱熹；也有基本上同情他的，如他的同乡陆九渊。无论是反对还是同情，总之，王安石留下的巨大身影是挥之不去的。所以我们有充足的理由说：朱熹的时代也就是"后王安石的时代"。②

至此，我们清晰地看到了朱熹的家庭哲学的外延已经涵盖了治国方面。可以说，在朱熹的家庭哲学中，治家是治国的雏形，而治国是治家思想的践行。这是朱熹家国一体思想的基本表达。在这种关系中，君主与朱熹的关系如同父子，他们之间既有伦理上的尊卑，也有道德上的平等；既有政治的上下领导，也有施政上的"共商"。这是朱熹家庭哲学的问题指向。

三、"关系"与朱熹家庭哲学的当代价值

　　《中庸》："君子之道，辟如行远必自迩，辟如登高必自卑。诗曰：'妻子好

---

① 余英时：《朱熹的历史世界：宋代士大夫政治文化的研究》，北京：生活·读书·新知三联书店，2004 年，序第 8 页。
② 同上。

合，如鼓瑟琴；兄弟既翕，和乐且耽；宜尔室家，乐尔妻帑。'"（《中庸·右第十五章》）朱熹就此说：

> 夫子诵此诗而赞之曰：人能和于妻子，宜于兄弟如此，则父母其安乐之矣。子思引上《诗》及此语，以明行远自迩、登高自卑之意。①

当代的家庭哲学的主要价值取向趋向于鼓励家庭建立互为独立的关系主体。这种互为独立的关系主体的建立，弱化了家庭整体的价值取向，人们甚至把这种价值取向作为负面的批判对象。家庭成员对晚辈生活（如收入、婚事）的关注成为近些年来批判的一个热点。这种现象反映出来的就是因家庭价值引导的缺位或错位而导致的当代社会问题。

陌生人社会和后工业社会主张个人思想与身体的独立，这并不是家庭解体的主要原因。相反，家庭问题的频繁发生反倒从另一个侧面证明了家庭存在的意义和价值。在处理家庭关系时，家庭哲学的建构对家庭主体间的凝聚是具有一定的作用的。这不是简单的思想倒退，而是人类的本性使然。同样，虽然当代社会处于多分工的复杂状态，但家庭培养中的价值问题依然无法被取代。

当代社会更快、更好、更高的极端思维理念，造成了群体无意识的抑郁、茫然及心理问题的频发。当代心理问题的突出，也是这种极端行为的表现。因此，将日行渐远的生存方式拉回"中和的生活"之中，需要通过朱熹的家庭哲学等理论来进行尝试。萨提尔指出：

> 在未来的时代里，人们能够相互真诚且整合。他们不怕批评，反而积极地寻找或欢迎他人的批评。因为他们对自己的价值感有一个清楚的概念，所以并不汲汲营营地要求他人的认同或赞许……人与人之间能够相互接触彼此的感觉，沟通心灵深处的想法，这才是真正的相处，一旦人类能够达到如此境界，我相信许多的社会问题，如贫穷、歧视、社会和身体的破坏等，都会迎刃而解。由于这些滋润的家庭正逐渐扩展，促使整个世界成为一个滋润的大家庭。这个滋润的大家庭必能充分满足每个人的需要。②

---

① 朱熹：《四书章句集注》，第 26 页。
② （美）维琴尼亚·萨提尔：《家庭如何塑造人》，第 356 页。

而这一切的雏形，我们都能在朱熹的家庭哲学中找到。朱熹家庭哲学中的无病人存在、价值引领及互为主体所最终期望达到的目标也便如此。而在他的世界里，家国天下为一体，也正是他所寻求的治世治家之道，即："天理只此一理也"。

结　语

朱熹关于家庭哲学的相关理论曾受到当代部分学者的怀疑。他们指出，在当代，即使一个人有较高的德行，也不能成为政治、经济、科教文卫等方面良好运行的充分条件，依然要靠专业学习才能使"治国"这个方面有效地完成。这实际上是学者对朱熹家庭哲学的一个误解，或者是对朱熹齐家治国思想的一个分离式解读。在朱熹看来，治家之道与治国之道本为一"道"，而不应一分为二。因此，较好的德行是治国的必要条件而非充分条件。良好的德行与良好的治国这两者之间并不冲突。

当然，朱熹作为千年之前的古人，他的理论不可能完全适用于当代的社会模式，这是需要被正视的。但是，他却可以为当代社会提供一个良好的借鉴模型。他的家国天下、修身齐家治国、正心诚意，依然对当代社会发展起着一定的作用。

家庭既是人存在的基础，也是社会构成的细胞。家庭问题的核心是人与人的关系问题，特别是家庭与儿童的问题。它存在的特殊性，更易使儿童显现出在进入社会之前出现的各种问题。也就是说，对家庭问题的关注，也可成为儿童处理社会问题的训练场所和防微杜渐的指示标。朱熹的家庭观念是一个时代的特征，依然在今天的社会起着作用。我们对其进行思考，既可挖掘出它传承下来的优秀价值，亦可对儿童的问题做好前期预防。

朱熹家庭哲学的另一个方面就是家庭的和合美学，即他的山水美学思想在家庭中的体现。朱熹这一思想的载体——诗，也印证了家庭哲学的最终发展方向，即家庭美学。而家庭美学作为家庭成员关系中的一种良性的发展，值得进一步思考。

草稿思维与儿童之迹

  草稿（sketch）是艺术创作过程中的一种形式，也是一种思维方式。与之相关的类似概念为素描、图示。相比而言，后面的两个均指在某一个层面上对草稿思维的"再描述"或"具体化"，三者常常混合使用。因此，我们研究草稿思维，经常需要将其与素描、图示等诸多概念放在一起进行讨论，方可将问题说明清楚。

  草稿思维呈现的一般形式是素描。因此我们借助学者对素描的诠释，便可揭示出草稿思维的主要特征。让-吕克·南希（Rean-Luc Nacny）说：

>   素描是形式（forme）的敞开。这可以用两种方式来思考：一个开端、启程、本源、遣派、冲动或草拟的意义的敞开。根据第一种意义，素描唤起了描绘的姿势而不是被描摹的形象。根据第二种意义，它指示了形象的本质的未完成性，形式的未完成性或非整体化。无论以何种方式，素描一直保持着一种动态的、活力的、发端的价值。①

  这里，让-吕克·南希通过素描这个中介给出了草稿思维的四个特征：原初性（开端、启程、本源、遣派）、潜在性（描绘的姿势而不是被描摹的形象）、未完成性（非整体化）和目的指引性（动态的、活力的、发端的）。于是，我们发现这种思维与中国美学思想中的"不了"思维十分相近。幽兰（Yolaine Escande）②说：

>   中国文人绘画与书法，尤其是草书，与"不了"之画，所强调的

① （法）让-吕克·南希：《素描的愉悦》，尉光吉译，郑州：河南大学出版社，2016年，第1页。
② 幽兰，法国高等社会科学院艺术与语言研究所教授。

并不是已完成的图作，亦即立刻能了解、无须解释、而不引起任何争论的图作；反而强调"不了"的画，让观者按照自己的想象力与感受去理解的草稿的图。但由于这种图作并不是之后完成的作品的第一个阶段，只能称之为"迹"，是能够"印"入"心"之"迹"。①

幽兰在这里所表达出来的也是一种草稿思维，亦是在突出草稿思维的原初性（迹）、潜在性（让观者按照自己的想象力与感受去理解）、未完成性（不了）与目的指引性（"印"入"心"之"迹"）。我们发现，草稿思维的这四个特征，不仅代表了中国古人对中国艺术绘画中草图、素描、笔画等技艺手法的描述，也代表了中国古人对世界存在的一种思考方式。这种思考方式，我们可以用朱熹"文从道出"②的这个思想来表达。这种思考方式广泛存在于中国哲学的研究领域中，最突出的表现形式为诗歌、格言和语录体的文体样式。这三种形式有一个共同的特征，即通过几个简短的词语组合，点明思维受困者前行的方向，进而使人的思维从困顿的窘境中脱离出来，并重新赋予他一个新的开端和发展空间。这种缺乏具体逻辑和内在约束，并以获得精神上的指引为目的的文体，是中国古代传统文学作品中的一个典型特征。诗歌、格言和语录体这一特点，颇类似于禅宗"答非所问"的传道之法，以"非明晰性"的特点为受困者打开了一个思维的新空间或新向度。（但是需要注意的是，两者是不能等同的。）于是，我们发现，草稿思维打开了一种探究世界的新的角度。

当我们试图从草稿思维这种角度来观看儿童哲学的思维时，突然发现二者在研究中又出现了出奇的一致性。当我们开始用草稿思维观看儿童时，发现原初性、潜在性、未完成性与目的指引性也是儿童哲学思维的主要特征。这无疑为我们打开了研究儿童哲学的另一个向度。同时，用草稿思维来看待儿童哲学时，我们也可以借助对语录体等其他文体材料的分析，更为直观地感受那些常见的"日用而不知"的思维和视角。于是，当这些思维和视角逐渐汇集到朱熹的儿童哲学这个点上时，我们又看清了朱熹儿童哲学中"赤子之心"的内涵和局限，看到了朱熹儿童的蒙学面临的潜在问题和挑战。于是，对这种思维的研究与应用，则成为我们从事儿童哲学研究的一个新的角度。为了将问题梳理清

---

① （法）幽兰：《草稿与不了的颂扬：中国艺术词汇的美学解析》，《哲学与文化》2018 年第 534 期，第 27 页。

② "文从道出"或"文道合一"的思想出自《朱子语类》。朱熹说："道者，文之根本；文者，道之枝叶。惟其根本乎道，所以发之于文，皆道也。"黎靖德：《朱子语类》，第 3319 页。

楚，我们不妨先介绍草稿思维与中国文化的关系。

第一节　草稿思维与中国文化

什么是草稿？刘千美指出：

> 草图的法文 esquisse、英文 sketch，均来自意大利文 schizzo，含有急忙草率的暴力倾向之意。不过，在欧洲的词典里，通常从艺术作品的角度来定义草图的内涵，亦即，草图是未完成的、草略的画；画家用草图画出最初的意念，作为后来有可能呈现细节作品的预备。①

幽兰对草稿观点做了更为详细的解释，她指出：

> 以法文与欧洲语言来说，草稿、草图、略图（esquisse/sketch）首先是指之后完成的作品的"首要阶段"（Unrpremier Temps）。另一个意义则与 esquisse 一词的字源有关。据法文字典，esquisse 源自意大利文 schizzo，原意是"泼洒的液体造成的污点""泼出的污水"（Tache que fait un liquid qui gicle），意味"匆匆忙忙做的事"（Faire sur le champ，travailler à la lâte），总含有急忙草率的暴力倾向。②

以上两则材料中的核心在于"首要""初次体验"和"对想象的许诺"③，它们是草稿思维的三个典型特征。草稿思维所针对的既是作品完成前的第一个阶段，也是相对于"已完成的作品"的一个参照存在。

同时，在记录中国哲学或中国文人艺术思想的文本里，草稿思维也是较为常见的。幽兰说：

> 中国传统文人绘画理论所重视的与工笔画相对比的"写意"画，

---

① 刘千美：《草稿思维与艺术实践专题》，《哲学与文化》2020 年第 3 期，第 1 页。
② （法）幽兰：《草稿与不了的颂扬：中国艺术词汇的美学解析》，《哲学与文化》2018 年第 534 期，第 27 页。
③ 同上，第 28 页。"对想象的许诺"是狄德罗（Denis Diderot，1713—1784）1765 年的《沙龙》中的说法。

可以说是与草图很有关的画。简言之，中国文人艺术理论与实践主要
关心的不是华丽色彩完成的工笔画作品，而是草稿、草图、"不了"
之类的作品。①

这表明，在中国传统文人的思维中，"虚空""不了"等核心观念构成了文人创
造的一个追求向度。准确地说，唐宋之际产生的文人思想风气更接近这种虚静
的创作模式。

在中国的传统思维中，文人对"时间的拘囿"是持警惕态度的。自先秦以
来，他们就利用各种形式（书、画、文等）来突破时间对人的约束，摆脱人对
时空的狭隘偏见。用庄子的话说，就是"正则静，静则明，明则虚，虚则无为
而无不为也"②（《庄子·庚桑楚》）。这基本构成了中国古代文人对时间的一
个基本衡量标准。老子的"虚而不屈，动而愈出"③（《道德经·第五章》），
荀子的"虚壹而静"④（《荀子·解蔽》），张载的"太虚无形"⑤（《正蒙·太
和篇第一》），朱熹的"虚明不昧"⑥均是这种突破"时空的拘囿"的草稿思维
的表达。

我们也可借徐复观对中国古代文人思想中"不将不迎"思想的评论来将草
稿思维对时空的把握明晰地表达出来。徐复观说：

> 知物而不为物所扰动的情形，正如镜之照物。"不将不迎"，这恰
> 是说明知觉直观的情景。其所以能"不将不迎"，一是不把物安放在
> 时空的关系中去加以处理。因为若果如此，便是知识追求因果的活动。
> 二是没有自己的利害好恶的成见，加在物身上。因为若果如此，便使
> 心为物所扰动，物亦为成见所歪曲。⑦

也就是说，草稿思维正体现着中国传统中的时空观。中国古人以时空为存在，
却不以时空为限。他们以时空作为自我存在的安身立命之道，却总是试图逃脱

---

① （法）幽兰：《草稿与不了的颂扬：中国艺术词汇的美学解析》，第 28 页。
② 郭象注，成玄英疏：《南华真经注疏》，第 459 页。
③ 王弼注：《老子道德经注》，第 15 页。
④ 荀况：《荀子校释》，第 846 页。
⑤ 张载：《张载集》，章锡琛点校，北京：中华书局，1978 年，第 7 页。
⑥ 黎靖德：《朱子语类》，第 94 页。
⑦ 徐复观：《中国艺术精神》，台北：学生书局，1966 年，第 82 页。

时空而寻求自我存在的新境界。这也就是中国古代文化，特别是两宋文人追求的创作的动力与目标指向。

这种现象在宋代绘画上经常表现为一种"留白"，而在文字中则表现为"无须多言"。实际上，我们的古文体系中也出现过"意图用最少的文字"表达出可理解的事物的现象。他们之所以如此选择，除了时代的文风使然，另一种思想则为后人的解读留出"可诠释的空间"，而不将"空间锁定"而无法展开（即失去"生生"之妙）。

草稿思维注定是有"缺憾"的。正如其定义中所言，它是完成的作品的"首要阶段"，有着"匆匆忙忙"的外显特征，给人的感觉是一种"急忙草率的暴力倾向"。正因为如此，它被看成是"泼洒的液体造成的污点""泼出的污水"也就不足为奇。所以，如果以作品的完整度作为标准来衡量，草稿无疑就是一种"垃圾"。这就像作家或画家在创作过程中，由于对"已画（作）之物不满意"，愤然将其撕毁而投入垃圾桶里的那张废纸一样，看似没有"任何价值"。

但草稿的价值也正是在于这种"愤然"。因为这种"愤然"所体现出来的是作者创作中的"真实"，这也是西方近些年来对草稿感兴趣的一个原因。虽然成熟的完整作品可以给我们一种精神震撼，但草稿所展现出来的那种"残缺"也能给人一种临近"真实"的体验。无疑，草稿是最贴近于人本身的。

中国古代思想中自宋以后，以人为核心的文道取向日趋明显。吴中杰指出：

> （北宋中期）儒学和美学是互为动因的两个方面，二者同是围绕"庆历新政"的社会现实而展开的。换言之，此时的诗文革新运动是"庆历新政"在文学、美学领域的自然延伸，美学上的新变是整个政治、文化变革的一部分……适应儒学尊道宗经的需要，在美学领域里也出现了一股经世致用思潮，这就是自觉地要求文艺为政治改革和社会改革服务，摆脱宋初孱弱无力的文风。①

以上既可见北宋中期以后出现了"书文"与"绘画"不可分割的现象，亦可见"书文"与"绘画"中体现出对"真实"感的追求与向往。因此，宋明理学一代的文人，他们中既有入世的对真实世界的体悟与感知，也有对超越世界的境界的追求与向往。这是这种思维的一个典型特征。

---

① 吴中杰编：《中国古代审美文化论》第一卷，上海：上海古籍出版社，2000年，第284页。

在中国古代留存下来的文本中，草稿式的文本得以流传得较多。这些草稿式的文本主要以诗、词、歌、赋和语录体著作为多。如前秦儒家多见《论语》，道家多是《老子》等；以宋明的朱子学为例，在朱熹近千万字的著述中，广为人知的是《朱子语类》。这些语录体既有因文本简练而带来的传播广义性，也有因草稿思维而带来的现实有用性。可以说，格言式的草稿思维，既打开了人们解惑的渠道，又为人们保留了行动的自由。

第二节　草稿思维与语录体

陈立胜认为："语录体的兴起一般都追溯到那些重视口传的禅宗大师们……不过需要指出的是……后来流行的唐代禅师的语录体著述如《大珠慧海禅师语录》《庞居士语录》等，多是在宋以后加工形成的。"①也就是说，一般认为宋代以后的语录体是儒家从佛教禅宗的传道模式中引入理学体系的。因此，宋以后的语录体模式有"抄袭"佛教的嫌疑，但这种说法明显存在着问题。当然，这种说理学家的"语录体"来自禅门的学说，也不是空穴来风。清朝学者江藩（1760—1830）和钱大昕（1728—1804）也曾坚持这一说法。②其实，不管语录体从何而来，均不对宋明理学家采用此法达到传道之念有任何的影响。可以说，无论是先秦的《论语》，还是宋代的《朱子语类》，语录体开启了宋明学者诠释思想的一种新的方式，也是一种经世致用新文风的体现。

语录体的出现反映了宋代出现的"以俗语为书"的时代风气。③这既反映了宋代在经济发达后对文学的促进，也说明了宋代一种新的教育思维的出现与兴盛。这种新的教育模式，可被看成我们所理解的草稿思维。

草稿思维与（两宋）语录体是有着天然本源性的。这也就决定了明清之际学者的批评虽然有一定的道理，但势必存在着一定的局限性。

---

① 陈立胜：《理学家与语录体》，《社会科学》2015 年第 1 期，第 130 页。
② 江藩指出："儒生辟佛，其来久矣，至宋儒，辟之尤力。然禅门有语录，宋儒亦有语录；禅门语录用委巷语，宋儒语录亦用委巷语。夫既辟之而又效之，何也？盖宋儒言心性，禅门亦言心性，其言相似，易于浑同，儒者亦不自知而流入彼法矣。"（江藩：《国朝汉学师承记（附国朝经师经义目录 国朝宋学渊源记）》，北京：中华书局，1983 年，第 190 页。）钱大昕说："释子之语录，始于唐；儒家之语录，始于宋。儒其行而释其言，非所以垂教也。君子之'出辞气，必远鄙倍'。语录行，而儒家有鄙倍之词矣。有德者，必有言；语录行，则有有德而不必有言者矣。"（钱大昕：《十驾斋养新录》，陈文和、孙显军点校，南京：凤凰出版社（原江苏古籍出版社），2000 年，第 382—383 页。）
③ 陈立胜：《理学家与语录体》，《社会科学》2015 年第 1 期，第 130 页。

　　首先，我们来看一下语录体文本存在的问题。陈立胜总结出以下几条：一是语录体文本存在着"难以理解的问题"。也就是说，其中的大量俚语、俗语与方言，会给后来阅读者带来理解上的困难。二是语录体存在可信性的问题。大多数的语录体多为弟子记诵师说，但因其门人资质不同，存在着曲解师说之嫌。三是语录与经典的关系问题。这个问题主要的指向是，后世学者在是侧重经典还是固守师说的关系问题上难以把控。常有的现象是，因语录体"显则易明，畅则易入，近则易信，亲则易从"的特点，故常有守师说而轻原典的弊端。①在明清之际，这些问题逐渐衍化为"因语录而费经典"和"因语录而废文章"两个弊端，成为清人袁裘（1502—1547）、田艺蘅（1524—?）、顾炎武（1613—1682）等人所批判的对象。

　　其次，需要明晰的是，因语录体而存在的问题是语录体本身的问题，还是语录体使用者所出现的问题？这是讨论语录体的关键。也就是说，后世学者因语录体而废弃对经典的学习，是天理之道，还是人欲之祸？显然，我们不能将这个问题的归因安置在语录体本身。就如同你不能责怪《诗经》中的《关雎》篇有诱人淫乱之嫌一样。语录体作为一种文体，是对经典的有效补充。同时，它与经典是互为支撑的，对经典的传播起到了不可磨灭的作用。

　　最后，问题到底出在什么地方？这就需要我们从明清之际的批判视角中跳脱出来，用草稿思维去重新介入，便可以看到问题的源头及语录体本身存在的意义。

　　在草稿思维中，它的核心观点有以下四个方面：原初性、潜在性、未完成性与目的指引性。当我们将这四个特点放置于语录体文本中时，它的意义不言自明。

　　首先，语录体所记载的文字均为师说的原初思想。也就是说，门人弟子虽可能资质不同，但所记载的背景均为"师说"本人。这种原初性不是再创造和再发展，即使存在南宋黎靖德等对《朱子语类》的再编排，但朱熹的原话是"原初"而未改变的，这也就是草稿思维中语录体的"真"。而这个"真"相对的是它完整的文本体系（如书信、札子等），由于直接面对受众（门人、听众等），它所呈现出来的是更接近于"师者"的真实的"当时想法"。

　　其次，语录体是存在巨大的潜在性的。相对于完整的书信与札子，师者个别的语句更加具有可启发的空间。如《朱子语类》中记述的"天有春夏秋冬，

---

① 陈立胜：《理学家与语录体》，《社会科学》2015 年第 1 期，第 138—139 页。

地有金木水火，人有仁义礼智，皆以四者相为用也"①，此句前无背景铺陈，后无解释之语，读者观其语句，各有各的内在解释。也就是说，语录体因缺乏时空环境的限制，而给读者多了一份自由发挥的空间。

第三，语录体多是未完成作品的语句集合，这与格言相似。以通常的思维来看，"未完成的"不具备实用价值或理论价值。前者缺乏功能的完备性，后者缺乏逻辑的一贯性。因此，在很长的一段时间内，语录体语句因逻辑的有待考证及相关语句之间的逻辑矛盾，常被学者质疑其存在的合理性与合法性。这是一种常识思维，或者说是一种非草稿思维。因此，这种思维最显著的特点就是拒斥语句发展的"可能性"。也就是说，在一般的思维框架中，语句应该是"死"的，是固定不变的；但在草稿思维中，语句反而应该是"活"的，是可以发展或生长的。而这个后者的发展与生长，它既不改变语句原来表达的含义，又因其自由的扩展而发展壮大，给出了后人因时因地而重新诠释的空间。

最后，"未完成性"提供了一种潜能，一种"如何都可以"的"自由潜能"。它没有束缚，自由自在，但又在规定的方向之中。这就如同射线一样，方向恒定，发展无限。这就是目的指引性。近代学者如冯友兰、牟宗三、劳思光等在对朱熹关于理气的理论语句的解读中，出现了不同方向与判定结果，可以看成是这种目的指引性的一种现象。朱熹说："或问'理在先，气在后'。曰：'理与气本无先后之可言。但推上去时，却如理在先，气在后相似。'"②冯友兰认为朱熹在这里用的是"逻辑在先"的标准，牟宗三认为朱熹用的是"形而上的先在"标准，而劳思光则认为朱熹用的是"理论次序"标准。③学者们关于朱熹的这条语录体有多维解读，不能得出"某位学者错了"这个结论。这印证了语录体本身具有草稿思维的自由、多维和目的指引性特点。

犹如我们在白纸上画了几条基本的轮廓，这个"画"的基本范围就被确定下来了。这就是说，无论我们是否选择继续"画"下去，画本身已经存在的现实是不会改变的。但是，在这个轮廓上是继续添加几笔，还是着上不同的颜色，抑或是改变自己的绘画初衷，则都是可以的。这是这个草稿的自由。

---

① 黎靖德：《朱子语类》，第 11 页。
② 同上，第 3 页。
③ 陈永宝：《论朱熹"理先气后"的界定标准》，《三明学院学报》2018 年第 5 期，第 86—87 页。

第三节　草稿思维与《朱子语类》

草稿既是一种围绕确定性而产生不确定自由的开始，亦是不确定性得以存在的根基。语录体同样存在这样的特点。一个语句一旦出现就不会消失，它是确定的。但在它的基础上添加语句或者进行多维诠释，都是可以接受的。语句因其强烈的目标指向与未完成性，使自己区别于书信与札子等确定性文本，其本身有了生命，也就有了活力。于是，我们可以借助草稿思维和语录体思维来审视儿童哲学的相关理论，这无疑为我们打开了从美学角度研究儿童哲学的大门。这不同于我们当代中西方学者一直以法律、伦理和道德的角度去审视。下面，我们借用《朱子语类》来说明草稿思维与语录体的关系。

在中国哲学的研究领域，草稿式的文本存在较多。以儒家为例，记录孔子言行的《论语》，记录朱熹言行的《朱子语类》，均是这种思维的典型代表。语录体相对于书信体、札子、行状等，表现出来的是一种不完成性。但它与诗、词、歌、赋、琴操等还不一样，具有明显的指向性。也就是说，语录体既不是漫无目的随感而发，也不是一篇完整、清晰的观点叙述。它更像一个指路者，将行走的方向向问路者指出，又无法告知问路者具体的路程详情（还有多远、有几个路口、有无危险）。也正因为如此，语录体给人以框架，却又不束缚人的思维，似乎要达成的目标是孔子所言的"从心所欲不逾矩"（《论语·为政》）的思想境界。

一、《朱子语类》的原初性

朱熹在《朱子语类》中对诸弟子的回答，是建立在对孔子、孟子及"北宋五子"等先贤存世文本的讨论的背景下的。我们以《朱子语类》的开篇《太极天地上》为例，原文为：

问："太极不是未有天地之先有个浑成之物，是天地万物之理总名否？"

曰："太极只是天地万物之理。在天地言，则天地中有太极；在万物言，则万物中各有太极。未有天地之先，毕竟是先有此理。动而生阳，亦只是理；静而生阴，亦只是理。"

问："《太极解》何以先动而后静，先用而后体，先感而后寂？"

曰："在阴阳言，则用在阳而体在阴，然动静无端，阴阳无始，不可分先后。今只就起处言之，毕竟动前又是静，用前又是体，感前又是寂，阳前又是阴，而寂前又是感，静前又是动，将何者为先后？不可只道今日动便为始，而昨日静更不说也。如鼻息，言呼吸则辞顺，不可道吸呼。毕竟呼前又是吸，吸前又是呼。"

问："昨谓未有天地之先，毕竟是先有理，如何？"

曰："未有天地之先，毕竟也只是理。有此理，便有此天地；若无此理，便亦无天地，无人无物，都无该载了！有理，便有气流行，发育万物。"

曰："发育是理发育之否？"

曰："有此理，便有此气流行发育。理无形体。"

曰："所谓体者，是强名否？"

曰："是。"曰："理无极，气有极否？"

曰："论其极，将那处做极？"[①]

这一段是朱熹与陈淳之间的对话。这段对话给阅读者带来了三个信息：一是朱熹与陈淳的这个对话是"真实"发生过的，并且它只隶属于朱熹与陈淳；二是不管朱熹在对话中认为陈淳的回答"是否正确"，都代表着朱熹当时最真实的想法；三是朱熹的回答中出现的"只是""则""毕竟""不可""便有"这些语词，反映出《朱子语类》文本的简单、"匆匆忙忙"的外显，显示了它"开端、启程、本源、遣派"的原初性特点。

对于观看者来说，我们根据此段语句可知，朱熹既肯定了自己的思想内容和态度，也对自己的诠释保留了空间。如从"太极只是天地万物之理"中，我们可得出"朱熹的理思想中包含着'太极'"这个判定，亦可给出朱熹的"太极"思想可能来源于周濂溪的《太极图说》这个判定。对于这个可能性判定，我们可以从《朱子语类》的第九十四卷《周子之书》中找到这个判准的"迹"。于是，当我们将观看的视角切换至美学视角，我们就可能得到一种有别于伦理学、法学或逻辑学的新信息。于是，我们不再纠结朱熹与陈淳讨论的"言语内容的真实性"，而将注意力集中在朱熹与陈淳"言说存在场景的真实性"上。继而，我们对朱熹的研究就可以从"比较"的视角中跳出来，不必纠结他的理

① 黎靖德：《朱子语类》，第1—2页。

论是否是孔子或周濂溪的"复制或改写",也不必考虑王阳明等人主张的"朱子晚年定论"对朱熹的描述是否正确,而是要肯定陈淳确实"问了",朱熹确实"说了"。那么,我们只需要肯定朱熹对自己"说的"负责就可以,而可将其他的"杂念"排除。

因此,从草稿原初性的角度来看,《朱子语类》并非小说式的从无至有的创造,也非诗歌式的感性而发,而是朱熹在言说中表现出来的"迹"。而这个"迹",是真实无误地属于朱熹的,我们的讨论也只要围绕他的"迹"就好,而不必在意他之前或之后的人的思想的来源与发展。这就是语录体的原初性。

二、《朱子语类》的潜在发展

我们依然以《朱子语类》的开篇《太极天地上》为例。之所以这样选择,是因为接下来的一百四十卷,基本上都是这个思路,而不用再进行重复论证。虽有偷懒之嫌,但基本可以说明问题。朱熹与陈淳的对话揭示了朱熹关于"理"思想的"迹"。但这个"迹"不是确定、稳固的。我们暂且不管朱熹是否"坚信不疑"他对"理"思想的表达,但他传达出来的"迹"却在门人之中有了不同程度的发展。如李方子理解为"若无太极,便不翻了天地",万人杰理解为"太极只是一个'理'字",廖德明理解为"有是理后生是气,自'一阴一阳之谓道'推来。此性自有仁义",董铢理解为"天下未有无理之气,亦未有无气之理。气以成形,而理亦赋焉",游敬仲理解为"先有个天理了,却有气。气积为质,而性具焉",林夔孙理解为"合天地万物而言,只是一个理;及在人,则又各自有一个理"[1]。

从黎靖德整理的朱熹门人的记录来看,"理与太极"其实是同一个问题,门人的记录或有相同,或有相左。在以往的判断思维中,我们常用"朱熹门人的记录存在不准确性"来简单回答,似乎给出了解答。但是,这种解答往往会给接下来的研究者带来非常大的麻烦。那就是,这一百多万字的《朱子语类》,如果我们都以"不准确性"来定位,或者说以"某些准确某些不准确"来解释(最多对判定是准确的再用别的材料佐证),那么《朱子语类》本身就存在着可信性上的问题。

这里,我们不妨使自己从这种"准确或不准确"的思维陷阱中抽身出来,再来直面这些语句,则可发现:朱熹门人的不同记录,不正是门人在对朱熹的

[1]　黎靖德:《朱子语类》,第2页。

"迹"进行不同程度的发展吗？只不过，这种发展，不是线性和逻辑性的，而是如一点墨汁从高空坠落到石板上，呈现出"水花四溅"的发展状态。这种发展，不管记录者的表意是否希望其保持"原来状态"，但其呈现出来的"四溅式发展"本身就构成了一种新的真实。

于是，在我们用草稿思维来审视《朱子语类》时，我们"看"到的是"以文字作线条"而呈现出来的"画作"。这可能会为我们重新理解朱熹的思想开辟出一条新路。

我们借用这种思维再来看《朱子语类》，发现他的原初溯源可以从两个方面来看：一是材料来源的原初性。如《朱子语类》中所讨论的内容，主要以"四书五经"和周、张、邵、二程的思想为核心。①

二是朱熹本人的诠释语言的原初性。这是朱熹语录体文稿存在的原初性根基。如在《四书章句集注》中，朱熹写道：

> 《中庸》何为而作也？子思子忧道学之失其传而作也。盖自上古圣神继天立极，而道统之传有自来矣。其见于经，则"允执厥中"者，尧之所以授舜也；"人心惟危，道心惟微，惟精惟一，允执厥中"者，舜之所以授禹也。尧之一言，至矣，尽矣！而舜复益之以三言者，则所以明夫尧之一言，必如是而后可庶几也。②

于是，从草稿思维的潜在发展视角看，它带来的好处是规避"对—错"二元论证的弊端。我们在解决问题时，只需要面对问题本身，而不必在乎朱熹对《诗经》《论语》的解释是否正确，只要朱熹对自己的"表达"负责就好。于是，在这种美学研究视角中，我们可以规避不必要的研究麻烦，也能防止自己在"批判"的思维中再次陷入"偏见"的思维陷阱中。

三、《朱子语类》的未完成性

《朱子语类》的潜在性也就表明了它本身的未完成性的特点。所谓的"未

---

① 如《朱子语类》自第十六卷起，所讨论的内容便为《大学》（16—18 卷）、《论语》（19—50 卷）、《孟子》（51—61 卷）、《中庸》（62—64 卷）、《易经》（65—77 卷）、《尚书》（78—79 卷）、《诗经》（80—81 卷）、《孝经》（82 卷）、《春秋》（83 卷）、《礼记》（84—91 卷）、《乐》（92 卷）。为我们所熟知的"四书五经"，自 93 卷起，开始讨论周敦颐、张载、邵雍、二程、杨时等（93—103 卷）。
② 朱熹：《四书章句集注》，第 16 页。

完成性"，除了我们前面谈到的潜力，还有一个方面就是"非完整性"。也就是说，我们暂不考虑《朱子语类》成书过程中的删减与编排，它呈现出来的当代样式，便足以说明它存在的价值与意义。

实际上，"未完成性"的特点本身为《朱子语类》对先贤思想的诠释保留了空间，这同时也为后世学者对《朱子语类》的诠释预留出思考和"观看"的空间。在这个空间内，读者会像"欣赏画作"一样展开各种联想，用自我的存在来脑补《朱子语类》中的语句的含义，给出一个适合自己的解答。这个解答有自我参与的成分，它不再是复制式或者命令式的被动接受，而是主动式的自我参与。读者不用完全赞同朱熹及其门人的观点，如朱熹对孔、孟的评价是否合理，对仁、义思想的诠释是否到位，这些都不再是读者面对的问题。

对于读者而言，《朱子语类》的未完成性，只是开启他们思考的燃点，至于如何格物致知，那完全是自我理解后所做出的决定，而不是对朱熹思想的僵化执行。因此，以草稿思维来看《朱子语类》，读者与朱熹都是自由的。朱熹不会对读者负责，他只成为他自己；而读者也不用推卸责任，而是要学会对自己负责。因此，从草稿思维来看，王阳明及近代学者对朱熹及后学的批判在这个维度中可以被忽略。于是，我们不再被哲学史的知识体系所局囿，也不用被过多的"负面评价"所牵制，而只与作者对话，并在其中汲取对自己有用的思想营养。

从这个角度上说，从未完成性的角度来看《朱子语类》，我们既可以不必计较他的天理思想与先秦天理思想的异同，也不必在意他给出的孔、孟诠释是否合理，甚至不必关切冯友兰、牟宗三、劳思光、刘述先等当代儒者对他的评价。我们只需直接面对文本，体会那文本直接呈现出来的"感觉"，像欣赏一幅画作一样，与《朱子语类》本身产生思想的共鸣。

而诠释得是否正确，是否符合朱熹的原意，以及这种诠释是否得当，已经不是重点。这种草稿思维更接近于朱熹的"天理"思想。由此，读者不必担心被晦涩的文字阻隔，亦不必担心权威思想的介入。因此这个思想构成的一部分，是读者与朱熹共同完成的结果，与他人无关。

四、《朱子语类》的想象力与启示

中国传统的绘画领域，讲究"意在笔前"与"画在意在"，这在中国传统的绘画创作上并不是什么新奇的思想。但这种思想鲜见于对理学作品的解读。特别是在科学和技术思想的干预下，我们对宋明理学的解读偏向"对与错"的两个维度，这是存在问题的。

无论是《论语》还是《朱子语类》，它们存在的价值不能被简单地局限在知识的传授和道德的训导上，而应该是激发读者想象力并给予道德的启示。也就是说，我们对宋明理学的存世文本的研究，并不应该完全局限于"复原"古本这个简单的维度。虽然这很重要，但复原一个当代"孔子"，抑或是一个当代"朱熹"，对我们的现实生活是没有意义的。相反，以他的思想为起点，融合当代生活中的各种当代元素，才是研究宋明理学应有的一条路径。

在草稿思维中，想象力与启示性是两个重要的方面。当这两个方面与《朱子语类》遭遇，我们所看到的就不再是"教条式的文字记述"，而是一幅以"书的样态"呈现出来的"画作"。在阅读过程中，读者的主要目的只在想象力与启示性上面，因此不必介意"自己的理解是否符合朱熹本意"；不必在意语句中"哪里需要读，哪里可以省略"；不必完全将其一口气读完。读者可以不受时空的限制，一切顺其自然，趋近孔子所言的"从心所欲不逾矩"的境界。

在草稿思维中，我们可以暂时从对—错、好—坏的价值判断思维中解脱。因为草稿思维发掘的就是作品本身带来的启示。而在朱熹众多的文本中，《朱子语类》的语录体体裁先天就比他其他的完整的作品更具吸引力。这在俗语中常被表述为：读书在于读己。

结　语

法国哲学家朱利安（François Jullien）曾言智慧与哲学的不同，他点出中国传统圣人的一个主要特质便是"圣人不持有任何观念，不为任何观念所局囿"，认为这便是智慧的主要面向。与之相反，"哲学的历史就是从提出一个观念开始的，就是不断地提出观念"，进而建立以观念为主体的体系。在朱利安看来，哲学的原文"philosophy"虽是"爱智慧"，但它可能过度注重对"爱……"的倾斜而形成了一种非智慧的偏见。相比较而言，"智慧是没有历史的"，它相对平庸。而"哲学选择了一直向前走"，但它的发展携带着偏见的风险。智慧的"平庸"和不易清晰表达，不代表智慧的无用，而代表了一种润物细无声式的品位。圣人无差别地对待世界，消除了自我本身带来的"优先观念"。智慧是一种去除自我偏私的对世界的观看。但这种"去除"带来的负效应就是智慧演化为"一种平淡无奇的思想，就是思想的残余（老生常谈），停滞不前，根本就不能像观念那样产生诱人的飞越"①。

用草稿思维和语录体来看儿童哲学，探索一条研究朱熹儿童哲学的新路，这既需要被包容，也需要被发展、修正和总结。在中国哲学的研究领域，草稿式的文本存在较多。以儒家为例，记录孔子言行的《论语》，记录朱熹言行的《朱子语类》，记录王阳明思想的《传习录》均是这种思维的典型代表。语录体相对于书信体、札子、行状等，表现出来的是一种不完成性。但它与诗、词、歌、赋、琴操等还不一样，它具有明显的指向性。也就是说，语录体既不是漫无目的随感而发，也不是一篇完成性的、清晰的观点叙述。它更像一个指路者，将行走的方向向问路者指出，又无法告知问路者具体的路程详情（还有多远、有几个路口、有无危险）。也正因为如此，语录体给人以框架，却又不束缚人的思维，其似乎要达成的目标是孔子所言的"从心所欲不逾矩"（《论语·为政》）的思想境界。

草稿思维中的"意在笔前"与"画在意在"，在中国传统的绘画创作上并不是什么新奇的思想。但这种思想鲜见于对理学作品的解读。特别是在西方思想的干预下，我们对儿童问题的关注不至于滑落到一个无法挽回的误区中。

在草稿思维中，我们可以暂时从对—错、好—坏的价值判断思维中解脱出来。从草稿思维中发掘的就是作品本身带来的启示，我们可以注重草稿本身所蕴含的目标指向。因此，在草稿思维中，父母与儿童不再是对立的两极。草稿思维更强调父母及家庭对儿童的影响。于是，对儿童哲学，最终还是要回到家庭哲学中去探讨，否则儿童哲学只会沦落成一个有花无果的思想实验。

---

① 参考陈永宝《书评：朱利安〈圣人无意——或哲学的他者〉（中译本）》，《哲学与文化》2020 年第12 期。

第八章

草稿思维与儿童哲学

草稿思维是艺术创造过程中出现的一种思考方式。它的特点是原初性、潜在性、未完成性与目的指引性。同时，语录体也存在着这样的特点。因此，这种思维侧重个人体验而不是理论推导。以此为路径探讨儿童哲学，是一个大胆的尝试。草稿思维的一个展现方式及语录体表现出来的研究思维，使我们在解读《朱子语类》及朱熹的儿童哲学思想时，发现了儿童哲学研究中的四个重要面向：原初性、潜在性、未完成性与目的指引性。于是借用草稿思维直观儿童本身，我们找到了从美学角度研究儿童哲学的路径与方法。同时，用这种思维来直观朱熹的蒙学文本本身，能够减少读者在与作品交流时受到的外来"偏见"的干扰，使作品的解读恢复到知、行的立论初衷。这或许更符合朱熹的治学本意。

第一节　原初性与儿童哲学

李普曼与马修斯在研究儿童哲学时，存在着一个先入为主的视角：从成人视角来看待儿童。马修斯最直观的表述就是"承认儿童是人类成员的种种可能性"①。这个成人视角包括以下三个方面：一是将儿童视为与成人完全平等。因此，他才得出父母向儿童"放权"的主张②。二是儿童是完整的。这表现为他所赞同的"童年的小大人理论"。"按照这一理论，儿童因为年幼，所以只是一个很小的人。"③三是对儿童的观察角度是儿童视角，如李普曼在《哲学教室》里与李明宣、陆哲雄、唐宁等人谈话时的成人视角。

这里需要说明的是，这种成人视角并没有什么不妥，是我们在常规思维中

---

① （美）马修斯：《童年哲学》，第 29 页。
② 同上，第 100 页。
③ 同上，第 20 页。

研究儿童哲学的必经之路。因此，无论是儿童哲学授课内容的设计，还是在儿童哲学教育过程中的主导或引导，都需要我们以成人的方式给出一个近似"整体"的规划。就如同在我们的思维中，习惯了一节课要上到40分钟或45分钟，无论是提前下课还是拖堂，都会给人一种不适感，这就是整体思维在作祟。影响人形成整体思维的原因有很多，比如制度规范、巴甫洛夫的条件反射等，无疑它们让我们在面对世界时，开始从整全性的角度来考虑问题。而这种整全性，却常常导致我们忽略了人或事的原初性。

无论我们如何规避用成人视角看待儿童，我们都习惯性地将儿童与成人进行对比。于是，儿童的"错误"就开始增多。这里所谓的"错误"源于成人设定的"标准"的不符合。一般来说，这种思路不能看成是成人行为的错误（一些儿童教育者认为儿童都是对的，不应该给儿童建立标准，这种思路是值得商榷的）。但是，如果我们过于集中于这一个视角或维度，就会造成儿童的很多原初性现象被"忽视"。

儿童的原初性是什么含义呢？我们借助幽兰对草稿的界定，如"首要""初次体验""对想象的许诺""泼洒的液体造成的污点""泼出的污水""匆匆忙忙做的事"及"急忙草率的暴力倾向"等，大致可以总结如下：

一是儿童早期呈现出的行为是"初次"行为，这种行为是儿童先天唯一的，而不是"模仿"或"复制"而来的。这种思路解决的问题是，如果我们以"模仿"或"复制"来观看儿童，那么就一定存在一个衡量"标准"。这种标准一旦建立，就让我们不由自主地陷入一种"先入为主"的偏见之中。因此，只要将儿童表现的种种行为理解为"先天唯一"，我们对儿童的认识就不会出现"修正""改变"或"引导"的念头。

二是肯定儿童"错误"行为的合理性。这些"错误"行为，就如同"泼洒的液体造成的污点""泼出的污水"，无论是在观感上，还是在日常认知中，都给成人带来了巨大的不适性，如儿童早期对玩具的破坏行为以及玩泥巴、沙土等（甚至用嘴巴去吃我们看来很脏的东西）。于是，我们将儿童的这些行为定义为"错误"。一旦我们产生这种认识，"制止"和"改正"就下意识地存在于我们的思维中。因为，这些错误的行为与对儿童疾病的联想，造成了我们对儿童"错误"行为的恐惧。其实，这种儿童行为中"泼出的污水"，是儿童一种本然的体现。在20世纪，广大农村儿童的田间嬉戏（如在污水中游泳，喝没有加热的山泉水，用炭火烧烤食物，玩混合着粪便的泥巴），是早期的儿童生活的真实表现，与成人后的疾病并没有实质性的关联。当然，适当的卫生预防确实可以减少儿童感染的可能性，但疾病有着多样性及复杂性，并不是只由儿童的"错误"行为造成的。但是，对于儿童的有些行为，是需要加以强制性纠正的。这些行为是在与他们建立联系时出现的，往往表现为儿童主观肆意地进行破坏，如肆意按电梯的按键，抢夺小朋友的玩具，在别人家做客时毫无顾忌地奔跑或私自拿别人的家庭物品等。

以上，涉及美学问题中"艺术品"与"垃圾"的讨论。①我们无法用简短的语言将这一复杂的美学问题诠释清楚，但这确实给我们提供了一个新的视角：我们是否可以接受实际是儿童本真行为体现的那些"非伤害他人利益"的儿童行为呢？简单来说，我们能否接受儿童"喝脏水、玩粪土泥巴"的行为？笔者认为，自然的天理设置，使儿童并没有像我们理解的那样脆弱。只要掌握好度，或许可以给儿童一种新的空间。

三是儿童行为的简单粗暴性。从幼儿至少年期间，人们的行为在未加约束时，常常表现出一种"莽撞"的行为，一如草稿思维中"匆匆忙忙做的事"及"急忙草率的暴力倾向"。这种"莽撞"常常表现为儿童做动作时的大开大合，他们对自己的行为没有把控力，常常以一种"过度"的状态"无意中"干扰到周围的人或事。初为父母的青年男女面对婴儿（7—9个月）时，常有一种体会，即婴儿在肆意啼哭和随处翻滚时，常常以很大的肢体动作和力道对父母进行"攻击"。在婴儿的思维中不存在"坏"的意识，他们也不会认为自己"做错"。于是，一般来说，父母也不会认为婴儿的这种肢体的大开大合造成的"侵害"行为是"儿童错误"。但是，需要注意的是，儿童的这种行为的简单粗暴性可能引起我们的进一步思考：一是这种行为的粗暴性是否以一种变种的方式在继续发展？如少年对家具的破坏和拆卸。二是这种行为的粗暴性是否需要被规范？也就是说，我们需要看到它们"被原谅"的部分，又要看到"必须"改变的部分（如作业的马虎）。三是这种简单粗暴的行为是否存在一个结束的界限？在朱熹看来，十五岁是一个分界期。十五岁之前是小学阶段的"洒扫应对"，十五岁之后是大学阶段的"正心、修身"。当然，这些问题仍需要我们进一步的思考。

---

① 在艺术品展览中，我们时常发现展览者将一些"垃圾"式的作品放在展台上，如装着废纸的垃圾桶，或吃了一半的烂水果，或苍蝇。于是，在对于艺术品的界定上，是否允许这种在常识中"不美"的东西的存在，就成为一个有待讨论的问题。在这些问题中，还有一些处于中间地带，如将常年丢弃在仓库的旧衣服、渔民用过的旧渔网摆放在展览馆中是否合适的问题。

第二节　潜在性与儿童哲学

如果以人作为一个整体性模式来观看，那么人的儿童时期具有巨大的潜在性。以草稿思维来看这种潜在性，则会发现儿童时期是未来一切可能的种子，他的未来就是他的"写意与留白"。因此，儿童时期无论发生什么、面对什么，他的未来（成人期）都充满着无限的可能性，而不是一种确定性。因此，相对于成人，儿童时期只是一幅刚刚勾勒出主要轮廓的山水画，他的基本认识和掌握的语言，形成了画作的显性一面。

正因为如此，我们在用草稿思维来观看儿童时，需要避免两个误区：一是过度在意儿童的过往经历（行为和思想），而忽视未来的可能性。儿童的过往经历是"显的"一部分，也是"死掉的"一部分。我们应更多关注他们未来的可能性。这就如同中国传统文人绘画理论所重视的是画作的"写意部分"，而不是画作的工笔。二是以过往经历作为论据，以逻辑思维为工具推测儿童未来的发展，如日常所说的"三岁看到老"就是这种思想的简单表达。逻辑证明只能证明逻辑前提与逻辑结果之间的必然联系，但无法证明不断充满变量的儿童的未来可能性。

因此，两种误区反过来给了我们一种警醒：对待儿童，应该像对待草稿一样，虽然要重视草稿画面展示给我们的样子，但是由其样子而引发的"写意和留白"才可能是最需要我们重视的。对于儿童而言，善恶难辨和冷暖自知两种状态，造成了成人对儿童认识难度的增加。孩子社会痕迹（各种关于人的信息，如信用体系、学历背景、工作经历等）的缺乏，使得我们由于样本的缺乏而只能对其进行简单的推测。而且，儿童与成人在身体上具有差异性，这导致我们在揣测儿童的内心想法时，更易得到"错误"的反馈。比如，当儿童身边的长辈对儿童说"我就知道你是这么想的"，这时儿童往往会沉默不言。这其实并不代表长辈的思维是正确的，只是儿童认为"即使辩解也是无意义的，因为别人不会听他的"。

因此，对于儿童"写意"和"留白"的研究，可能就不能只是科学的田野调查或是巴甫洛夫的实验那么简单。那么，探讨儿童心理世界的方法是什么呢？前面徐复观提出的"不将不迎"可能是一条行得通的路径。我们再仔细来分析这段话："'不将不迎'，这恰是说明知觉直观的情景。其所以能'不将不迎'，一是不把物安放在时空的关系中去加以处理。因为若果如此，便是知识追求因果的活动。二是没有自己的利害好恶的成见，加在物身上。因为若果如此，便使心为物所扰动，物亦为成见所歪曲。"[1]

我们观看儿童时，不应强加干涉，也不应放任自流，而是要站在一个不远不近的"位置"观察。当发现儿童有不同于日常的行为时，尤其需要这样。这样做的好处是，一是不把儿童面临的问题当成一个"知识论"的问题。也就是说，在儿童的发展中，不存在"只要……就一定……"的情形。儿童的发展模式中不必然存在严格的逻辑因果关系和"需要被检证"的可能现象。比如认为儿童有偷窃行为时，不能以他是否会发生下一次偷窃行为为标准来反推上一次他周边出现的偷窃行为也是他的所作所为。二是将自己对儿童的"偏见"安置在一个合理的时空中。成人世界的复杂性，导致我们在面对与儿童过往经历类似的经历时，会下意识地产生"偏见"。这是自然而然，也是不可避免的。那如何不让自己的"偏见"阻碍儿童发展的潜在可能性？这就需要我们将偏见悬置，并强硬地"逼迫自己放弃偏见"。

因此，"不将不迎"的做法，为我们的"偏见"保留了弹性的空间，而在这个空间中，"写意"和"留白"可能更易帮助我们让问题的真实一面凸显出来。至此，儿童的潜在性特征在这一思维中得以发展和彰显。

第三节　未完成性与儿童哲学

草稿思维注定是有"缺憾"的，这种缺憾既表现出草稿思维的"草率"性，也体现出草稿思维"潜在"的模糊性。我们虽然可以将草稿思维理解为一种"本真的自我显现"，但一旦把它放置到人与人的关系中，特别是儿童与他人的关系中，则它可能会带给成人（如父母和邻居）巨大的不适感。同时，草稿中的潜在性也存在两种可能，即善的潜在和恶的潜在。但这两种"潜在"具有"潜在本身的模糊性"，造成成人的"对善的疏导"和"对恶的牵制"的具体方法存在着问题，这都是需要我们正视的。

于是，当我们从以上种种角度来关注儿童的"缺憾"性存在时，便会自然发现儿童是一种"未完成性的儿童"。所谓"未完成性的儿童"，就是说他们本身应该被看成是人的一部分，而不是一个"完整的人"。这种"未完成性"可以包括两个方面：一是生理的未完成性；二是心理的未完成性。生理的未完成

---

[1]　徐复观：《中国艺术精神》，第82页。

性，是指儿童的身体感的未健全性。如儿童没有性生活和婚姻义务感，他的生理体验和观感都处在萌芽状态。因此，我们在发现少年时期的男孩与女孩对"爱"的强烈情感时，基本可以忽视他们本有的理性。心理的未完成性，是指儿童的理想人格远超过他们的现实人格。在他们的视角中，权利思维要远超过义务思维。也就是说，当儿童与成人（如父母）发生冲突时，他们的潜意识是要脱离这种"被束缚的"关系；而当儿童发生价值赔偿问题时（如儿童打碎了别人家的花瓶），又倾向于让成人为其脱困。于是，以马修斯的理论为参照，我们在讨论儿童的权利与义务时便有了一种新的视角：父母需不需要对儿童放权？这牵涉到儿童与成人之间的"经济平等主体"问题和"心理平等主体"问题。而马修斯考虑的往往是"意志的平等主体"问题。可问题是，后者以前者为前提才有讨论的可能。这就是我们日常中所说的"不能一面拿着父母的钱，一面向父母要自由"的二元悖论。

因此，要解决这些问题，可能就需要我们重新以"未完成性的儿童"哲学中的缺憾来理解这一切。在朱熹的蒙学教育中，虽然儿童与成人在"德行"面前一律平等（如"有德者，年虽下于我，我必尊之；不肖者，年虽高于我，我必远之"），但尊师重道依然是他教育思想的核心。也就是说，在朱熹的世界里，十五岁以下的儿童只能从事"洒扫应对"，而不能从事"正心、修身"，这也说明了儿童的未完成性特征。

基于此，将儿童视为一个"完整的人"反而是充满风险的。如在立法中，对于犯杀人、强奸罪的儿童，是否可以使其等同于一个"完整的人"来接受处罚？在儿童有意破坏他人财物时，父母是否有权不给予赔偿而让儿童来赚钱补偿？在日常生活中，成人是否还存在"爱幼"的道德选择？成人是否能原谅儿童的挑衅行为而选择反击？我们发现，一旦我们将儿童视为"完整的人"，我们的所有视角可能都会随之反转。而这些反转，却都朝着不利于儿童的方向发展，只留下一个看似有意义的"意志的平等主体"。

第四节　目的指引性与儿童哲学

当我们用草稿思维来思考朱熹的儿童哲学时，最终必然要回归于他的理学美学式的伦理学体系。于是，当我们借用草稿思维打开拘囿我们思维的种种理性与偏见时，接下来我们需要思考的，就是如何完成我们的目的指引性的建立。在这一点上，王阳明的天泉证道可能会给我们启示。

丁亥年九月，先生起复征思、田，将命行时，德洪与汝中论学。

汝中举先生教言曰："无善无恶是心之体，有善有恶是意之动，知善、知恶是良知，为善去恶是格物。"①

我们从草稿思维和儿童哲学的角度来分析一下这段话："无善无恶是心之体，有善有恶是意之动，知善、知恶是良知，为善去恶是格物。"

首先，"无善无恶是心之体"可看成是儿童最先体现出来的本真状态，在草稿思维中，可看成"首要""初次体验""对想象的许诺""泼洒的液体造成的污点""泼出的污水""匆匆忙忙做的事"及"急忙草率的暴力倾向"。以上这些以伦理学来说明，则表示为一种事情的本真状态，即一种没有善恶观的世界存在场景。这就是我们研究的儿童哲学中的"赤子之心"，也是孟子思想中做工夫的"求放之心"。

其次，"有善有恶是意之动"可看成是儿童意识发展的第二个阶段。在草稿思维中，儿童的善恶取向分为两种：一是儿童本身意识到的善恶观；二是由于成人的感官偏见而反映在儿童身上的善恶观。前者是儿童在自在存在后对感知世界的"写意与留白"。也就是说，儿童通过他人行为给出的对错信息来体会自己善恶的存在，这表现为儿童常打断成人言说的关于儿童自己"不好行为"的介绍。儿童虽然在他的前语言时期就已经能感受羞耻感，但被成人察觉则是在他们产生语言之后。

对于后者，成人常以自己的善恶感知作为标准来审视儿童，比如男女幼儿之间的穿搭（主要表现为男性的女性化表现，如男孩子穿裙子）及男女幼儿的亲密行为（如男女幼儿之间的亲吻）。于是，对幼儿来说，一直被认为是正常的穿着和表示"爱"的亲吻，却在成人的关于"性"的偏见中出现了羞耻和善恶的意味（如男孩子觉得穿裙子是恶的）。

再次，"知善、知恶是良知"是儿童行为发展的第三个阶段。在这一时期，由于早期的行为反馈，儿童对自己的"莽撞"及"急忙草率的暴力倾向"开始有了反思。这种行为在前语言时期就已经存在。比如婴儿在父母的"引诱"下，可以通过或哭或笑的方式来求"抱抱"或"食物"。我们习惯将其看成是父母对儿童的驯化，陷入了巴甫洛夫的条件反射实验的思维之中。但是，当我们用草稿思维来分析时，可以发现这些是儿童对自我行为的反馈，这种反馈是

① 邓艾民：《传习录注疏》，基隆：法严出版社，2000年，第394页。

其对外部世界的感知的调整。这一点不同于巴甫洛夫的条件反射实验的思维，它强调的不是"某某对某某的驯化"，而是"某某"的自我感知。我们思考的视角从父母转向了儿童。

最后，"为善去恶是格物"是儿童行为的最终要求与归宿，是对前面三个阶段的总结与融通。可以说，朱熹儿童哲学最终要达到的目的，就是帮助儿童做出发自本我内心的道德引领。这不同于我们以往所提倡的"儿童"的自我自由式的成长，如马修斯提出的通过父母放权而使儿童获得自由进而完成儿童的自我培养，而是强调父母在德行前提下的干预，即"为善去恶是格物"。

但是，这种干预必然是充满风险的，我们需要思考：一是父母的偏见对儿童是否会产生误导；二是这种干预是否又回到了我们进行儿童哲学努力前的那个问题阶段。

对于前者，我们需要正视"父母的偏见"确实是我们在儿童哲学引导中需要克服的主要方面，但是它的存在不构成"父母干扰"儿童德行的方向性因素。也就是说，这是工具性的问题，不是方向性的问题。对于这种工具性的问题，我们需要做的是"寻找更好的工具"或者"修缮已有的工具"，而不是放弃工具。对于后者，经过朱熹儿童哲学的叙说和草稿思维的介入，我们发现了儿童的本真及儿童在行为中出现的"天然现象"。于是，在我们的认知达到这一维度的时候，我们很难再用盲目的、偏见的方式来对待儿童。也就是说，人类采用知识之前和采用知识之后，面对事与物时的做法看似前后没有分别，但实际上完全不一样。

综上，我们要达到的目标追求，是如朱熹理学的内涵所要求的那样：既有入世的对真实世界的体悟与感知，也有对超越世界的追求与向往。这应该成为我们研究儿童哲学的一个不可或缺的角度。

结　语

草稿思维是一种以美学角度来探讨问题的方式，它避开理性的、逻辑实证主义的思维来看待文本，使人将文字文本上升到画作的角度来欣赏，可为中国文化中以语录体为样态的经典文本做出新的诠释。当这种新诠释产生后，我们再拿来关照儿童哲学，会突然发现朱熹的儿童哲学之路原本就不如我们想象的那样复杂和不可接触。同时，当我们用转换过的视角再次审视以马修斯为代表的西方儿童哲学的教育思路时，也看到了其将会出现的风险。这种风险的最终结果就是使儿童哲学滑落到法制的僵化路径上去。

综上，以草稿思维来研究儿童哲学，是儿童哲学研究的一种新路径。但这种研究方法与儿童哲学的结合，注定也是一种冒险。但值得一提的是，这种思考既帮助我们直观地审视了以往我们的儿童教育的正当性，又为我们就已有的儿童哲学的误区指明了改进方向。同时，儿童哲学在草稿思维中暴露出来的问题，可能需要我们在家庭哲学中去进一步解决。因此，使儿童哲学发展成为家庭哲学，可能是我们未来必须要跨出的一步。

第九章

儿童哲学与理学美学

在草稿思维与朱子理学的相关讨论中，一个角度自然而然地出现在我们的视野中，这就是朱熹的理学美学。朱熹的理学美学既体现为他在教育过程中对美学思想的强调（如武夷精舍、考亭书院等的选址均为风景秀丽之地，而非繁华闹市之区），又构成了朱熹伦理教育思想的一个典型特征（德育教育中的美感存在）。

朱熹的理学与美学并非截然为二，而是融合为一体的。朱熹的理学构成了其美学存在的本体，即道者文之根本；同时，由于美学的存在，朱熹的理学不再是苦涩难咽的道德戒条，而趋向于"从心所欲不逾矩"的合和之境。至此，朱熹理学构建了其美学存在的骨架，美学则拓展了理学的视野。美学的存在，进一步遏制了理学由儒家滑向法家深渊的趋势，二者在一定程度上达到了融通。

在对朱熹的思想的研究中，我们总是发现以下几个难题：一是他的理论过于庞杂，似乎可以囊括一切。但仔细研究起来，却发现无论是对材料数量，还是逻辑形式，都需要进行再次的考证或解读。二是朱熹作为南宋时期的古人，他的一些思想在现代科学的检视下，出现了逻辑矛盾和难以自洽的诸多问题。这导致我们在运用西方概念体系来解读朱熹思想时，发现了种种矛盾现象，美学思想就是其中的一个典型例子。三是朱熹的思想经过明清至当代新儒家的诠释，附带上了各种标签。而这种标签在帮助我们有效地了解朱熹思想的同时，也在我们接近真实的朱熹时给我们制造了种种困难。基于此，一些困扰便浮出水面：一是朱熹理学是否存在美学？这涉及朱子理学美学的合法性与合理性问题。二是他的理学与美学的内涵是什么？这可能也需要被进一步厘清。三是纵使我们承认他存在着美学理论，但其材料过于松散，是否可以构成一个完整的系统？这都是我们要思考的问题。在对这些问题的思考中，我们也看到朱熹的儿童哲学中，美学的印记如影随形。因此，朱熹美学视域下的儿童哲学，也是我们不得不思考的一个问题。

第一节　理学美学的吊诡

理学和美学，通常被看成是相互矛盾的两极。"通常人们心目中，'理学'与'美学'似乎是水火不兼容的两个概念，'理学'几乎与'反美学'是同义词。"①这种看似两极式的存在，实际呈现出来的是两宋理学的独特面相，即理学中的美学，这一反人们对理学认识的常识。如"人们想到'理学'时，脑海中总会浮现出一副抽象的、冷漠的、道貌岸然的纯哲学、纯理学面孔，它那'存天理、灭人欲'的训条，在人们的直观感受中与美学的旨趣相隔是何等的遥远，理学家中普遍存在的对艺术的轻视、对情感的压抑，更使人们感到他们是美学的克星"②。这种看法基本上给理学定了性。然而我们仔细分析，却会发现这种解读存在着一个显见的问题。也就是说，它将理学家的思想与法家的思想相混同，将理学家主张的道德劝导视同于法家的严刑峻法。这种思想在近现代的思想家那里多有呈现。牟宗三曾一度期望通过康德的绝对义务论，即"为义务而义务"的方式来重新"激活"由近代西学的冲击而带来的儒学的僵化，便是这一思想的典型代表。于是，在当代新儒家牟宗三、徐复观等人的解读中，似乎"在美学的殿堂里，人们排斥了理学家的影子，在中国古典美学发展史上，几乎找不到理学美学的位置"③。这是当代研究宋明理学的一种思潮。

在新儒家中，除了牟宗三主张从康德义务论的角度来诠释理学外，徐复观的美学思想中强烈的庄子印记④，也让理学与美学处于对立的两极。将理学法学理解化虽在牟宗三等人的强调下逐渐为学者所接受，但它的起因则在明清之际就早已有之。因此，明清两代官方对理学思想法学式的提倡和使用，加上近代牟宗三等人借用康德思想的研究佐证，使二者被完全推到对立的两极上而无法融解。于是：

> 众多的研究理学和理学家的著述，几乎毫无例外地忽视或至少轻视了其中的美学内容，而如此众多的研究中国古典和古典美学的著述，

---

① 潘立勇：《朱子理学美学》，北京：东方出版社，1999 年，第 7 页。
② 同上。
③ 同上。
④ 陈永宝：《论徐复观"三教归庄"式的宋代画论观》，《中国美学研究》2020 年第 16 辑。

同样几乎毫无例外地忽视或轻视了其中的理学美学环节，或者至多只是从消极的意义上将其作为反面的比照而加以草率的直感评判。[1]

于是，理学与美学融合的合法性与合理性，就成为学者首先要解决的问题。相较于在中国传统文化中儒释道对美学的接纳，"为何作为集儒、道、佛文化之大成的理学却被认为几乎是与美学绝对地无缘？"[2]这是一个奇特却又有趣的问题。作为儒家思想重要分支的理学，为何不容于美学，这同样也是朱熹理学思想研究者们面临的一个困惑。一个显见的原因就是长期以来我们受制于科学思想中分科细化思潮的影响。学者在这种思维下习惯于用"纯粹""体系"的面向来概括一种思想或一个人物。在以追求"重点"或"关键词"为主导的考试模式中，其刻板印象被进一步强化，因此在对朱熹是理学家还是美学家的追问中，形成了"朱熹只能是……而绝不能是……"的思路。于是，以上的问题在学者中间存在也就不是一件奇怪的事情了。

潘立勇认为，宋明之际的理学与美学不可能是完全无缘的：

> 如果撇开它们在思辨对象、观念内容和理论导向等相对外在的差异，着重考察它们在精神结构、思维形式、研究方法上表现出来的更深层、更内在的特征，那么我们就可以发现，二者又是亲缘的、共相的和互渗的。[3]

然而，这些论述只是为我们打开朱子理学美学存在的可能性，而论证其存在的必然性问题，依然需要进一步探讨。这便是："理学本身包不包含美学的内涵，理学本身有没有美学，这才是'理学美学'的立论基础。"[4]于是，我们借助这种思路的引导，接下来要面对的一个问题便是"理学"与"美学"这两个概念的内涵和外延。

潘立勇指出："理学是在儒家理学说的刺激下完成，而又对儒家理学超越和升华，使之哲理化、思辨化的理论形态。"[5]这里基本肯定了理学与儒学的关联。

---

[1]　潘立勇：《朱子理学美学》，第7页。

[2]　同上。

[3]　同上。

[4]　同上。

[5]　同上，第10页。

但与之不同的是："理学醉心于心性问题却不局限于理学的圈囿，而是突破现实理学纲常的视野而进入对世界本源等形上问题的探讨。"①即是说，如果我们只将理学思想框定在先秦儒家主张的以宗法为核心的理学体系上，那么就会产生将理学的范围缩小的趋势。张立文在总结宋代理学时，用"和合"②来对其进行总结，亦有突破这种局囿的意义。于是，理学"不是以人本身来说明人，而是从宇宙本体角度论证人的本体，把人的存在、人的本性、人之所以为人的价值，提高到宇宙本原的高度，而赋予人生和世界以真实、永恒和崇高的意义"③。从他的这个判定中，我们看到了朱熹的理学并不只属于理学的范畴，它至少含有知识论和美学的面向。

实际上，这个美学的面向从未离开过理学，它只是在西方的学术分科系统传入中国后，才出现的一个在知识层次上的分裂。"断定理学与美学无缘的习惯结论，一方面缘于人们地理学的直观印象与成见，另一方面也缘于人们对美学的片面把握。"④于是，人们在界定美学时，倾向于只将线条、形构和色彩等视觉感官刺激认定为美学，而将诗词、音乐等其他表达形式要么驱赶出美学领域，要么存而不论。这种现象其实是混淆了美学与艺术学。潘立勇指出：

> 由于在人们传统的印象中，艺术是最为基本和最为重要的美学理论，在中国古典美学中更是如此，由此容易在人们的直观印象中产生这样的推理或化简：即将美学等同于艺术学，再等同于艺术，于是美学和艺术之间画上了等号。其实这是一种十分片面的把握。⑤

于是，论证理学与美学的融合，首先就需要将这种被曲解的或片面的美学纠正回来，即"美学作为以情感观照方式协商人与自然、人与人以及人与自我关系的精神哲学品格，以及旨在沟通必然与自由、感性与理性，在客观的合规律性与主观的合目的性统一基础上实现人的自由这一基本精神"⑥。至此，我们找到了理学与美学之间的桥梁，也发现了二者融合的桥梁。

---

① 潘立勇：《朱子理学美学》，第10—11页。
② 同上，序言第5页。
③ 同上，第11页。
④ 同上，第16页。
⑤ 同上。
⑥ 同上，第18页。

第二节 理学美学的主要内容

一、"道者，文之根本"的理学本体

朱熹指出："道者，文之根本；文者，道之枝叶。惟其根本乎道，所以发之于文，皆道也。三代圣贤文章，皆从此心写出，文便是道。"①这是朱熹理学美学本体论的基本设定。在朱熹看来，理学构成了美学存在的基础，而美学是以理学为发展导向的。这一点在他对苏轼和欧阳修不同的评价中彰显得一览无余。朱熹说：

> 今东坡之言曰："吾所谓文，必与道俱。"则是文自文而道自道，待作文时，旋去讨个道来入放里面，此是它大病处。只是它每常文字华妙，包笼将去，到此不觉漏逗。说出他本根病痛所以然处，缘他都是因作文，却渐渐说上道理来；不是先理会得道理了，方作文，所以大本都差。欧公之文则稍近于道，不为空言。②

由此可以看出，朱熹围绕"圣人之言，因言以明道"的理学本体而发展出他的美学思想。为了进一步说明这个问题，朱熹提出："今人作文，皆不足为文。大抵专务节字，更易新好生面辞语。至说义理处，又不肯分晓。"③也就是说，美学如果离开了理学，便只是形式上的"讨巧"，而失去了其存在的现实意义。在这一点上，朱熹继承了北宋欧阳修等人主张的古文运动的核心思想。朱熹主张以理学为核心，让美学围绕其展开。即使由于现实的困难无法用美学的方式来表达，也要保持理学思想表达的明晰性。他指出："圣人之言坦易明白，因言以明道，正欲使天下后世由此求之。使圣人立言要教人难晓，圣人之经定不作矣。若其义理精奥处，人所未晓，自是其所见未到耳。学者须玩味深思，久之自可见。"④在这里，朱熹既指出了无理学之美学的空洞，又强调了道德对美学的主导作用，从而点出"美"存于"道德"中的本体架构。

在这种思想下，朱熹对韩愈、苏轼的美学思想进行批评，便是顺理成章的

---

① 黎靖德：《朱子语类》，第 3319 页。
② 同上。
③ 同上，第 3318 页。
④ 同上。

事情了。他指出苏轼文辞矜豪谲诡，与道甚远，显然他认为苏轼的美学思想是值得商榷的。

> 苏氏文辞伟丽，近世无匹，若欲作文，自不妨模范。但其词意矜豪谲诡，亦有若非知道君子所欲闻。是以平时每读之，虽未尝不喜，然既喜，未尝不厌，往往不能终帙而罢。非故欲绝之也，理势自然，盖不可晓。然则彼醉于其说者，欲入吾道之门，岂不犹吾之读彼书也哉！亦无怪其一胡一越而终不合矣。①

同时，他指出韩愈与苏轼在文字上过度追求美学的形式。"子谓老苏但为欲学古人，说话声响，极为细事，乃肯用功如此，故其所就亦非常人所及。如韩退之、柳子厚辈亦是如此……"②同时，他也指出南宋诸文人存在的美学弊病，多在于这些美学作品与理学"了无干涉"。

> 今人说要学道，乃是天下第一至大至难之事，却全然不曾着力，盖未有能用旬月功夫，熟读一人书者。及至见人泛然发问，临时凑合，不曾举得一两行经传成文，不曾照得一两处首尾相贯，其能言者，不过以己私意，敷演立说，与圣贤本意义理实处，了无干涉，何况望其更能反求诸己，真实见得，真实行得耶？③

正因为如此，朱熹才有"纠正这种弊病"的想法。朱熹在回曾景建时说："辱书，文词通畅，笔力快健，蔚然有先世遗法，三复令人亹亹不倦。所论读书求道之意，亦为不失其正。所诋近世空无简便之弊，又皆中其要害，亦非常人见识所能到也。"④在朱熹看来，美学如果只是形式模范，与义理无关，那么这种美学注定是华而不实的空架子。在朱熹看来，真正的美学既要有完美的外在形式，亦要有义理作其存在的内容。这也就是他提出的"文字之设，须达意得理"的思想。朱熹说：

---

① 朱熹撰，朱杰人、严佐之、刘永翔主编：《朱子全书》第 22 册，第 1864 页。
② 同上，第 24 册，第 3593 页。
③ 同上。
④ 同上，第 2974 页。

　　　文字之设，要以达吾之意而已，政使极其高妙而于理无得焉，则亦何所益于吾身，而何所用于斯世？乡来前辈盖其天资超异，偶自能之，未必专以是为务也。故公家舍人公谓王荆公曰："文字不必造语及摹拟前人。孟、韩文虽高，不必似之也。"况又圣贤道统正传见于经传者，初无一言之及此乎？①

朱熹在谈论美学的表达时，将理学思想与其融合的趋势展露无遗。即是说，无"理学"为内容或支柱而存在的美学架构，在朱熹看来只是一个空虚辞藻，而无"道"之心。这强调了他的"道者，文之根本"的美学思想。

二、"有德而后有言美" 的美学架构

　　如果说"道者，文之根本"是朱熹理学与美学的一个基础，那么，"有德而后有言美"则将这一思想进一步升级。在朱熹看来，理学是美学不可缺少的前提。他说：

　　　古之圣贤所以教人，不过使之讲明天下之义理，以开发其心之知识，然后力行固守以终其身。而凡其见之言论、措之事业者，莫不由是以出，初非此外别有歧路可施功力，以致文字之华靡、事业之恢宏也。②

朱熹进一步指出：

　　　所谓修辞立诚以居业者，欲吾之谨夫所发以致其实，而尤先于言语之易放而难收也。其曰"修辞"，岂作文之谓哉？今或者以修辞名左右之斋，吾固未知其所谓然。③

因此，他强调说："'辞欲巧'乃断章取义，有德者言虽巧，色虽令无害，若徒

---

① 朱熹撰，朱杰人、严佐之、刘永翔主编：《朱子全书》第 23 册，第 2974 页。
② 同上，第 3094 页。
③ 同上。

巧言令色，小人而已。"①在朱熹看来，德行的存在是美学思想不可缺少的内在核心，这也是朱熹理学思想的核心。我们由此可以看出，在朱熹的美学思想中，理学思想从未缺位，仍占据着重要的位置。不仅在美学方面如此，朱熹在用美学思想解读《易经》时也遵循这一原则。他常以《易经》阴阳之象为参照来观人事文章。如：

> 盖天地之间，有自然之理，凡阳必刚，刚必明，明则易知。凡阴必柔，柔必暗，暗则难测。故圣人作《易》，遂以阳为君子，阴为小人。其所以通幽明之故，类万物之情者，虽百世不能易也。予尝窃推《易》说以观天下之人，凡其光明正大，疏畅洞达，如青天白日，如高山大川，如雷霆之为威而雨露之为泽，如龙虎之为猛而麟凤之为祥，磊磊落落，无纤芥可疑者，必君子也。而其依阿洿涩，回互隐伏，纠结如蛇蚓，琐细如虮虱，如鬼蜮狐蛊，如盗贼诅祝，闪倏狡狯，不可方物者，必小人也。②

至此，朱熹的美学核心进一步凸显，他以理学为思想核心而展开美学阐述。这说明他对美学的对象是有一定选择的。如在他对《易经》的美学表述中，我们亦能感受到他在美学思想中对广阔大物颇为上心，而对蝇营狗苟颇为排斥。这说明了他注重国家美学气象、忽视个人得失的理学宗旨。我们甚至可以说，朱熹的美学思想是为理学思想服务的。

三、"'理体'与象"的交融合一

在朱熹看来，对理学与美学的构建可以从体用一源的角度来阐释。在这个逻辑下，理学构成了美学的骨架，而美学构成了理学的外显，即"理为体，象为用"。朱熹说：

> "体用一源"者，自理而观，则理为体、象为用，而理中有象，是一源也；"显微无间"者，自象而观，则象为显，理为微，而象中有理，是无间也。先生后答语意甚明，子细消详，便见归著。且既曰

---

① 朱熹撰，朱杰人、严佐之、刘永翔主编：《朱子全书》第 22 册，第 1779 页。
② 同上，第 24 册，第 3641 页。

有理而后有象，则理象便非一物。故伊川但言其一源与无间耳。其实
体用显微之分则不能无也。今日理象一物，不必分别，恐陷于近日含
胡（糊）之弊，不可不察。①

朱熹既继承了老庄美学倡导的人对出世的追求，也坚守了儒家"为天地立心，
为生民立命"的入世情怀。可以说，朱熹试图完成的是在坚守本身道德"正
心"的前提下，为"心性"寻找一个可以自由释放的空间。理体与象的结合，
是朱熹解决其理学自身矛盾的一个方法。这个矛盾既包括理学与道学的矛盾，
同时也包含了理学与法学的矛盾；或者说，是自由与束缚的矛盾。而这些矛盾，
是朱熹在他四十岁前后处理"已发未发""理先气后"、《大学》与《中庸》的
编排时就已经存在的。

那么，今日学者在研究朱熹时的种种争论，同样是朱熹本身理论矛盾的回光返照。
朱熹本人并非不知道他理论中这些矛盾的存在。如从超越性的道德到非超越性
的形而下的理学思想建构中，他就可以寻找理学思想存在的形下证据。他重复
古代先民天文考古学中的"立表测影"的行为便为其一例证；同时，他派蔡季
通去四川寻找先天八卦图的行为亦有这方面的倾向。

那么，为何后世对朱熹的解读多为超越性的道德存在？这主要源于朱熹的
正君王之心的道德期盼。他的理论中，道德和理学始终是他思想的主轴，是他
所从事所有事项的核心。

在朱熹看来，美学打开了一个拒斥约束的良好途径，但是又要警惕苏轼等
人的美学的"肆意妄为"。他赞同欧阳修等人对古文运动的理解，主张"道者，
文之根本"，但同时，他更倾向于将这种思想做进一步调节，即理体与象。这种
体用的思想在朱熹看来，可能略微地拉高了美学与理学比较的位阶，而不是单
方面强调理体这一个面向。

在朱熹的理论中，他最终的目的在于调和形上与形下的理论架构。这就是
说，既不能如北宋诸家一样将一切都寄托于形而上的存在，同时亦不能抛离道
德本心而流于道家。他既要警惕儒家本心不变，又要注重儒家思想与其他思想
的融合和挑战。同时，他的本心的美学追求，也在另一个角度上有辟佛的意图，
也就是将佛家所言的"空"进行儒家实体化。

---

① 朱熹撰，朱杰人、严佐之、刘永翔主编：《朱子全书》第 22 册，第 1841 页。

第三节 理学美学与儿童美学

朱熹理学美学的天然本有，决定了朱熹的儿童哲学教育开启了另外一种儿童哲学的思考维度。对于朱熹而言，无论是将儿童教育视为成人教育的一部分，还是注重家庭关系对儿童的影响，都是在试图构建一种良好的家庭美学关系。这种美学关系呈现出来的是一种愉悦的美学之感，达到了朱熹追求的"从心所欲不逾矩"的美学境界。

在朱熹看来，培养儿童结果方面的"从心所欲"是有其独特的要求的：一是要注重儿童哲学中道德本体的天然存有，儿童哲学中伦理德性的培养要占据主要位置；二是要注重美学关系在儿童哲学培养中的本体体验。朱熹让儿童受古琴等"乐文化"的教育及"武夷棹歌"中山水之情的熏陶，均体现了这一个方面。在朱熹看来，虽然理学构成了儿童哲学教育的骨架，但美学构成了儿童哲学教育不可缺少的素材。进而，我们可以说朱熹的教育思想中也存在着一种"美学本体论"。但是，这种本体论并不是说朱熹的理论中的"美学本体"有取代"理学本体"之势，而是强调抛离"理学本体"后"美学本体"的位置与作用。朱熹说："文皆是从道中流出，岂有文反能贯道之理？文是文，道是道，文只如吃饭时下饭耳。若以文贯道，却是把本为末。"[1]这里既强调了"道"的本体地位不容撼动，也强调了"文"的独特价值。

确实，朱熹的"文皆是从道中流出"，"鸢飞鱼跃"是"道体随处发现"，"满山青黄碧绿，无非天地之化流行发现"[2]，都体现了其思想中美学的迹象。而在这些思想中，诗歌常常是朱熹使用的教育手法，也是一种美学教育的典型方式。如朱熹的《读道书六首》中的第一篇：

> 严居秉贞操，所慕在玄虚。
> 清夜眠斋宇，终朝观道书。
> 形忘气自冲，性达理不余。
> 于道虽未庶，已超名迹拘。
> 至乐在襟怀，山水非所娱。

① 黎靖德：《朱子语类》，第 3305 页。
② 同上，第 2795 页。

寄语狂驰子，营营竟焉如？①

在这首诗中，朱熹展现了儿童哲学中人格教育的性、情、行三重结构。"'性'为道体赋予人的品格，'情'为人的实际体验，'行'为人的现实表现。"②于是，我们可知："美的本体既不是物质的实在，也不是先验的、外在的客观天理，而是内在的吾心的主观精神，是吾心主观精神之投射，使世界产生美的现象或带上美的意义。"③于是，朱熹这里的美学本体论强调的是对儿童心灵的一种陶冶和塑造。

在这种背景下，我们在已有的儿童哲学的教育中，不得不再重新考虑"技"与"思"在儿童哲学活动中的关联与价值。所谓"技"，主要是指儿童哲学教育的方法，如"如何促进儿童发问（类似于 PBL）"。在这种模式下，强调教育中的哲学味道或哲学形式，将儿童表现出来的"提问"当成儿童哲学成功的验证标准，这是有问题的。所谓"思"，是儿童哲学教育中呈现出来的一种状态（类似于我们常说的气质）。在"思"的思路下，儿童"说什么"并不是最重要的，而其表现出来的"行"才是衡量儿童哲学的标准。也就是说，经过儿童哲学培训后，他们不是在"言说"中要"自主权"，也不是"提出十万个为什么"，而是在行为中达到一种与他人关系的"和谐"。这种"和谐"是很难被伪装出来的，而是"心所思"后的外现。所以，我们对儿童进行哲学训练后，通过观察他是否能良好地处理与父母、同学、师长的关系，就可验证他的心智是否成熟，而不能一味强调所谓的"不要压制儿童的想象力"。

实际上，从美学的角度来看儿童，"压制儿童想象力"的命题本身就存在问题。人的想象力只能被"扭转"，而无法被"压制"或"消除"。即使在语言"洗脑"这种极端的情况中也是一样的。人的想象力不同于人的肢体，是不受人的大脑"直接控制"的，而只能被引导。这也是教育难以取得良好效果的原因，但同时也预示着人本身的自我保护能力。因此，儿童的天然本性决定了他们更喜欢图片化的教育媒体，无论是早已被使用的绘本，还是"构画脑中图像"的故事叙说，都已经证明了这一点。

实际上，朱熹的儿童哲学的目标，很大一部分是建立"道德意志"与"美

① 朱熹撰，朱杰人、严佐之、刘永翔主编：《朱子全书》第 20 册，第 236 页。
② 张立文：《朱熹大辞典》，上海：上海辞书出版社，2013 年，第 419 页。
③ 潘立勇：《朱子理学美学》，第 24 页。

学熏陶"联合发展的一种中和。他这一点与张载的"造化之功，发乎动，毕达乎顺，形诸明，养诸容，载遂乎悦，润胜乎健，不匮乎劳，终始乎止。健、动、陷、止，刚之象；顺、丽、入、说，柔之体"。①有着近似的理解。可以说，朱熹的"理学醉心于心性问题却不局限于理学的圈囿，而是突破现实理学纲常的视野而进入对世界本源等形上问题的探讨：它不是以人本身来说明人，而是从宇宙本体角度论证人的本体，把人的存在、人的本性、人之所以为人的价值，提高到宇宙本原的高度，而赋予人生和世界以真实、永恒和崇高的意义"②。至此，将儿童哲学的讨论上升到一定高度后，便可发现突破现有儿童哲学发展弊端的一条路径。

　　潘立勇认为："'天人合一'作为理学家的最高理想境界，更是充满了美学的色彩。"③在这一层面上，"主体通过直觉认识和自我体验实现同宇宙本体的合一……实现人和自然有机的统一"④。这里，"真理境界、理学境界和审美境界"在"诚""仁""乐"三个范畴中和谐统一。对以上三者的整合，反映了主体精神与宇宙本体合一的真理境界，主体意识与"生生之理"合一的道德情感，以及主观目的性和客观规律性合一的审美旨趣。

　　　　审美的精神实质在于通过以令人愉悦为主的情感体验，消融主客体之间的矛盾而达到精神的自由，理学家追求的理想境界以及实现这种境界的工夫，都深刻地包含着这种审美精神。⑤

因此，"孔颜乐处"是朱熹儿童哲学思想研究的一个内有的追求，同时也是朱熹美学教育思想的一个典型特征。我们不妨从朱熹的诗作来加以感受，如：

　　　　纷华扫退性吾情，外乐如何内乐真。
　　　　礼义悦心衰有得，穷通安分道常伸。
　　　　曲肱自得宣尼趣，陋巷何嫌颜子贫。
　　　　此意相关禽对语，濂溪庭草一般春。⑥

---

① 张载：《张载集》，第 52 页。
② 潘立勇：《朱子理学美学》，第 10—11 页。
③ 同上，第 26 页。
④ 同上。
⑤ 同上，第 27 页。
⑥ 转引自潘立勇《朱子理学美学》，第 28—29 页。

又如《曾点》：

> 春服初成丽景迟，步随流水玩晴漪。
> 微吟缓节归来晚，一任轻风拂面吹。①

这是朱熹儿童哲学教育思想中对"孔颜乐处"最真实的写照。朱熹最著名的诗《观书有感二首·其一》，更能体现这一点。

> 半亩方塘一鉴开，天光云影共徘徊。
> 问渠那得清如许？为有源头活水来。②

在朱熹看来，将道德精神与审美体验融为一体，才是儒家应该持有的人生态度和人生追求。这种人生境界，是"胸次悠然，直与天地万物上下同流，各得其所之妙，隐然自见于言外"③的飘逸洒落、超然物外的人生境界。它既体现了"超功利的精神境界"④，也体现了"道德人生的审美境界"⑤。因此，他对儿童的教育，也是遵循这一方向而进行的。

　　总之，可简单概括地说，朱熹的儿童哲学是其理学框架内一个独特的存在。同时，他理学体系中含有美学的因素，也导致了他的儿童哲学最终也含有美学的内容。潘立勇说：

> 　　理学范畴系统始于本体论而终于境界论，这种境界即天地境界，也即本体境界……在这种以主体情感体验中的"天人合一"为人生最高极致的范畴系统中，包含着丰富而深刻的美学内涵，道德人生的审美体验成为理学境界和工夫中的必不可少的内容。⑥

也就是说，朱熹的美学是融合在理学思想系统中的，又是理学思想的一个再升华。我们在思考他的儿童哲学时，这一点也是不可忽视的。他的理学思想之所

---

① 朱熹撰，朱杰人、严佐之、刘永翔主编：《朱子全书》第 20 册，第 285 页。
② 同上，第 286 页。
③ 朱熹：《四书章句集注》，第 124 页。
④ 潘立勇：《朱子理学美学》，第 29 页。
⑤ 同上。
⑥ 同上，第 33 页。

以精彩，是因为对美学的追求是其中不可缺少的一环。他的儿童哲学之所以需要被关注，对美学的追求也是一个重要的原因。

结　语

从朱熹的理学美学视角来观看其儿童哲学，便可发现他的儿童哲学思想发展到了一个新的高度。在这种思维下，儿童哲学的教育不再只是思维的引导，还有情感的共鸣。在朱熹构建的以父母子女为核心的家庭关系中，美感的愉悦性也是其一直追求的目标之一。

在已有的儿童哲学教育中，我们过多地强调儿童的"反思"和对"问题意识"的"培养"，而对"反思"和"问题"的展示方式有所忽略。比如说，当儿童向父母提出问题时，是采用"疑问"语气还是"质问"语气，是"诚心求问"还是"不屑应付"，均反映出我们在儿童哲学教育中要思考的关键问题。

我们对儿童进行儿童哲学培训，最终的目的不是培养几个哲学家，而是通过对儿童进行哲学训练，使其以更加恰当的方式处理社会关系，并使其在关系中受益。实际上，我们开发儿童的智慧，其最终落脚点也是让儿童处理好人与人之间的关系。相较而言，智力的培养反倒是其次的。

良好的家庭关系与社会关系，是儿童未来发展的基石。在儿童哲学的教育中，对儿童主体的强调，不能以牺牲儿童的社会关系为代价。而在这些众多的关系中，家庭关系是儿童哲学不可回避的重要一环。因此，当马修斯提出父母要向儿童放权的主体性强调时，是否已经将儿童哲学的发展引向了另外一条不归路？于是，我们需要反思的是，在构建儿童哲学的培养方案时，是否有必要警惕法学思维对教育的干扰，而以德性思维和美学思维进行取代？当然，这注定是一个任重而道远的事情，需要儿童哲学的实践者们一步步地探索。

第十章

儿童哲学与问题导向学习

　　南宋官学的不兴造成了以书院为主体的民间办学的风气盛行。在这个背景下，书院成了儒生们的主要求学管道。这种以普通士人为主的书院教学方法，在某种程度上与问题导向学习的教学方法有一定的类似之处。同时，作为书院模式的典型代表，朱熹的教育方法在其实践中常蕴含着"问题导向学习"教育思想的萌芽。在朱熹及其弟子的存世文本中，师生对话和经文讲解成为这种书院教学的一个主要特征。不同于古文运动前的师训弟背的授课模式，问答法是朱熹与弟子进行教学交流时颇为重视的部分。于是，在朱熹的授学过程中，我们可以发现问题导向学习方式的端倪。《朱子语类》的诸种记录，便是这一现象的典型证明。

　　问题导向学习的教学方式在幼年朱熹的身上便有所体现。《朱熹年谱》记载：

　　　　三年癸丑（一一三三），四岁。先生幼颖悟庄重，甫能言，韦斋指天示之曰："天也。"问曰："天之上何物？"韦斋异之。①

可以说，朱熹年幼时期至少接触过类似 PBL（Problem-Based Learning 简写，意为问题导向学习）的学习模式。需要指出的是，"南宋的 PBL"与从西方传入的 PBL 二者在本质上存在着一定的差别，不能将二者视为同一种东西。但南宋以来的教育使得我们有可能将观察的视角反转，用当代"问题导向学习"的模式来与南宋时期的蒙学教育思想对接，发掘古代儿童教育思想的新内涵。特别是较有代表性的朱子学的教学思想，对其的新研究可以为当代 PBL 教学提供一定的借鉴，亦可为我们探索出教学过程中的一条新路。这对当今主张的"返璞归真""古为今用"的教学理念具有一定的借鉴意义。同时，在中西思想交融

---

① 王懋竑：《朱熹年谱》，北京：中华书局，1998 年，第 2 页。

的时代背景下，研究中国古代的教学理念与西方当代教学理念的交融对当代教育的反哺，也具有一定的理论价值。

在儿童哲学的现实践行中，PBL 这种教学法也需要被关注。"问题导向学习"与"问题意识"是当代儿童哲学研究、教学的一体两面，二者对开拓儿童思维，引导儿童进行语境学习，变革枯燥冗长的说教式教学方法意义重大。PBL 的应用与西方哲学教育实践的结合也为其与中国哲学的结合提供了经验。在这一背景下发掘中国哲学与 PBL 教学的结合就存在着可能性。朱子理学是中国哲学中较具代表性的思想学说，对其进行 PBL 教学的窥探，可以发掘出更多较有意义的经验和教训，进而为 PBL 教育的进一步推行提供借鉴。基于此，我们从 PBL 的界定出发，围绕其在应用中出现的弊端及与西方哲学相结合的经验，阐述其与朱子理学教学、研究结合的可能性，并以此为基点，重构 PBL 与问题意识在理论层面的位阶，为 PBL 理念的实行和中国哲学教学的发展提供参考。

第一节　从"问题导向学习"方法到问题意识

一、"问题导向学习"的界定

"问题导向学习"的方法源于 20 世纪 70 年代初加拿大麦克玛斯特大学（McMaster University）医学院①的研究成果。它由霍华德·巴罗斯（Howard Barrows）率先使用，是为近二十年来中国教育研究者所普遍试用的一套全新的教学方法。这种方法注重在教育活动中培养学生知识整合、解决问题、开拓求新及团队攻关等诸多能力，在一定程度上化解了当代教育方法中出现的单一性教学的弊端。在现有众多的研究文献中，出现了诸多关于问题导向学习的定义。其中，张朵认为：

> 问题导向学习是一种以问题为中心，以学生为主体，以教师为指导的学习法。它注重在真实的情景中通过对问题的探索调动学生的积极性和主动性，培养学生的学习兴趣。同时，教师指导学生运用所学知识分析问题并解决问题，以此提高学生的综合语言运用能力。②

---

① 尤煌杰：《"以问题为基础的学习"（PBL）教学法在"哲学概论"课程的应用》，《哲学与文化月刊》2007 年第 9 期，第 5 页。

② 张朵：《问题导向学习在高中英语阅读教学中的应用研究》，天水师范学院硕士论文，2019 年，第 3 页。

在张朵看来，国内外学者关于 PBL 的定义很多，如 problem-based learning, problem-oriented learning, problem-based learning method, problem-based learning mode, problem-centered learning。①通过这些定义，我们基本把握了"问题导向学习"方法涵盖的主要方向。

邬英英指出：

> PBL 是 Problem-Based Learning 的简称，译作"问题导向学习"，又译"探究式学习""问题式学习""问题本位学习"等。PBL 教学模式以问题为导向，以解决问题为主线，通过学生的自主探究、交流讨论、小组合作等手段去解决复杂的、真实的问题，以习得隐含于问题背后的知识，培养学生自主探究问题、分组合作解决问题、再对解决后的问题进行反思的能力。②

这里进一步说明了 PBL 的方法论意义。除此之外，陈辰等也指出：

> PBL 学习模式的起点，是认知学习的主轴所在。当学习者面临问题时，为了了解和解决问题，或者从最低的思考层次，即从已知的知识入手，必要时再搜集相关的资料，在了解了问题或知道了答案后就终止了学习过程。③

以上的论述基本上将"问题导向学习"具有的"问题"方法论内容和研究面向介绍清楚了。

结合上述学者的研究，可以推知"问题导向学习"的核心为"问题"本身，即哲学教学中的"问题意识"导向。它是一种强调以"问题"为核心的思考路径。因此，它并非只体现教育应用中的"问题导向学习"教学方法的现象层面，而是含射了其方法论背后的理论本质。因此，只有挖掘出问题意识本身，才能避免问题导向学习在应用过程中不出现过大的失误，避免在实际教学效果

---

① 张朵：《问题导向学习在高中英语阅读教学中的应用研究》，第 5 页。
② 邬英英：《基于问题导向的翻转课堂教学模式实践研究》，《西昌学院学报》2019 年第 31 期，第 120 页。
③ 陈辰、刘微微：《"互联网+"视域下以 PBL 问题导向高层次思考的移动学习模式探讨》，《长春教育学院学报》2019 年第 9 期，第 30 页。

上出现南辕北辙的现象。

二、"问题导向学习"在应用中的弊端

"问题导向学习"在我国的应用多以中、小学的儿童教育改革为主，近几年来逐渐在大中专院校开始推广。由于在应用过程中弊端常现，因此它常常与翻转课堂（Flipped Classroom）一起联合使用，并在近些年来逐渐成为一种发展趋势。根据陈辰等的研究，PBL 在儿童教育中存在着以下问题：

> 1. 分组学习容易造成部分学生被动学习或另一部分学习者的任务又过于沉重。
> 2. 同伴之间容易造成学习排挤效应，不利于后续学习的推广。
> 3. 购置学习设备会给学生家长带来经济负担……PBL 教学所需要的时间较长，教学情境的安排较为复杂，教师需要较多的备课时间，在教学步骤上也需要重新调整……①

但是，翻转课堂在应用过程中也存在着一些限制与弊端。根据孙宏扬的研究，其主要表现为：一是应用翻转课堂所要求的高素质与教师实际素质不匹配的问题；二是学生的自主性和自控性不受控制后容易产生脱离学习任务的问题。②

基于此，部分学者寄希望于将两者结合使用以避免两者各自带来的弊端，这便是两者在一定时间内呈现出融合使用趋势的主要原因。

> 翻转课堂的先学后教强调学生的自主学习探究能力；PBL 教学模式关注问题的探究及其解决，亦强调学生自主学习探究能力的培养，这两者之间存在共通性……翻转课堂的应用弥补了 PBL 教学耗时费力的不足……PBL 模式的应用弥补了翻转课堂上配套的课外自主学习资源和系统化的微课资源的缺乏，从而使翻转课堂的线上任务有明确的导向性和指向性。③

---

① 陈辰、刘微微：《"互联网+"视域下以 PBL 问题导向高层次思考的移动学习模式探讨》，《长春教育学院学报》2019 年第 9 期，第 34 页。
② 孙宏扬：《翻转课堂在实际教学中的弊端及对策研究》，《兰州教育学院学报》2017 年第 10 期，第100—101 页。
③ 邬英英：《基于问题导向的翻转课堂教学模式实践研究》，第 120 页。

总的来说，尽管翻转课堂与 PBL 的结合克服了两者在实践中出现的诸多问题，但从整体的教学反映来看，效果并不明显。秦瑜指出："PBL 教学法的最大特色是最大限度地引导学生进行主动学习，在以团队为动力的学习活动中，要求每一个学生都要积极参与。"①然而在实际教学过程中，教师难以区分自己在课堂上的主导性和主体性，最终的结果往往是课堂教学实践演变成"存有专业名称的游戏"。"除此之外，教师（还）要能够忍受学生在讨论过程中表现出来的过激情绪，包括自负、话多、爱表现，等等。"②这为教师带来较大的身心挑战。加之儿童在期末检验中难以取得理想的成绩，使得这种教学方式难以得到持续且广泛的推动。

另外，翻转课堂和目前的 PBL 教学过于重视"形式"，对 PBL 的核心即问题意识的忽略往往导致 PBL 的教学难以达到启迪儿童思考、了解和解决问题的目的。关超然指出，PBL 的引入也带来了一定的教训：一是对 PBL 理念的混淆与误解，即只将 PBL 视为一种独特的教学方法，而不是一种多元化的教育理念；二是 PBL 专业训练与管理素质的欠缺，缺乏有计划、有远见、专业的设计与训练；三是 PBL 课程与教案设计不良，使之只局限在某一个固定学科中进行有限的展开；四是劣质、表面化的 PBL 充斥泛滥，师生职责杂糅不清、混合难辨。③

因此，如果在 PBL 方法的应用过程中缺乏对"问题意识"的重视及引导，而只将 PBL 简单视为一种应用方法而不是一种思考理念，那么在实际的教学应用中会出现形式大于内容等诸多问题。"问题导向学习"的前提和核心应该回归"问题"本身，不应该只是简单的师生角色互换。也就是说，PBL 方法的核心应该是回归"问题意识"本身，而不能只停留在"方法"的外显上。否则，在 PBL 的应用中，弊端就难以被排除，这也不利于 PBL 在实际教学中的开展。

三、问题意识对"问题导向学习"的补充

要解决"问题导向学习"应用中的弊端，就需要确认"问题导向学习"的

---

① 秦瑜：《PBL 教学法在〈西方哲学导论〉通识课程中的应用探索》，《教育教学论坛》2017 年第 39 期，第 169 页。

② 尹晓兵：《PBL 教学模式在高校转型期的应用——以哲学导论课程为例》，《许昌学院学报》2017 年第 4 期，第 147 页。

③ 关超然、李孟智：《问题导向学习之理念、方法、实务与经验》，北京：北京大学医学出版社，2015 年，第 9—11 页。

核心是"问题意识"。所以，当"问题导向学习"与"儿童教育"相结合的时候，其就具有了儿童哲学的面向。进而，我们将"问题导向学习"从方法论意义提升到哲学层面来讨论。那么，何为问题意识？从大的方面来讲，"问题意识有其独特的学理逻辑，大致应包括发现问题、界定问题、综合问题、解决问题、验证问题，这些环节构成了学术研究中的问题意识"[1]。从小的方面来说，哲学的问题意识是指以形上学、知识论、伦理学为研究范围，以问题为思考起点，并以问题研究为核心提出相应的解决建议的研究方式。对问题意识的注重有助于我们重新反思"问题导向学习"在应用中频繁出现的形式大于内容的问题。同时，对问题意识的确认也有助于使问题导向学习接近其理论的实质内涵，避免问题导向学习在应用过程中的诸多失误。

目前较为流行的"问题导向学习"主要在现象层面得以显现，其方法论思想本身也停留在形式层次。因此，它产生的问题和它携带的偏见就难以避免。崔天兴指出：

> 人类在发展中通过知识生产、积累和传承解决问题。学科是已获知识的一种组织形式。学科一旦定型，研究者仅从自己设定的领域里自说自话，使问题逐渐脱离实践，最终隐匿了问题。[2]

因此，在 PBL 实践教育中出现的或好或坏的反馈也就不足为怪了。哲学思考世界的本源问题，也即世界发展的本质、相对稳定的根本问题。因此，只有让"问题导向学习"紧紧围绕问题意识本身展开，才能在实践中确立标准内涵，回归形式与内容相兼顾的理想状态。问题意识作为思考的核心内容，在一定程度上也是哲学思考与历史探求及文学考证的一个典型特征。因此，在哲学的形上学、知识论和伦理学教学的实践中，只有坚持问题意识，才可能避免其与问题导向学习结合的实践中出现多头并序、杂乱无章的现象。

第二节 "问题导向学习"方法与中国哲学研究

以"问题意识"为核心的"问题导向学习"方法，可以成为我们理解中国

---

① 崔天兴：《从方法导向到问题意识的教学模式转变和思考》，《当代教育实践与教学研究》2018 年第 9 期，第 59 页。

② 同上。

古代思想的一种方便快捷的方式。因此，在对待中国古代思想时，我们可将两种思想与之嫁接，这有助于我们的研究更接近研究材料的本来面貌。

一、问题意识与中国哲学研究方法的结合

将问题意识作为当代的研究理念，可便于我们将思考聚焦，以避免产生不必要的讨论。因此它一直为当代学者所采用。牟宗三、唐君毅、陈来等，均采用了以问题意识为核心的研究取向。以问题意识为核心，围绕形上学、知识论和伦理学的范围而展开研究成为学者从事研究的一个主要选择。在朱子学的研究中，这种方法也曾频繁被学者使用。

牟宗三在《心体与性体》中，主要是针对朱熹四十岁前后的"中和新说"和"中和旧说"两个核心问题来展开说明的。唐君毅在分析中国哲学思考时也视问题意识为其主要方法。他在《中西哲学思想之比较论文集》中谈论了中西哲学所着重的问题不同、天道何以见问题、天道之善问题、人性之善问题。他也习惯于使用问题意识分析方法来重新理解中国哲学。[①]

陈来的《朱子哲学研究》，就以理气问题、心性问题、格物和致知问题作为其立论的主要框架和思考点。在各个大问题下，衍生出理气先后、太极无极、已发未发、性情之辨及格物穷理等小问题。于是，以问题意识为核心线索，以朱子学存世文稿为材料支撑，成为陈来研究朱子学的主要方式。为此，陈来特意在书的序言中写道：

> 本书（《朱子哲学研究》）是以问题为主的专题研究，我认为哲学问题是把握理论思维的基本途径，因而本书不孤立地讨论范畴，作者对朱熹哲学基本范畴的理解已充分体现在对问题的讨论之中，事实上，离开哲学问题去讨论范畴是不可能的。[②]

从以上来看，问题意识作为中国哲学研究中的一种重要方法，本身就涵盖了哲学讨论的核心内容。以问题意识作为当代较为流行的教学方法模式，符合中国哲学研究理念的发展趋势。因此，我们需要在吸收前人的成果后进一步做好两者的嫁接工作，这便成了我们这个时代的课题之一。

---

① 唐君毅：《中西哲学思想之比较论文集》，北京：九州出版社，2002 年，第 38—41 页。
② 陈来：《朱子哲学研究》，北京：生活·读书·新知三联书店，2012 年，第 9 页。

二、"问题导向学习"与中国哲学的融合

尤煌杰在 2007 年发表的《"以问题为基础的学习"（PBL）教学法在"哲学概论"课程的应用》一文中指出："PBL 的哲学基础包含苏格拉底之问题辩证进路，也融贯黑格尔的正反合辩证法。"①他在此文中阐述了 PBL 与哲学学科教学与研究相结合的尝试。2008 年，他又在《PBL 与哲学："以问题为基础的学习"（PBL）教学法在"西方美学理论及其批判"课程的应用》一文中点明了回归哲学探究的精神与重新审视哲学课程教学相融合的企图。他指出：

> 在哲学教育的历程上，缅怀古希腊时期，苏格拉底、柏拉图皆是利用对话的方式引导哲学的爱好者；而亚里士多德在体育馆中设立学院，以散步的方式与学生边走边谈哲学的道理。这些古代的哲学教学方式，随着时代的变迁，逐渐消失……哲学教育原本应有的思想互动的功能，变成单向的知识概念的传授。如今，在医学教育上首先对其教学缺失提出积极的反省与检讨，继而出现 PBL 教学法，援引古代苏格拉底对话法作为此法的中心思想之一，让固守在哲学园地的教学工作者，才猛然发现这种风靡各学术圈的教学法，竟然源自自家的哲学精神。②

尤煌杰在此点明了 PBL 教学理念与哲学的关联。于是，我们借助这种研究基础来探索 PBL 与中国哲学的联系与渊源便有了一定的可能性。

中国哲学的教育文本中较能体现这种思想的，一为记录孔子及其弟子言行的《论语》，一为记录朱熹及其弟子言行的《朱子语类》。③两种文本在题材上均为语录体，是古代教学的一种典型模式。从某种程度上说，两种文本均可见苏格拉底之问题辩证进路及黑格尔的正反合辩证法的一些痕迹。如《论语》对"仁"的解读：

---

① 尤煌杰：《"以问题为基础的学习"（PBL）教学法在"哲学概论"课程的应用》，《哲学与文化》2007 年第 9 期，第 5—6 页。
② 尤煌杰：《PBL 与哲学："以问题为基础的学习"（PBL）教学法在"西方美学理论及其批判"课程的应用》，《哲学与文化》2008 年第 5 期，第 112 页。
③ 本文只介绍两种，当然还有其他，如王阳明《传习录》等。

子曰："唯仁者能好人，能恶人。"（《论语·里仁》）

樊迟问仁，曰："仁者先难而后获，可谓仁矣。"（《论语·雍也》）

子曰："知者乐水，仁者乐山；知者动，仁者静；知者乐，仁者寿。"（《论语·雍也》）

夫仁者，己欲立而立人，己欲达而达人。能近取譬，可谓仁之方也已。（《论语·雍也》）

子曰："巧言令色，鲜矣仁。"（《论语·阳货》）

子曰："志士仁人，无求生以害仁，有杀身以成仁。"（《论语·卫灵公》）

子曰："博学而笃志，切问而近思；仁在其中矣。"（《论语·子张》）

这在一定程度上体现出以问题为核心的教学方法以及以正反合为中心的教学模式。同样，《朱子语类》中大量的记录也多体现这种模式。朱熹对弟子讲述《大学》精义时，多以"生问师答"的方式进行。如朱熹讲述"传一章释明明德"：

问"克明德"。曰："德之明与不明，只在人之克与不克耳。克，只是真个会明其明德。"

问明德、明命。曰："便是天之所命谓性者。人皆有此明德，但为物欲之所昏蔽，故暗塞尔。"

自人受之，唤做"明德"；自天言之，唤做"明命"。今人多鹘鹘突突，一似无这个明命。若常见其在前，则凛凛然不敢放肆，见许多道理都在眼前。又曰："人之明德，即天之明命。虽则是形骸间隔，然人之所以能视听言动，非天而何。"问"苟日新，日日新"。曰："这个道理，未见得时，若无头无面，如何下工夫。才剔拨得有些通透处，便须急急蹑踪趱乡前去。"①

从朱熹与弟子们的对话中可以看出 PBL 教学的痕迹，即教师确定讨论主题，学生发问而老师做答。在学习过程中学生提问的方向不同，不是简单跟随老师的话语，而是有所发挥，从而启迪自我的心智。于是，我们似乎可以得出结论：

---

① 黎靖德：《朱子语类》，第 315 页。

虽然 PBL 方法自西方引入，但发掘其与中国哲学对接的可能性后，可发现其与中国传统教育方法多有相像。诚如尤煌杰所言：猛然发现这种风靡各学术圈的教学法，竟然源自自家的哲学精神。

三、问题意识和问题导向与中国哲学的结合

以《朱子语类》为例，"问题导向学习"理念侧重于问题导向的实质，即问题意识。这与中国美学研究中注重的显—隐两个因素有一定类似，即二者相较而言更重视的是"隐"而不是"显"。《论语》与《朱子语类》记录的教学情境与授课方式，是紧紧围绕一个核心问题而展开的，而非类似西方哲学中常见的拓展式研究。《论语》中师生的讨论不能离开"仁"的框架，《朱子语类》中记载的讨论也不能离开道、理、性、心、仁等核心问题。也就是说，如果西方哲学是拓展式的向外延伸，那么中国哲学则是围绕问题意识的向内探索。于是，我们可以确定的是中国哲学的研究主要是重视"问题意识"对"问题导向学习"的约束，进而达到"问题意识"对"问题导向学习"的促进。中西哲学在"问题导向学习"和"问题意识"方面有完全不同的研究取向。

因此，我们不能一味地鼓励学生多发问，而是要鼓励学生在 PBL 理念的框架下产生合理的问题意识。这个"合理"虽不一定代表着合真理性，但是这种提问的前提是遵循合主题、遵逻辑、重显隐的规则。这基本上就是朱熹儿童哲学要达到的教学目的。否则，缺乏合理问题意识的引导，贸然采用 PBL 的方式进行教学实践，就难免产生天马行空的教学现象。于是，教师无法有效地响应学生的问题，教学过程也演化成群体的闲聊，这就丧失了 PBL 方式原有的意义。

在中国哲学的教学与研究中采用 PBL 方法时，问题意识应该成为重中之重。这样，PBL 理念与教学方法才有可能改变沉闷的中国哲学的课堂教学。在这一点上，朱子学有其独特的历史地位和文献优势，可对其做进一步的探索。

第三节　朱子学中的问题意识与问题导向窥探

一、朱子理学研究的新方法

在众多朱子学研究的文本中，思想研究成为朱子学研究的一个主要分支。从牟宗三的《心体与性体》、钱穆的《朱子新学案》，到劳思光的《新编中国哲学史》、刘述先的《朱子哲学思想的发展与完成》，以及当代陈来的《朱子哲学

研究》等文本，均是从思想角度对朱子学进行诠释。众多研究也揭示出一个现象，这便是哲学研究对朱子理学中"问题意识"的侧重。

按照亚里士多德的研究思路，哲学研究中的一个主要面向便是内容与形式的划分。这是自亚里士多德以来哲学研究中不可或缺的两个面向。我们可从这个角度来看"问题意识"和"问题导向学习"，"问题意识"可看作是哲学研究的核心内容，"问题导向学习"可看作是哲学研究的外在形式。以朱子理学研究为例，可论证理、气、道、器、性、心等核心概念是如何成为其性理学研究的问题意识的，可论证理、气、道、器、性、心的相互关系及其现实应用。例如，在这些基础上衍发出的君臣、父子等伦理学架构对现实的人的影响等研究，便是以"问题导向学习"的方式进行的。

在朱熹的儿童哲学教育过程中，采用的教育方式便是围绕仁、性、理等问题意识而展开问题导向学习。在朱熹的教育实践中，师生之间所展开的有关教育问题意识的学习最终都要回归到天理人欲、兴仁顺理的核心框架中。从这一点我们可以看出，他的伦理学教育可以理解为由人如何顺应天道、明晰性理等问题意识而形成的"问题导向学习"。朱熹说：

> 每劝学者，亦且看《孟子》"道性善""求放心"两章，着实体察收拾为要。其余文字，且大概讽诵涵咏，未须大段着力考索也。①

又说：

> 今学者皆是就册子上钻，却不就本原处理会，只成讲论文字，与自家身心都无干涉。须是将身心做根柢。②

于是，我们在《朱子语类》的大量文字中发现朱熹的教学基本上是围绕性、心等"问题意识"而展开的"问题导向学习"。也就是说，在朱子的教育思想体系中，内在的问题意识和外在的问题导向是引导儿童存理灭欲的核心部分。换个角度来说，朱熹的伦理学所期望解决的问题也在于如何劝人达性以归仁。他的做法是通过《论语》《孟子》来树立一个围绕仁、性而展开的内在问题意识

---

① 黎靖德：《朱子语类》，第 2618 页。
② 同上，第 2738 页。

导向，以达到反本归性、以仁兴国的外在效果。

二、问题意识与朱子学的"神"

朱子理学之所以成为众多学者研究的目标之一，一是因为朱子学体系庞大，内容涵盖全面且可汲取的营养较多；二是因为朱子学是宋代形、神思想结合的集大成者，它是两宋文学、哲学、艺术发展的集中表现。

北宋古文运动之前，科举多为骈体文，多重形不重神，为朱熹所批判。朱熹在《论文上》中说：

> 今东坡之言曰："吾所谓文，必与道俱。"则是文自文而道自道，待作文时，旋去讨个道来入放里面，此是它大病处。只是它每常文字华妙，包笼将去，到此不觉漏逗。说出他本根病痛所以然处，缘他都是因作文，却渐渐说上道理来；不是先理会得道理了，方作文，所以大本都差。欧公之文则稍近于道，不为空言。①

朱熹引苏轼之语，意在说明两宋文人对"形"的淡化和对"神"的重视。正如朱熹所说："道者，文之根本；文者，道之枝叶。惟其根本乎道，所以发之于文，皆道也……文便是道。"②朱熹的"道"即为其文中的"神"。但朱熹的"道"并不是一个固定的、静止的存在，他强调的是"什么是道"或"如何行道"。如《仁说》中说：

> 盖仁之为道，乃天地生物之心，即物而在，情之未发而此体已具，情之既发而其用不穷，诚能体而存之，则众善之源、百行之本，莫不在是。此孔门之教所以必使学者汲汲于求仁也。其言有曰："克己复礼为仁。"言能克去己私，复乎天理，则此心之体无不在，而此心之用无不行也。又曰："居处恭，执事敬，与人忠。"则亦所以存此心也。③

实际上，朱熹对"道"进行解读的一个核心便是引导弟子围绕如何"求道达仁"进行思想实践。他时刻围绕着以什么是道、理、仁、性、心为核心的问题

---

① 黎靖德：《朱子语类》，第3319页。
② 同上。
③ 朱熹撰，朱杰人、严佐之、刘永翔主编：《朱子全书》第23册，第3280页。

意识而展开教学，进而帮助弟子理解儒家思想的真谛和理学思想的内涵。

　　因此，朱熹教学思想中的"神"颇类似于我们今天所讲的问题意识，这既是古人做学问的一个核心内容，又是朱熹在教学过程中对两宋以来重神轻形思想的一种展现。因此，朱熹所在的时代虽未有"问题意识"这一名词，但已经产生了这种萌芽。

三、"问题导向学习"与朱子学的"形"

　　《朱子语类》是一本以问答形式来记录朱熹思想的语录集。这种方式揭示出朱熹教育思想中的"形"，即我们所说的教学方法（抑或教学理念）。它反映出来的就是朱熹采取的"问题导向学习"的外在教学方式。《朱子语类》中《理气上》一文，其内容多采取弟子提问、朱熹回答的方式来展现。如：

　　　　问："太极不是未有天地之先有个浑成之物，是天地万物之理总名否？"
　　　　曰："太极只是天地万物之理。在天地言，则天地中有太极；在万物言，则万物中各有太极。未有天地之先，毕竟是先有此理。动而生阳，亦只是理；静而生阴，亦只是理。"
　　　　问："太极解何以先动而后静，先用而后体，先感而后寂？"
　　　　曰："在阴阳言，则用在阳而体在阴，然动静无端，阴阳无始，不可分先后。"①

　　这是陈淳（朱熹的弟子）与朱熹的一段对话，选自黎靖德编辑的《朱子语类》的开篇第一卷。以下的一百四十卷均采用此种形式，此为本书的一大特色。但需要指出的是，朱熹教育思想中的"问题导向"与霍华德·巴罗斯的"问题导向学习"在形式上有一定的区别：一是前者具有学生发问、老师作答这一典型特征；后者主要为教师发问、学生作答，两者角色互换。二是前者在教育过程中给出确定答案，以让学生明事理；后者只是进行方法引导，不做具体回答，以启发学生的思考。同时，二者有一定的相似性：一是二者都在一定范围内进行讨论，不是漫无目的、没有中心的拓展；二是皆以教师为主导，通过收集学生的问题来对学生进行一定的引导。

－－－－－－－－－－

① 朱熹：《朱子语类》，第1—2页。

结　语

"问题导向学习"与"问题意识"应成为中国哲学研究教学中的一体两面，应成为当代中国哲学教学所采取并重视的一种新的方法，也是朱熹儿童哲学中两个重要的面向。二者主要表现为，前者重视教学方式和教学理念的展示，为现象层面的存在；后者注重问题教育、研究的本身，为本质层面的存在。如果在实际操作中过于注重前者，则极易造成只重形式而忽视内容，或者是形式为主、内容为辅的现象，进而有违教育的初衷。这也与 PBL 理念的真正要求相差甚远。PBL 教学理念的关键，则在于注重对教学过程中"问题意识"的培养，使讨论的问题在一个可控的核心范围内展开，进而保证 PBL 教学的有效进行。

在此基础上，西方哲学教学实践率先与 PBL 交融并进一步发展，衍生出一系列的研究成果，这是值得借鉴的。相比较而言，中国哲学与之相结合的路径还处于初级阶段，有待进一步研究。但需要明确的是，中国哲学不能完全走西方哲学融合的路径，而是要辩证地吸收前者的成果和规避前者在融合中出现的教训，这样才能使中国哲学在哲学应用上得到有效的发展。

朱熹作为中国古代思想典型代表之一，其教学理念和方式与 PBL 理念较为接近。因此，我们似乎可以借用朱熹的教学模式做一下两者结合的试验。从该试验的结果中，我们可以更明确 PBL 教学过程中"问题意识"的重要性，并以此为基础反观西方哲学及其他学科在进行 PBL 教学的过程中出现的问题，这有助于推动其他学科教学的有效发展。

附录：《小学》

朱 熹 撰

小学原序

古者小学，教人以洒扫应对进退之节、爱亲敬长隆师亲友之道，皆所以为修身、齐家、治国、平天下之本。而必使其讲而习之于幼稚之时，欲其习与智长、化与心成，而无扞格不胜之患也。今其全书虽不可见，而杂出于传记者亦多。读者往往直以古今异宜而莫之行，殊不知其无古今之异者，固未始不可行也。今颇搜辑以为此书，授之童蒙，资其讲习，庶几有补于风化之万一云尔。淳熙丁未三月朔旦晦庵题。

小学题辞

元亨利贞，天道之常。仁义礼智，人性之纲。凡此厥初，无有不善。蔼然四端，随感而见。爱亲敬兄，忠君弟长。是曰秉彝，有顺无强。惟圣性者，浩浩其天。不加毫末，万善足焉。众人蚩蚩，物欲交蔽。乃颓其纲，安此暴弃。惟圣斯恻，建学立师。以培其根，以达其支。小学之方，洒扫应对。入孝出恭，动罔或悖。行有余力，诵诗读书。咏歌舞蹈，思罔或逾。穷理修身，斯学之大。明命赫然，罔有内外。德崇业广，乃复其初。昔非不足，今岂有余。世远人亡，经残教弛。蒙养弗端，长益浮靡。乡无善俗，世乏良材。利欲纷拏，异言喧豗。幸兹秉彝，极天罔坠。爰辑旧闻，庶觉来裔。嗟嗟小子，敬受此书。匪我言耄，惟圣之谟。

内篇

立教第一

子思子曰："天命之谓性，率性之谓道，修道之谓教。"则天明，遵圣法，述此篇俾为师者知所以教，而弟子知所以学。

《列女传》曰：古者妇人妊子，寝不侧，坐不边，立不跸，不食邪味，割不正不食，席不正不坐，目不视邪色，耳不听淫声，夜则令瞽诵诗，道正事。如此，则生子形容端正，才过人矣。

《内则》曰：凡生子，择于诸母与可者，必求其宽裕慈惠、温良恭敬、慎而寡言者，使为子师。子能食食，教以右手；能言，男"唯"女"俞"；男鞶革，女鞶丝。六年，教之数与方名。七年，男女不同席，不共食。八年，出入门户及即席饮食，必后长者，始教之让。九年，教之数日。十年，出就外傅，居宿于外，学书计，衣不帛襦袴。礼帅初，朝夕学幼仪，请肄简谅。十有三年，学乐诵诗舞《勺》。成童，舞《象》，学射御。二十而冠，始学礼，可以衣裘帛，舞《大夏》。惇行孝弟，博学不教，内而不出。三十而有室，始理男事。博学无方，孙友视志。四十始仕，方物出谋发虑，道合则服从，不可则去。五十命为大夫，服官政。七十致事。女子十年不出，姆教婉娩听从。执麻枲，治丝茧，织纴组紃，学女事，以共衣服。观于祭祀，纳酒浆笾豆菹醢，礼相助奠。十有五年而笄，二十而嫁。有故，二十三年而嫁。聘则为妻，奔则为妾。

《曲礼》曰：幼子常视毋诳，立必正方，不倾听。

《学记》曰：古之教者，家有塾，党有庠，术有序，国有学。

孟子曰：人之有道也，饱食暖衣、逸居而无教，则近于禽兽。圣人有忧之，使契为司徒，教以人伦，父子有亲，君臣有义，夫妇有别，长幼有序，朋友有信。

舜命契曰："百姓不亲，五品不逊。汝作司徒，敬敷五教，在宽。"命夔曰："命汝典乐，教胄子，直而温，宽而栗，刚而无虐，简而无傲。诗言志，歌永言，声依永，律和声。八音克谐，无相夺伦，神人以和。"

《周礼·大司徒》曰：以乡三物教万民而宾兴之：一曰六德，知、仁、圣、义、忠、和；二曰六行，孝、友、睦、姻、任、恤；三曰六艺，礼、乐、射、御、书、数。以乡八刑纠万民：一曰不孝之刑，二曰不睦之刑，三曰不姻之刑，四曰不弟之刑，五曰不任之刑，六曰不恤之刑，七曰造言之刑，八曰乱民之刑。

《王制》曰：乐正崇四术，立四教，顺先王诗书礼乐以造士。春秋教以礼乐，冬夏教以诗书。

《弟子职》曰：先生施教，弟子是则。温恭自虚，所受是极。见善从之，闻义则服。温柔孝弟，毋骄恃力。志毋虚邪，行必正直。游居有常，必就有德。颜色整齐，中心必式。夙兴夜寐，衣带必饬。朝益暮习，小心翼翼。一此不懈，是谓学则。

孔子曰：弟子入则孝，出则弟，谨而信，泛爱众而亲仁，行有余力，则以学文。

兴于诗，立于礼，成于乐。

《乐记》曰：礼乐不可斯须去身。

子夏曰：贤贤易色，事父母能竭其力，事君能致其身，与朋友交言而有信，虽曰未学，吾必谓之学矣。

明伦第二上

孟子曰："设为庠序学校以教之，皆所以明人伦也。"稽圣经，订贤传，述此篇以训蒙士。

《内则》曰：子事父母，鸡初鸣，咸盥漱栉纵笄总，拂髦，冠緌缨，端鞸绅，搢笏，左右佩用，偪屦着綦。妇事舅姑，如事父母：鸡初鸣，咸盥漱栉纵笄总，衣绅，左右佩用，衿缨，綦屦，以适父母、舅姑之所。及所，下气怡声，问衣燠寒，疾痛苛痒，而敬抑搔之。出入则或先或后，而敬扶持之。进盥，少者奉槃，长者奉水，请沃盥。盥卒，授巾。问所欲而敬进之，柔色以温之。父母、舅姑必尝之而后退。男女未冠笄者，鸡初鸣，咸盥漱栉纵，拂髦，总角，衿缨，皆佩容臭。昧爽而朝，问何食饮矣。若已食则退，若未食则佐长者视具。

凡内外，鸡初鸣，咸盥漱，衣服、敛枕簟，洒扫室堂及庭，布席，各从其事。

父母、舅姑将坐，奉席，请何乡。将衽，长者奉席，请何趾。少者执床与坐。御者举几，敛席与簟，县衾，箧枕，敛簟而襡之。父母、舅姑之衣衾簟席枕几，不传；杖屦，只敬之，勿敢近；敦牟卮匜，非馂莫敢用；与恒饮食，非馂，莫之敢饮食。

在父母、舅姑之所，有命之，应唯敬对，进退周旋慎齐。升降出入揖游，不敢哕噫、嚏咳、欠伸、跛倚、睇视，不敢唾洟。寒不敢袭，痒不敢搔。不有敬事，不敢袒裼。不涉不撅。亵衣衾不见里。父母唾洟不见。冠带垢，和灰请漱。衣裳垢，和灰请澣。衣裳绽裂，纫箴请补缀。少事长，贱事贵，共帅时。

《曲礼》曰：凡为人子之礼，冬温而夏凊，昏定而晨省。出必告，反必面。所游必有常，所习必有业。恒言不称老。

《礼记》曰：孝子之有深爱者，必有和气；有和气者，必有愉色；有愉色者，必有婉容。孝子如执玉，如奉盈，洞洞属属然，如弗胜，如将失之。严威俨恪，非所以事亲也。

《曲礼》曰：凡为人子者，居不主奥，坐不中席，行不中道，立不中门。食飨不为槩，祭祀不为尸。听于无声，视于无形。不登高，不临深，不苟訾，不苟笑。

孔子曰：父母在，不远游，游必有方。

《曲礼》曰：父母存，不许友以死。

《礼记》曰：父母在，不敢有其身，不敢私其财，示民有上下也。父母在，馈献不及车马，示民不敢专也。

《内则》曰：子妇孝者敬者，父母舅姑之命，勿逆勿怠。若饮食之，虽不耆，必尝而待。加之衣服，虽不欲，必服而待。加之事，人代之，己虽不欲，姑与之，而姑使之，而后复之。

子妇无私货，无私畜，无私器，不敢私假，不敢私与。妇或赐之饮食、衣服、布帛、佩帨、茝兰，则受而献诸舅姑。舅姑受之则喜，如新受赐；若反赐之，则辞；不得命，如更受赐，藏以待之。妇若有私亲兄弟，将与之，则必复请其故，赐而后与之。

《曲礼》曰：父召无诺，先生召无诺，唯而起。

《士相见礼》曰：凡与大人言，始视面，中视抱，卒视面，毋改。众皆若是。若父，则游目，毋上于面，毋下于带。若不言，立则视足；坐则视膝。

《礼记》曰：父命呼，唯而不诺；手执业，则投之；食在口，则吐之；走而不趋。亲老，出不易方，复不过时。亲癠，色容不盛。此孝子之疏节也。父没，而不能读父之书，手泽存焉尔；母没，而杯圈不能饮焉，口泽之气存焉尔。

《内则》曰：父母有婢子，若庶子庶孙，甚爱之，虽父母没，没身敬之不衰。子有二妾，父母爱一人焉，子爱一人焉，由衣服饮食，由执事，毋敢视父母所爱，虽父母没不衰。

子甚宜其妻，父母不说，出。子不宜其妻，父母曰"是善事我"，子行夫妇之礼焉，没身不衰。

曾子曰：孝子之养老也，乐其心，不违其志；乐其耳目，安其寝处，以其饮食忠养之。是故父母之所爱亦爱之，父母之所敬亦敬之，至于犬马尽然，而况于人乎？

《内则》曰：舅没则姑老，冢妇所祭祀宾客，每事必请于姑。介妇请于冢妇。舅姑使冢妇，毋怠，不友无礼于介妇。舅姑若使介妇，毋敢敌耦于冢妇，不敢并行，不敢并命，不敢并坐。凡妇不命适私室，不敢退。妇将有事，大小必请于舅姑。

适子庶子，只事宗子宗妇。虽贵富，不敢以贵富入宗子之家。虽众车徒舍于外，以寡约入，不敢以贵富加于父兄、宗族。

曾子曰：父母爱之，喜而不忘；父母恶之，惧而无怨；父母有过，谏而不逆。

《内则》曰：父母有过，下气怡色，柔声以谏。谏若不入，起敬起孝。说，则复谏；不说，与其得罪于乡党州闾，宁孰谏。父母怒，不说而挞之流血，不敢疾怨，起敬起孝。

《曲礼》曰：子之事亲也，三谏而不听，则号泣而随之。

父母有疾，冠者不栉，行不翔，言不惰，琴瑟不御，食肉不至变味，饮酒不至变貌，笑不至矧，怒不至詈。疾止复故。

君有疾，饮药，臣先尝之；亲有疾，饮药，子先尝之。医不三世，不服其药。

孔子曰：父在观其志，父没观其行，三年无改于父之道，可谓孝矣。

《内则》曰：父母虽没，将为善，思贻父母令名，必果；将为不善，思贻父母羞辱，必不果。

《祭义》曰：霜露既降，君子履之，必有凄怆之心，非其寒之谓也。春，雨露既濡，君子履之，必有怵惕之心，如将见之。

《祭统》曰：夫祭也者，必夫妇亲之，所以备内外之官也。官备则具备。

君子之祭也，必身亲莅之。有故，则使人可也。

《祭义》曰：致齐于内，散齐于外。齐之日，思其居处，思其笑语，思其志意，思其所乐，思其所嗜。齐三日，乃见其所为齐者。祭之日，入室，僾然必有见乎其位；周还出户，肃然必有闻乎其容声；出户而听，忾然必有闻乎其叹息之声。是故先王之孝也，色不忘乎目，声不绝乎耳，心志嗜欲不忘乎心。致爱则存，致悫则著，著存不忘乎心，夫安得不敬乎？

《曲礼》曰：君子虽贫，不粥祭器；虽寒，不衣祭服；为宫室，不斩于丘木。

《王制》曰：大夫祭器不假。祭器未成，不造燕器。

孔子谓曾子曰：身体发肤，受之父母，不敢毁伤，孝之始也。立身行道，扬名于后世，以显父母，孝之终也。夫孝始于事亲，中于事君，终于立身。爱亲者，不敢恶于人；敬亲者，不敢慢于人。爱敬尽于事亲，而德教加于百姓，刑于四海，此天子之孝也。在上不骄，高而不危，制节谨度，满而不溢，然后能保其社稷，而和其民人，此诸侯之孝也。非先王之法服不敢服，非先王之法言不敢道，非先王之德行不敢行，然后能保其宗庙，此卿大夫之孝也。以孝事君则忠，以敬事长则顺，忠顺不失，以事其上，然后能守其祭祀，此士之孝也。用天之道，因地之利，谨身节用以养父母，此庶人之孝也。故自天子至于庶人，孝无终始，而患不及者，未之有也。

孔子曰：父母生之，续莫大焉。君亲临之，厚莫重焉。是故不爱其亲而爱他人者，谓之悖德；不敬其亲而敬他人者，谓之悖礼。

孝子之事亲，居则致其敬，养则致其乐，病则致其忧，丧则致其哀，祭则致其严。五者备矣，然后能事亲。事亲者居上不骄，为下不乱，在丑不争。居上而骄则亡，为下而乱则刑，在丑而争则兵。此三者不除，虽日用三牲之养，犹为不孝也。

孟子曰：世俗所谓不孝者五：惰其四支，不顾父母之养，一不孝也。博弈好饮酒，不顾父母之养，二不孝也。好货财，私妻子，不顾父母之养，三不孝也。从耳目之欲，以为父母戮，四不孝也。好勇斗狠，以危父母，五不孝也。

曾子曰：身也者，父母之遗体也。行父母之遗体，敢不敬乎？居处不庄，非孝也；事君不忠，非孝也；莅官不敬，非孝也；朋友不信，非孝也；战陈无勇，非孝也。五者不遂，灾及其亲，敢不敬乎？

孔子曰：五刑之属三千，而罪莫大于不孝。

右明父子之亲。

明伦第二下

《礼记》曰：将适公所，宿齐戒，居外寝，沐浴，史进象笏，书思对命。既服，习容观，玉声乃出。

《曲礼》曰：凡为君使者，已受命，君言不宿于家。君言至，则主人出拜君言之辱。使者归，则必拜送于门外。若使人于君所，则必朝服而命之。使者反，则必下堂而受命。

《论语》曰：君召使摈，色勃如也，足躩如也。揖所与立，左右手，衣前后襜如也。趋进，翼如也。宾退，必复命曰："宾不顾矣。"

入公门，鞠躬如也，如不容。立不中门，行不履阈。过位，色勃如也，足躩如也，其言似不足者。摄齐升堂，鞠躬如也，屏气似不息者。出降一等，逞颜色，怡怡如也。没阶趋，翼如也。复其位，踧踖如也。

《礼记》曰：君赐车马，乘以拜赐；衣服，服以拜赐。君未有命，弗敢即乘服也。

《曲礼》曰：赐果于君前，其有核者，怀其核。

御食于君，君赐余，器之溉者不写，其余皆写。

《论语》曰：君赐食，必正席先尝之。君赐腥，必熟而荐之。君赐生，必畜之。

侍食于君，君祭先饭。

疾，君视之，东首，加朝服拖绅。

君命召，不俟驾行矣。

吉月，必朝服而朝。

孔子曰：君子事君，进思尽忠，退思补过，将顺其美，匡救其恶，故上下能相亲。

君使臣以礼，臣事君以忠。

大臣以道事君，不可则止。

子路问事君，子曰："勿欺也，而犯之。"

鄙夫可与事君也与哉！其未得之也，患得之。既得之，患失之。苟患失之，无所不至矣。

孟子曰：责难于君谓之恭，陈善闭邪谓之敬，吾君不能谓之贼。

有官守者，不得其职则去；有言责者，不得其言则去。

王蠋曰：忠臣不事二君，烈女不更二夫。

　　　右明君臣之义。

《曲礼》曰：男女非有行媒，不相知名。非受币，不交不亲。故日月以告君，齐戒以告鬼神，为酒食以召乡党僚友，以厚其别也。取妻不取同姓，故买妾不知其姓则卜之。

《士昏礼》曰：父醮子，命之曰："往迎尔相，承我宗事。勖帅以敬，先妣之嗣。若则有常。"子曰："诺。唯恐弗堪，不敢忘命。"父送女，命之曰："戒之敬之，夙夜无违命！"母施衿结帨，曰："勉之敬之，夙夜无违宫事！"庶母及门内施鞶，申之以父母之命，命之曰："敬恭听，宗尔父母之言。夙夜无愆，视诸衿鞶！"

《礼记》曰：夫昏礼，万世之始也。取于异姓，所以附远厚别也。币必诚，辞无不腆，告之以直信。信，事人也。信，妇德也。一与之齐，终身不改，故夫死不嫁。男子亲迎，男先于女，刚柔之义也。天先乎地，君先乎臣，其义一也。执挚以相见，敬章别也；男女有别，然后父子亲；父子亲，然后义生；义生，然后礼作；礼作，然后万物安。无别无义，禽兽之道也。

取妇之家三日不举乐，思嗣亲也。昏礼不贺，人之序也。

内则曰：礼始于谨夫妇。为宫室，辨外内。男子居外，女子居内。深宫固门，阍寺守之。男不入，女不出。男女不同椸枷。不敢县于夫之楎椸，不敢藏于夫之箧笥，不敢共湢浴。夫不在，敛枕箧簟席襡器而藏之。少事长，贱事贵，咸如之。虽婢妾衣服饮食，必后长者。妻不在，妾御莫敢当夕。

男不言内，女不言外。非祭非丧，不相授器。其相授，则女受以篚。其无篚，则皆坐，奠之，而后取之。外内不共井，不共湢浴，不通寝席，不通乞假。男女不通衣裳。男子入内，不啸不指。夜行以烛，无烛则止。女子出门，必拥蔽其面。夜行以烛，无烛则止。道路，男子由右，女子由左。

孔子曰：妇人，伏于人也，是故无专制之义，有三从之道。在家从父，适人从夫，夫死从子，无所敢自遂也。教令不出闺门，事在馈食之间而已矣。是故女及日乎闺门之内，不百里而奔丧。事无擅为，行无独成。参知而后动，可验而后言。昼不游庭，夜行以火，所以正妇德也。女有五不取：逆家子不取，乱家子不取，世有刑人不取，世有恶疾不取，丧父长子不取。妇有七去：不顺父母去，无子去，淫去，妒去，有恶疾去，多言去，窃盗去。有三不去：有所取无所归不去，与更三年丧不去，前贫贱后富贵不去。凡此，圣人所以顺男女之际，重昏姻之始也。

《曲礼》曰：寡妇之子，非有见焉，弗与为友。

右明夫妇之别。

孟子曰：孩提之童，无不知爱其亲也；及其长也，无不知敬其兄也。

徐行后长者谓之弟，疾行先长者谓之不弟。

《曲礼》曰：见父之执，不谓之进不敢进，不谓之退不敢退，不问不敢对。

年长以倍则父事之，十年以长则兄事之，五年以长则肩随之。

谋于长者，必操几杖以从之。长者问，不辞让而对，非礼也。

从于先生，不越路而与人言。遭先生于道，趋而进，正立拱手。先生与之言则对，不与之言则趋而退。从长者而上丘陵，则必乡长者所视。

长者与之提携，则两手奉长者之手，负剑。辟咡诏之，则掩口而对。

凡为长者粪之礼，必加帚于箕上，以袂拘而退，其尘不及长者，以箕自乡而扱之。

将即席，容毋怍。两手抠衣，去齐尺。衣毋拨，足毋蹶。先生书策琴瑟在前，坐而迁之，戒勿越。坐必安，执尔颜。长者不及，毋儳言。正尔容，听必恭，毋剿说，毋雷同。必则古昔，称先王。

侍坐于先生，先生问焉，终则对。请业则起，请益则起。

尊客之前不叱狗，让食不唾。侍坐于君子，君子欠伸，撰杖屦，视日蚤莫，侍坐者请出矣。

侍坐于君子，君子问更端，则起而对。

侍坐于君子，若有告者曰："少间，愿有复也。"则左右屏而待。

侍饮于长者，酒进则起，拜受于尊所。长者辞，少者反席而饮。长者举未釂，少者不敢饮。长者赐，少者、贱者不敢辞。

御同于长者，虽贰不辞，偶坐不辞。

侍于君子，不顾望而对，非礼也。

《少仪》曰：尊长于己踰等，不敢问其年。燕见不将命。遇于道，见则面，不请所之。侍坐，弗使不执琴瑟。不画地，手无容，不翣也。寝则坐而将命。侍射则约矢，侍投则拥矢。胜则洗而以请。

《王制》曰：父之齿随行，兄之齿雁行，朋友不相逾。轻任并，重任分，斑白者不提挈。君子耆老不徒行，庶人耆老不徒食。

《论语》曰：乡人饮酒，杖者出，斯出矣。

　　　右明长幼之序。

曾子曰：君子以文会友，以友辅仁。

孔子曰：朋友切切偲偲，兄弟怡怡。

孟子曰：责善，朋友之道也。

子贡问友，孔子曰："忠告而善道之，不可则止，无自辱焉。"

孔子曰：居是邦也，事其大夫之贤者，友其士之仁者。

益者三友，损者三友。友直、友谅、友多闻，益矣；友便辟、友善柔、友便佞，损矣。

孟子曰：不挟长，不挟贵，不挟兄弟而友。友也者，友其德也，不可以有挟也。

《曲礼》曰：君子不尽人之欢，不竭人之忠，以全交也。

凡与客人者，每门让于客。客至于寝门，主人请入为席，然后出迎客。客固辞，主人肃客而入。主人入门而右，客入门而左。主人就东阶，客就西阶。客若降等，则就主人之阶。主人固辞，然后客复就西阶。主人与客让登，主人先登，客从之，拾级聚足，连步以上。上于东阶，则先右足；上于西阶，则先左足。

大夫士相见，虽贵贱不敌，主人敬客，则先拜客。客敬主人，则先拜主人。主人不问，客不先举。

右明朋友之交。

孔子曰：君子之事亲孝，故忠可移于君；事兄弟，故顺可移于长；居家理，故治可移于官。是以行成于内，而名立于后世矣。

天子有争臣七人，虽无道，不失其天下。诸侯有争臣五人，虽无道，不失其国。大夫有争臣三人，虽无道，不失其家。士有争友，则身不离于令名。父有争子，则身不陷于不义。故常不义，则子不可以不争于父，臣不可以不争于君。

《礼记》曰：事亲有隐而无犯，左右就养无方，服勤至死，致丧三年。事君有犯而无隐，左右就养有方，服勤至死，方丧三年。事师无犯无隐，左右就养无方，服勤至死，心丧三年。

栾共子曰：民生于三，事之如一。父生之，师教之，君食之。非父不生，非食不长，非教不知，生之族也，故一事之。唯其所在，则致死焉。报生以死，报赐以力，人之道也。

晏子曰：君令臣共，父慈子孝，兄爱弟敬，夫和妻柔，姑慈妇听，礼也。君令而不违，臣共而不二，父慈而教，子孝而箴，兄爱而友，弟敬而顺，夫和而义，妻柔而正，姑慈而从，妇听而婉，礼之善物也。

曾子曰：亲戚不说，不敢外交；近者不亲，不敢求远，小者不审，不敢言大。故人之生也，百岁之中，有疾病焉，有老幼焉，故君子思其不可复者而先施焉。亲戚既没，虽欲孝，谁为孝？年既耆艾，虽欲悌，谁为悌？故孝有不及，悌有不时，其此之谓欤。

官怠于宦成，病加于小愈，祸生于懈惰，孝衰于妻子。察此四者，慎终如始。《诗》云："靡不有初，鲜克有终。"

荀子曰：人有三不祥。幼而不肯事长，贱而不肯事贵，不肖而不肯事贤，是人之三不祥也。

　　无用之辩，不急之察，弃而不治。若夫君臣之义，父子之亲，夫妇之别，则日切磋而不舍也。

　　右通论。

敬身第三

　　孔子曰："君子无不敬也，敬身为大。身也者，亲之枝也，敢不敬与？不能敬其身，是伤其亲；伤其亲，是伤其本，伤其本，枝从而亡。"仰圣模，景贤范，述此篇以训蒙士。

　　《丹书》曰：敬胜怠者吉，怠胜敬者灭。义胜欲者从，欲胜义者凶。

　　《曲礼》曰：毋不敬，俨若思，安定辞，安民哉。敖不可长，欲不可从，志不可满，乐不可极。贤者狎而敬之，畏而爱之。爱而知其恶，憎而知其善。积而能散，安安而能迁。临财毋苟得，临难毋苟免。狠毋求胜，分毋求多。疑事毋质，直而勿有。

　　孔子曰：非礼勿视，非礼勿听，非礼勿言，非礼勿动。

　　出门如见大宾，使民如承大祭。己所不欲，勿施于人。

　　居处恭！执事敬，与人忠，虽之夷狄，不可弃也。

　　言忠信，行笃敬，虽蛮貊之邦行矣。言不忠信，行不笃敬，虽州里行乎哉？

　　君子有九思：视思明，听思聪，色思温，貌思恭，言思忠，事思敬，疑思问，忿思难，见得思义。

　　曾子曰：君子所贵乎道者三：动容貌，斯远暴慢矣；正颜色，斯近信矣；出辞气，斯远鄙倍矣。

　　《曲礼》曰：礼不逾节，不侵侮，不好狎，修身践言，谓之善行。

　　《乐记》曰：君子奸声乱色，不留聪明；淫乐慝礼，不接心术；惰慢邪辟之气，不设于身体。使耳目鼻口心知百体，皆由顺正，以行其义。

　　孔子曰：君子食无求饱，居无求安。敏于事而慎于言，就有道而正焉，可谓好学也已。

　　管敬仲曰：畏威如疾，民之上也。从怀如流，民之下也。见怀思威，民之中也。

右明心卫之要。

《冠仪》曰：凡人之所以为人者，礼义也。礼义之始，在于正容体，齐颜色，顺辞令。容体正，颜色齐，辞令顺，而后礼义备，以正君臣，亲父子，和长幼。君臣正，父子亲，长幼和，而后礼义立。

《曲礼》曰：毋侧听，毋叫应，毋淫视，毋怠荒。游毋倨，立毋跛，坐毋箕，寝毋伏。敛发毋髢，冠毋免。劳毋袒，暑毋褰裳。

登城不指，城上不呼。将适舍，求无固。将上堂，声必扬。户外有二屦，言闻则入，言不闻则不入。将入户，视必下。入户奉扃，视瞻毋回。户开亦开，户阖亦阖。有后人者，阖而勿遂。毋践屦，毋踏席，抠衣趋隅，必慎唯诺。

《礼记》曰：君子之容舒迟，见所尊者齐遫。足容重，手容恭，目容端，口容止，声容静，头容直，气容肃，立容德，色容庄。

《曲礼》曰：坐如尸，立如齐。

《少仪》曰：不窥密，不旁狎，不道旧故，不戏色。毋拔来，毋报往，毋渎神，毋循枉，毋测未至，毋訾衣服成器，毋身质言语。

《论语》曰：车中不内顾，不疾言，不亲指。

《曲礼》曰：凡视，上于面则敖，下于带则忧，倾则奸。

《论语》曰：孔子于乡党！恂恂如也，似不能言者。其在宗庙朝廷，便便言，唯谨尔。朝与下大夫言，侃侃如也。与上大夫言，訚訚如也。

孔子食不语，寝不言。

《士相见礼》曰：与君言，言使臣。与大人言，言事君。与老者言，言使弟子。与幼者言，言孝弟于父兄。与众言，言忠信慈祥。与居官者言，言忠信。

《论语》曰：席不正不坐。

子见齐衰者，虽狎必变；见冕者与瞽者，虽亵必以貌。凶服者式之，式负版者。

《礼记》曰：若有疾风迅雷甚雨则必变；虽夜必兴，衣服冠而坐。

《论语》曰：寝不尸，居不容。

子之燕居，申申如也，夭夭如也。

《曲礼》曰：并坐不横肱，授立不跪，授坐不立。

入国不驰，入里必式。

《少仪》曰：执虚如执盈，入虚如有人。

《礼记》曰：古之君子必佩玉，右徵角，左宫羽，趋以《采荠》，行以《肆夏》，周还中规，折还中矩，进则揖之，退则扬之，然后玉锵鸣也。故君子在车则闻鸾和之声，行则鸣佩玉，是以非辟之心无自入也。

《射义》曰：射者，进退周还必中礼。内志正，外体直，然后持弓矢审固；持弓矢审固，然后可以言中。此可以观德行矣。

　　右明威仪之则。

《士冠礼》：始加，祝曰：“令月吉日，始加元服。弃尔幼志，顺尔成德。寿考维祺，介尔景福。”再加，曰：“吉月令辰，乃申尔服。敬尔威仪，淑慎尔德。眉寿万年，永受胡福。”三加，曰：“以岁之正，以月之令，咸加尔服。兄弟具在，以成厥德。黄耇无疆，受天之庆。”

《曲礼》曰：为人子者，父母存，冠衣不纯素。孤子当室，冠衣不纯采。

《论语》曰：君子不以绀緅饰，红紫不以为亵服。当暑，袗绤绤，必表而出之。

去丧，无所不佩。

孔子羔裘玄冠，不以吊。

《礼记》曰：童子不裘不帛，不屦绚。

孔子曰：士志于道而耻恶衣恶食者，未足与议也。

　　右明衣服之制。

《曲礼》曰：共食不饱，共饭不泽手。毋抟饭，毋放饭，毋流歠，毋咤食，毋啮骨，毋反鱼肉，毋投与狗骨，毋固获，毋扬饭。饭黍毋以箸，毋嚃羹，毋絮羹，毋刺齿，毋歠醢。客絮羹，主人辞不能亨。客歠醢，主人辞以窭。濡肉齿决，干肉不齿决。毋嘬炙。

《少仪》曰：燕侍食于君子，则先饭而后已。毋放饭，毋流歠。小饭而亟之。数噍，毋为口容。

《论语》曰：食不厌精，脍不厌细。食饐而餲、鱼馁而肉败不食，色恶不食，臭恶不食，失饪不食，不时不食！割不正不食，不得其酱不食。肉虽多，不使胜食气。唯酒无量，不及乱。沽酒市脯不食。不撤姜食，不多食。

《礼记》曰：君无故不杀牛，大夫无故不杀羊，士无故不杀犬豕。君子远庖厨。凡有血气之类，弗身践也。

《乐记》曰：蒙豕为酒，非以为祸也，而狱讼益繁，则酒之流生祸也。是故先王因为酒礼，一献之礼，宾主百拜，终日饮酒而不得醉焉，此先王之所以备酒祸也。

孟子曰：饮食之人则人贱之矣，为其养小以失大也。

　　右明饮食之节。

稽古第四

孟子道性善，言必称尧舜。其言曰："舜为法于天下，可传于后世。我犹未免为乡人也，是则可忧也。忧之如何？如舜而已矣。"撮往行，实前言，述此篇使读者有所兴起。

太任，文王之母，挚任氏之中女也，王季娶以为妃。太任之性，端一诚庄，维德之行。及其娠文王，目不视恶色，耳不听淫声，口不出敖言。生文王而明圣，太任教之以一而识百，卒为周宗。君子谓太任为能胎教。

孟轲之母，其舍近墓。孟子之少也，嬉戏为墓间之事，踊跃筑埋。孟母曰："此非所以居子也。"乃去。舍市，其嬉戏为贾衒。孟母曰："此非所以居子也。"乃徙。舍学宫之旁，其嬉戏乃设俎豆，揖让进退。孟母曰："此真可以居子矣。"遂居之。孟子幼时问东家杀猪何为，母曰："欲啖汝。"既而悔曰："吾闻古有胎教，今适有知而欺之，是教之不信。"乃买猪肉以食之。既长就学，遂成大儒。

孔子尝独立，鲤趋而过庭，曰："学《诗》乎？"对曰："未也。""不学《诗》，无以言。"鲤退而学《诗》。他日又独立，鲤趋而过庭，曰："学《礼》乎？"对曰："未也。""不学《礼》，无以立。"鲤退而学礼。

孔子谓伯鱼曰："女为《周南》《召南》矣乎？人而不为《周南》《召南》，其犹正墙面而立也与！"

　　右立教。

虞舜父顽，母嚚，象傲，克谐以孝，烝烝　不格奸。

万章问曰："舜往于田，号泣于旻天，何为其号泣也？"孟子曰："怨慕也。我竭力耕田，共为子职而已矣。父母之不我爱，于我何哉？帝使其子九男二女百官牛羊仓廪备，以事舜于畎亩之中，天下之士多就之者，帝将胥天下而迁之焉。为不顺于父母，如穷人无所归。天下之士悦之，人之所欲也，而不足以解忧。好色，人之所欲，妻帝之二女而不足以解忧。富，人之所欲，富有天下而不足以解忧。贵，人之所欲，贵为天子而不足以解忧。人悦之、好色、富、贵，无足以解忧者，惟顺于父母可以解忧。人少则慕父母，知好色则慕少艾，有妻子则慕妻子，仕则慕君，不得于君则热中。大孝终身慕父母。五十而慕者，予于大舜见之矣。"

扬子曰：事父母自知不足者，其舜乎！不可得而久者，事亲之谓也。孝子爱日。

文王之为世子，朝于王季，日三。鸡初鸣，而衣服至于寝门外，问内竖之御者曰："今日安否何如？"内竖曰："安。"文王乃喜。及日中又至，亦如之。及莫又至，亦如之。其有不安节，则内竖以告文王，文王色忧，行不能正履。王季复膳，然后亦复初。食上，必在视寒暖之节。食下，问所膳。命膳宰曰："末有原。"应曰："诺。"然后退。

文王有疾，武王不说冠带而养。文王一饭，亦一饭，文王再饭，亦再饭。

孔子曰：武王、周公，其达孝矣乎！夫孝者，善继人之志，善述人之事者也。践其位，行其礼，奏其乐，敬其所尊，爱其所亲，事死如事生，事亡如事存，孝之至也。

《淮南子》曰：周公之事文王也，行无专制，事无由己。身若不胜衣，言若不出口。有奉持于文王，洞洞属属，如将不胜，如恐失之。可谓能子矣。

孟子曰：曾子养曾晳，必有酒肉。将徹，必请所与。问有余，必曰"有"。曾晳死，曾元养曾子，必有酒肉。将徹，不请所与。问有余，曰："亡矣，将以复进也。"此所谓养口体者也。若曾子，则可谓养志也。事亲若曾子者，可也。

孔子曰：孝哉闵子骞！人不间于其父母昆弟之言。

老莱子孝奉二亲，行年七十，作婴儿戏，身着五色斑斓之衣。尝取水上堂，诈跌仆卧地，为小儿啼。弄雏于亲侧，欲亲之喜。

乐正子春下堂而伤其足，数月不出，犹有忧色。门弟子曰："夫子之足瘳矣，数月不出，犹有忧色，何也？"乐正子春曰："善如尔之问也！善如尔之问也！吾闻诸曾子，曾子闻诸夫子曰：'天之所生，地之所养，无人为大。父母全而生之，子全而归之，可谓孝矣。不亏其体，不辱其身，可谓全矣。'故君子顷步而不敢忘孝也。今予忘孝之道，予是以有忧色也。壹举足而不敢忘父母，是故道而不径，舟而不游，不敢以先父母之遗体行殆。壹出言而不敢忘父母，是故恶言不出于口，忿言不反于身。不辱其身，不羞其亲，可谓孝矣。"

伯俞有过，其母笞之，泣。其母曰："他日笞，子未尝泣。今泣，何也？"对曰："俞得罪，笞常痛。今母之力不能使痛，是以泣。"故曰：父母怒之，不作于意，不见于色，深受其罪，使可哀怜，上也。父母怒之，不作于意，不见于色，其次也。父母怒之，作于意，见于色，下也。

公明宣学于曾子，三年不读书。曾子曰："宣而居参之门，三年不学，何也？"公明宣曰："安敢不学？宣见夫子居庭，亲在，叱咤之声未尝至于犬马。宣说之，学而未能。宣见夫子之应宾客，恭俭而不懈惰。宣说之，学而未能。宣见夫子之居朝廷，严临下而不毁伤。宣说之，学而未能。宣说此三者，学而未能。宣安敢不学而居夫子之门乎？"

少连、大连善居丧，三日不怠，三月不解，期悲哀，三年忧，东夷之子也。

高子皋之执亲之丧也，泣血三年，未尝见齿。君子以为难。

颜丁善居丧：始死，皇皇焉如有求而弗得。及殡，望望焉如有从而弗及。既葬，慨然如不及其反而息。

曾子有疾，召门弟子曰："启予足！启予手！《诗》云：'战战兢兢，如临深渊，如履薄冰。'而今而后，吾知免夫！小子！"

箕子者，纣亲戚也。纣始为象箸，箕子叹曰："彼为象箸，必为玉杯。为玉杯，则必思远方珍怪之物而御之矣。舆马宫室之渐自此始，不可振也。"纣为淫泆，箕子谏，纣不听而囚之。人或曰："可以去矣。"箕子曰："为人臣，谏不听而去，是彰君之恶而自说于民，吾不忍为也。"乃被发佯狂而为奴，遂隐而鼓琴以自悲，故传之曰《箕子操》。王子比干者，亦纣之亲戚也。见箕子谏不听而为奴，则曰："君有过而不以死争，则百姓何辜？"乃直言谏纣。纣怒曰："吾闻圣人之心有七窍，信有诸乎？"乃遂杀王子比干，刳视其心。微子曰："父子有骨肉，而臣主以义属。故父有过，子三谏而不听，则随而号之。人臣三谏而不听，则其义可以去矣。"于是遂行。孔子曰："殷有三仁焉。"

武王伐纣，伯夷、叔齐叩马而谏。左右欲兵之。太公曰："此义人也。"扶而去之。武王已平殷乱，天下宗周，而伯夷、叔齐耻之，义不食周粟，隐于首阳山，采薇而食之，遂饿而死。

卫灵公与夫人夜坐，闻车声辚辚，至阙而止，过阙复有声。公问夫人曰："知此为谁？"夫人曰："此蘧伯玉也。"公曰："何以知之？"夫人曰："妾闻礼下公门，式路马，所以广敬也。夫忠臣与孝子，不为昭昭信节，不为冥冥惰行。蘧伯玉，卫之贤大夫也，仁而有智，敬于事上，此其人必不以闇昧废礼，是以知之。"公使人视之，果伯玉也。

赵襄子杀智伯，漆其头以为饮器。智伯之臣豫让欲为之报仇，乃诈为刑人，挟匕首入襄子宫中涂厕。左右欲杀之！襄子曰："智伯死无后，而此人欲为报仇，真义士也。吾谨避之耳。"让又漆身为癞，吞炭为哑，行乞于市，其妻不识也。其友识之，为之泣曰："以子之才，臣事赵孟，必得近幸，子乃为所欲为，顾不易耶？何乃自苦如此？"让曰："委质为臣而求杀之，是二心也。吾所以为此者，将以愧天下后世之为人臣而怀二心者也。"后又伏于桥下，欲杀襄子，襄子杀之。

王孙贾事齐闵王，王出走，贾失王之处。其母曰："女朝去而晚来，则吾倚门而望。女莫出而不还，则吾倚闾而望。女今事王，王出走，女不知其处，女尚何归？"王孙贾乃入市中，曰："淖齿乱齐国，杀闵上。欲与我诛齿者，袒右。"市人从之者四百人，与诛淖齿，刺而杀之。

臼季使，过冀，见冀缺耨，其妻馌之，敬，相待如宾。与之归，言诸文公曰："敬，德之聚也。能敬必有德。德以治民，君请用之。臣闻出门如宾，承事如祭，仁之则也。"文公以为下军大夫。

公父文伯之母，季康子之从祖叔母也。康子往焉，闺门而与之言，皆不逾阈。仲尼闻之，以为别于男女之礼矣。

卫共姜者，卫世子共伯之妻也。共伯早死，共姜守义。父母欲夺而嫁之，共姜不许，作《柏舟》之诗，以死自誓。

蔡人妻，宋人之女也。既嫁而夫有恶疾，其母将改嫁之。女曰："夫之不幸，乃妾之不幸也，奈何去之？适人之道，一与之醮，终身不改。不幸遇恶疾，彼无大故，又不遣妾，何以得去？"终不听。

万章问曰："象日以杀舜为事，立为天子则放之，何也？"孟子曰："封之也，或曰放焉。仁人之于弟也，不藏怒焉，不宿怨焉，亲爱之而已矣。"

伯夷、叔齐，孤竹君之二子也。父欲立叔齐。及父卒，叔齐让伯夷。伯夷曰："父命也。"遂逃去。叔齐亦不肯立而逃之。国人立其中子。

虞、芮之君相与争田，久而不平，乃相谓曰："西伯，仁人也，盍往质焉？"乃相与朝周。入其境，则耕者让畔，行者让路；入其邑，男女异路，斑白者不提挈；入其朝，士让为大夫，大夫让为卿。二国之君感而相谓曰："我等小人，不可以履君子之庭。"乃相让，以其所争田为闲田而退。天下闻之而归者四十余国。

曾子曰：以能问于不能，以多问于寡，有若无，实若虚，犯而不校。昔者吾友尝从事于斯矣。

孔子曰:晏平仲善与人交,久而敬之。

　　右明伦。

孟子曰:伯夷目不视恶色,耳不听恶声。

子游为武城宰,子曰:"女得人焉尔乎?"曰:"有澹台灭明者,行不由径,非公事未尝至于偃之室也。"

高柴自见孔子,足不履影,启蛰不杀,方长不折。卫辄之难,出而门闭。或曰:"此有径。"子羔曰:"吾闻之,君子不径。"曰:"此有窦。"子羔曰:"吾闻之,君子不窦。"有间,使者至,门启而出。

南容三复"白圭",孔子以其兄之子妻之。

子路无宿诺。

孔子曰:衣敝缊袍与衣狐貉者立而不耻者,其由也与!

郑子臧出奔宋,好聚鹬冠。郑伯闻而恶之,使盗杀之。君子曰:"服之不衷,身之灾也。"《诗》曰:"彼己之子,不称其服。"子臧之服,不称也夫。

公父文伯退朝,朝其母。其母方绩,文伯曰:"以歜之家而主犹绩乎?"其母叹曰:"鲁其亡乎! 使僮子备官而未之闻邪? 居,吾语女。夫民劳则思,思则善心生;逸则淫,淫则忘善,忘善则恶心生。沃土之民不材,淫也;瘠土之民莫不向义,劳也。是故王后亲织玄紞,公侯之夫人加以纮綖,卿之内子为大带,命妇成祭服,列士之妻加之以朝服,自庶士以下皆衣其夫。社而赋事,烝而献功,男女效绩,愆则有辟,古之制也。吾冀而朝夕修我曰'必无废先人',尔今曰'胡不自安',以是承君之官,予惧穆伯之绝嗣也。"

孔子曰:贤哉回也! 一箪食,一瓢饮,在陋巷,人不堪其忧,回也不改其乐。贤哉回也!

　　右敬身。

卫庄公娶于齐东宫得臣之妹,曰庄姜,美而无子。其娣戴妫生桓公,庄姜以为己子。公子州吁,嬖人之子也,有宠而好兵,公弗禁,庄姜恶之。石碏谏曰:"臣闻爱子,教之以义方,弗纳于邪。骄奢淫逸,所自邪也。四者之来,宠禄过也。夫宠而不骄,骄而能降,降而不憾,憾而能眕者鲜矣。且夫贱妨贵、少陵长、远间亲、新间旧、小加大、淫破义,所谓六逆也。君义、臣行、父慈、子孝、兄爱、弟敬，所谓六顺也。去顺效逆，所以速祸也。君人者，将祸是务去而速之，无乃不可乎?"

刘康公、成肃公会晋侯伐秦，成子受脤于社，不敬。刘子曰:"吾闻之，民受天地之中以生，所谓命也。是以有动作礼义威仪之则，以定命也。能者养之以福，不能者败以取祸。是故君子勤礼，小人尽力。勤礼莫如致敬，尽力莫如敦笃。敬在养神，笃在守业。国之大事在祀与戎，祀有执膰，戎有受脤，神之大节也。今成子惰，弃其命矣，其不反乎?"

卫侯在楚，北宫文子见令尹围之威仪，言于卫侯曰:"令尹其将不免。《诗》云:'敬慎威仪，维民之则。'令尹无威仪，民无则焉。民所不则，以在民上，不可以终。"公曰:"善哉!何谓威仪?"对曰:"有威而可畏谓之威，有仪而可象谓之仪。君有君之威仪，其臣畏而爱之，则而象之，故能有其国家，令闻长世。臣有臣之威仪，其下畏而爱之，故能守其官职，保族宜家。顺是以下，皆如是。是以上下能相固也。《卫诗》曰:'威仪棣棣，不可选也。'言君臣上下，父子兄弟，内外大小，皆有威仪也。《周诗》曰:'朋友攸摄，摄以威仪。'言朋友之道，必相教训以威仪也。故君子在位可畏，施舍可爱，进退可度，周旋可则，容止可观，作事可法，德行可象，声气可乐，动作有文，言语有章，以临其下，谓之有威仪也。"

右通论。

外篇

《诗》曰:"天生烝民，有物有则。民之秉彝，好是懿德。"孔子曰:"为此诗者，其知道乎!故有物必有则。民之秉彝也，故好是懿德。"历传记，接见闻，述嘉言，纪善行，为《小学》外篇。

嘉言第五上

横渠张先生曰:"教小儿，先要安详恭敬。今世学不讲，男女从幼便骄惰坏了，到长益凶狠。只为未尝为子弟之事，则于其亲已有物我，不肯屈下。病根常在，又随所居而长，至死只依旧。为子弟则不能安洒扫应对，接朋友则不能下朋友，有官长则不能下官长，为宰相则不能下天下之贤。甚则至于徇私意，义理都丧。也只为病根不去，随所居所接而长。"

《杨文公家训》曰：童稚之学，不止记诵，养其良知良能，当以先入之言为主。日记故事，不拘今古，必先以孝弟忠信礼义廉耻等事，如黄香扇枕、陆绩怀橘、叔敖阴德、子路负米之类，只如俗说，便晓此道理。久久成熟，德性若自然矣。

明道程先生曰：忧子弟之轻俊者，只教以经学念书，不得令作文字。子弟凡百玩好皆夺志。至于书札，于儒者事最近！然一向好著，亦自丧志。

伊川程先生曰：教人未见意趣，必不乐学。欲且教之歌舞，如古《诗三百篇》，皆古人作之，如《关雎》之类，正家之始，故用之乡人，用之邦国，口使人闻之。此等诗，其言简奥，今人未易晓。别欲作诗，略言教童子洒扫应对事长之节，令朝夕歌之，似当有助。

陈忠肃公曰：幼学之士，先要分别人品之上下，何者是圣贤所为之事，何者是下愚所为之事。向善背恶，去彼取此，此幼学所当先也。颜子、孟子，亚圣也，学之虽未至，亦可为贤人。今学者若能知此，则颜、孟之事，我亦可学。言温而气和，则颜子之不迁，渐可学矣。过而能悔，又不惮改，则颜子之不贰，渐可学矣。知埋嫠之戏不如俎豆，念慈母之教至于三迁，自幼至老，不厌不改，终始一意，则我之不动心，亦可以如孟子矣。若夫立志不高，则其学皆常人之事，语及颜、孟，则不敢当也。其心必曰："我为孩童，岂敢学颜、孟哉！"此人不可以语上矣。先生长者见其卑下，岂肯与之语哉！先生长者不肯与之语，则其所与语皆下等人也。言不忠信，下等人也；行不笃敬，下等人也；过而不知悔，下等人也；悔而不知改，下等人也。闻下等之语，为下等之事，譬如坐于房舍之中，四面皆墙壁也，虽欲开明，不可得矣。

马援兄子严、敦并喜讥议，而通轻侠客。援在交趾还书诫之曰：吾欲汝曹闻人过失，如闻父母之名，耳可得闻，口不可得言也。好议论人长短，妄是非正法，此吾所大恶也，宁死不愿闻子孙有此行也。龙伯高敦厚周慎，口无择言，谦约节俭，廉公有威，吾爱之重之，愿汝曹效之。杜季良豪侠好义，忧人之忧，乐人之乐，清浊无所失，父丧致客，数郡毕至，吾爱之重之，不愿汝曹效也。效伯高不得，犹为谨敕之士，所谓刻鹄不成尚类鹜者也。效季良不得，陷为天下轻薄子，所谓画虎不成反类狗者也。

汉昭烈将终，敕后主曰："勿以恶小而为之，勿以善小而不为。"

诸葛武侯《戒子书》曰：君子之行，静以修身，俭以养德。非淡泊无以明志，非宁静无以致远。夫学须静也，才须学也。非学无以广才，非静无以成学。

惰慢则不能研精，险躁则不能理性。年与时驰，意与岁去，遂成枯落，悲叹穷庐，将复何及也！

柳玭尝著书戒其子弟曰：夫坏名灾己，辱先丧家，其失尤大者五，宜深志之。其一，自求安逸，靡甘淡泊。苟利于己，不恤人言。其二，不知儒术，不悦古道。懵前经而不耻，论当世以解颐。身既寡知，恶人有学。其三，胜己者厌之，佞己者悦之。唯乐戏谈，莫思古道。闻人之善嫉之，闻人之恶扬之。浸渍颇僻，销刻德义。篲裾徒在，厮养何殊？其四，崇好优游，耽嗜曲蘖。以衔杯为高致，以勤事为俗流。习之易荒，觉已难悔。其五，急于名宦，匿近权要，一资半级，虽或得之，众怒群猜，鲜有存者。余见名门右族，莫不由祖先忠孝勤俭以成立之，莫不由子孙顽率奢傲以覆坠之。成立之难如升天，覆坠之易如燎毛。言之痛心，尔宜刻骨。

范鲁公质为宰相，从子杲尝求奏迁秩，质作诗晓之，其略曰：戒尔学立身，莫若先孝悌。怡怡奉亲长，不敢生骄易。战战复兢兢，造次必于是。戒尔学干禄，莫若勤道艺。尝闻诸格言，学而优则仕。不患人不知，惟患学不至。戒尔远耻辱，恭则近乎礼。自卑而尊人，先彼而后己。《相鼠》与《茅鸱》，宜鉴诗人刺。戒尔勿放旷，放旷非端士。周孔垂名教，齐梁尚清议。南朝称八达，千载秽青史。戒尔勿嗜酒，狂药非佳味。能移谨厚性，化为凶险类。古今倾败者，历历皆可记。戒尔勿多言，多言众所忌。苟不慎枢机，灾厄从此始。是非毁誉间，适足为身累。举世重交游，拟结金兰契。忿怨从是生，风波当时起。所以君子心，汪汪淡如水。举世好承奉，昂昂增意气。不知承奉者，以尔为玩戏。所以古人疾，蘧篨与戚施。举世重游侠，俗呼为气义。为人赴急难，往往陷囚系。所以马援书，殷勤戒诸子。举世贱清素，奉身好华侈。肥马衣轻裘，扬扬过闾里。虽得市童怜，还为识者鄙。我本羁旅臣，遭逢尧舜理。位重才不充，戚戚怀忧畏。深泉与薄冰，蹈之唯恐坠。尔曹当闵我，勿使增罪戾。闭门敛综迹，缩首避名势。势位难久居，毕竟何足恃？物盛则必衰，有隆还有替。速成不坚牢，亟走多颠踬。灼灼园中花，早发还先萎。迟迟涧畔松，郁郁含晚翠。赋命有疾徐，青云难力致。寄语谢诸郎，躁进徒为耳！

康节邵先生戒子孙曰：上品之人，不教而善；中品之人，教而后善；下品之人，教亦不善。不教而善，非圣而何？教而后善，非贤而何？教亦不善，非愚而何？是知善也者，吉之谓也；不善也者，凶之谓也。吉也者，目不观非礼之色，耳不听非礼之声，口不道非礼之言，足不践非礼之地，人非善不交，物非义不取，亲贤如就芝兰，避恶如畏蛇蝎。或曰不谓之吉人，则吾不信也。凶也者，语言诡谲，动止阴险，好利饰非，贪淫乐祸，疾良善如仇隙，犯刑宪如饮食，小则殒身灭性，大则覆宗绝嗣。或曰不谓之凶人，则吾不信也。《传》有之曰："吉人为善，惟日不足；凶人为不善，亦惟日不足。"汝等欲为吉人乎？欲为凶人乎？

节孝徐先生训学者曰：诸君欲为君子，而使劳己之力，费己之财，如此而不为君子，犹可也。不劳己之力，不费己之财，诸君何不为君子？乡人贱之，父母恶之，如此而不为君子，犹可也。父母欲之，乡人荣之，诸君何不为君子？又曰：言其所善，行其所善，思其所善，如此而不为君子，未之有也。言其不善，行其不善，思其不善，如此而不为小人，未之有也。

胡文定公《与子书》曰：立志以明道，希文自期待。立心以忠信，不欺为主本。行己以端庄，清慎见操执。临事以明敏，果断辨是非。又谨三尺，考求立法之意而操纵之，斯可为政不在人后矣，汝勉之哉！治心修身，以饮食男女为切要，从古圣贤，自这里做工夫，其可忽乎？

古灵陈先生为仙居令，教其民曰：为吾民者，父义、母慈、兄友、弟恭、子孝，夫妇有恩，男女有别，子弟有学，乡闾有礼。贫穷患难，亲戚相救，昏姻死丧，邻保相助。无堕农业，无作盗贼，无学赌博，无好争讼，无以恶陵善，无以富吞贫。行者让路，耕者让畔，斑白者不负戴于道路，则为礼义之俗矣。

右广立教。

嘉言第五中

司马温公曰：凡诸卑幼，事无大小，毋得专行，必咨禀于家长。

凡子受父母之命，必籍记而佩之，时省而速行之，事毕则返命焉。或所命有不可行者，则和色柔声，具是非利害而白之，待父母之许，然后改之。若不许，苟于事无大害者，亦当曲从。若以父母之命为非而直行己志，虽所执皆是，犹为不顺之子，况未必是乎！

横渠先生曰：舜之事亲，有不悦者，为父顽母嚚，不近人情。若中人之性，其爱恶若无害理，必姑顺之。若亲之故旧所喜，当极力招致，宾客之奉，当极力营办，务以悦亲为事，不可计家之有无。然又须使之不知其勉强劳苦。苟使见其为而不易，则亦不安矣。

罗仲素论"瞽瞍厎豫，而天下之为父子者定"云："只为天下无不是厎父母。"了翁闻而善之曰："唯如此而后天下之为父子者定。彼臣弑其君、子弑其父，常始于见其有不是处耳。"

伊川先生曰：病卧于床，委之庸医，比之不慈不孝。事亲者亦不可以不知医。

横渠先生尝曰：事亲奉祭，岂可使人为之？

伊川先生曰：冠昏丧祭，礼之大者，今人都不理会。豺獭皆知报本，今士大夫家多忽此。厚于奉养而薄于先祖，甚不可也。某尝修《六礼大略》，家必有庙，庙必有主，月朔必荐新。时祭用仲月，冬至祭始祖，立春祭先祖，季秋祭祢。忌日迁主，祭于正寝。凡事死之礼，当厚于奉生者。人家能存得此等事数件，虽幼者可使渐知礼义。

司马温公曰：冠者，成人之道也。成人者，将责为人子、为人弟、为人臣、为人少者之行也。将责四者之行于人，其礼可不重与？冠礼之废久矣。近世以来，人情尤为轻薄。生子犹饮乳，已加巾帽，有官者或为之制公服而弄之。过十岁犹总角者，盖鲜矣。彼责以四者之行，岂能知之？故往往自幼至长，愚騃如一，由不知成人之道故也。古礼虽称二十而冠，然世俗之弊不可猝变。若敦厚好古之君子，俟其子年十五以上，能通《孝经》《论语》，粗知礼义之方，然后冠之，斯其美矣。

古者父母之丧既殡，食粥，齐衰，疏食水饮，不食菜果。父母之丧既虞，卒哭，疏食水饮，不食菜果。期而小祥，食菜果。又期而大祥，食醯酱。中月而禫，禫而饮醴酒。始饮酒者，先饮醴酒。始食肉者，先食干肉。古人居丧，无敢公然食肉饮酒者。汉昌邑王奔昭帝之丧，居道上，不素食，霍光数其罪而废之。晋阮籍负才放诞，居丧无礼，何曾面质籍于文帝坐，曰："卿败俗之人，不可长也。"因言于帝曰："公方以孝治天下，而听阮籍以重哀饮酒食肉于公座，宜摈四裔，无令污染华夏。"宋庐陵王义真居武帝忧，使左右买鱼肉珍羞，于斋内别立厨帐。会长史刘湛入，因命臑酒，炙车螯，湛正色曰："公当今不宜有此设。"义真曰："旦甚寒，长史事同一家，望不为异。"酒至，湛起曰："既不能以礼自处，又不能以礼处人。"隋炀帝为太子，居文献皇后丧，每朝令进二溢米，而私令外取肥肉脯鲊，置竹筒中，以蜡闭口，衣襆里而纳之。湖南楚王马希声葬其父武穆王之日，犹食鸡臛，其官属潘起讥之曰："昔阮籍居丧食蒸肫，何代无贤！"然则五代之时，居丧食肉者人犹以为异事，是流俗之弊其来甚近也。今之士大夫居丧食肉饮酒者无异平日，又相从宴集，腼然无愧，人亦恬不为怪。礼俗之坏，习以为常，悲夫！乃至鄙野之人，或初丧未敛，亲宾则赍酒馔往劳之，主人亦自备酒馔相与饮啜，醉饱连日！及葬亦如之。甚者初丧作乐以娱尸，及殡葬，则以乐导辄车而号泣随之。亦有乘丧即嫁娶者。噫，习俗之难变，愚夫之难晓，乃至此乎！凡居父母之丧者，大祥之前皆未可饮酒食肉。若有疾暂须饮食，疾止亦当复初。必若素食不能下咽，久而羸惫恐成疾者，可以肉汁及脯醢或肉少许，助其滋味，不可恣食珍羞盛馔及与人宴乐。是则虽被衰麻，其实不行丧也。唯五十以上，血气既衰，必资酒肉扶养者，则不必然耳。其居丧听乐及嫁娶者，国有正法，此不复论。

父母之丧，中门外择朴陋之室，为丈夫丧次，斩衰，寝苫，枕块，不脱绖带，不与人坐焉。妇人次于中门之内，别室撤去帷帐、衾裼、华丽之物。男子无故不入中门，妇人不得辄至男子丧次。晋陈寿遭父丧，有疾，使婢丸药，客往见之，乡党以为贬议，坐是沉滞，坎坷终身。嫌疑之际，不可不慎。

父母之丧不当出，若为丧事及有故，不得已而出，则乘朴马，布裹鞍辔。

世俗信浮屠诳诱，凡有丧事，无不供佛饭僧。云为死者灭罪资福，使升天堂，受诸快乐；不为者必入地狱，剉烧舂磨，受诸苦楚。殊不知死者形既朽灭，神亦飘散，虽有剉烧舂磨，且无所施。又况佛法未入中国之前，人固有死而复生者，何故都无一人误入地狱见所谓十王者耶？此其无有而不足信也明矣。

《颜氏家训》曰：吾家巫觋符章绝于言议，汝曹所见，勿为妖妄。

伊川先生曰：人无父母，生日当倍悲痛，更安忍置酒张乐以为乐？若具庆者可矣。

《吕氏童蒙训》曰：事君如事亲，事官长如事兄，与同僚如家人，待群吏如奴仆，爱百姓如妻子，处官事如家事，然后能尽吾之心。如有毫末不至，皆吾心有所未尽也。

或问："簿，佐令者也。簿所欲为，令或不从，奈何？"伊川先生曰："当以诚意动之。今令与簿不和，只是争私意。令是邑之长，若能以事父兄之道事之，过则归己，善则惟恐不归于令，积此诚意，岂有不动得人！"

明道先生曰："一命之士，苟存心于爱物，于人必有所济。"

刘安礼问临民，明道先生曰："使民各得输其情。"问御吏，曰："正己以格物。"

伊川先生曰：居是邦，不非其大夫，此理最好。

《童蒙训》曰：当官之法，惟有三事：曰清，曰慎，曰勤。知此三者，则知所以持身矣。

当官者，凡异色人皆不宜与之相接，巫祝尼媪之类，尤宜疏绝，要以清心省事为本。

后生少年，乍到官守，多为猾吏所饵，不自省察，所得毫末，而一任之间，不复敢举动。大抵作官嗜利，所得甚少，而吏人所盗不赀矣。以此被重谴，良可惜也。

当官者，先以暴怒为戒。事有不可，当详处之，必无不中。若先暴怒，只能自害，岂能害人！

当官处事，但务着实。如涂擦文字，追改日月，重易押字！万一败露，得罪反重，亦非所以养诚心，事君不欺之道也。

王吉上疏曰：夫妇，人伦之大纲，夭寿之萌也。世俗嫁娶太蚤，未知为人父母之道而有子，是以教化不明，而民多夭。

文中子曰：昏娶而论财，夷虏之道也，君子不入其乡。古者男女之族，各择德焉，不以财为礼。

早昏少聘，教人以偷。妾媵无数，教人以乱。且贵贱有等，一夫一妇，庶人之职也。

司马温公曰：凡议昏姻，当先察其婿与妇之性行及家法如何，勿苟慕其富贵。婿苟贤矣！今虽贫贱，安知异时不富贵乎？苟为不肖，今虽富贵，安知异时不贫贱乎？妇者，家之所由盛衰也，苟慕一时之富贵而娶之，彼挟其富贵，鲜有不轻其夫而傲其舅姑，养成骄妒之性，异日为患，庸有极乎？借使因妇财以致富，依妇势以取贵，苟有丈夫之志气者，能无愧乎？

安定胡先生曰：嫁女必须胜吾家者，胜吾家则女之事人必钦必戒。娶妇必须不若吾家者，不若吾家则妇之事舅姑必执妇道。

或问："孀妇于理似不可取，如何？"伊川先生曰："然。凡取以配身也，若取失节者以配身！是己失节也。"又问："或有孤孀贫穷无托者，可再嫁否？"曰："只是后世怕寒饿死，故有是说。然饿死事极小！失节事极大。"

《颜氏家训》曰：妇主中馈，唯事酒食衣服之礼耳。国不可使预政，家不可使干蛊。如有聪明才智，识达古今，正当辅佐君子，劝其不足，必无牝鸡晨鸣以致祸也。

江东妇女，略无交游。其昏姻之家，或十数年间未相识者，唯以信命赠遗致殷勤焉。邺下风俗，专以妇持门户，争讼曲直，造请逢迎，代子求官，为夫诉屈，此乃恒、代之遗风乎？

夫有人民而后有夫妇，有夫妇而后有父子，有父子而后有兄弟。一家之亲，此三者而已矣。自兹以往，至于九族，皆本于三亲焉。故于人伦为重者也，不可不笃。兄弟者，分形连气之人也。方其幼也，父母左提右挈，前襟后裾，食则同案，衣则传服！学则连业，游则共方，虽有悖乱之人，不能不相爱也。及其壮也，各妻其妻，各子其子，虽有笃厚之人，不能不少衰也。娣姒之比兄弟则疏薄矣。今使疏薄之人，而节量亲厚之恩，犹方底而圆盖，必不合矣。唯友悌深至，不为傍人之所移者，免夫！

柳开仲涂曰：皇考治家孝且严。旦望，弟妇等拜堂下，毕，即上手低面，听我皇考训诫曰："人家兄弟无不义者。尽因娶妇入门，异姓相聚，争长竞短，渐渍日闻，偏爱私藏，以致背戾，分门割户，患若贼仇，皆汝妇人所作。男子刚肠者几人，能不为妇人言所惑？吾见多矣。若等宁有是耶？"退则愓愓，不敢出一语，为不孝事。开辈抵此赖之得全其家云。

伊川先生曰：今人多不知兄弟之爱。且如同阛小人，得一食必先以食父母，夫何故？以父母之口重于己之口也。得一衣必先以衣父母，夫何故？以父母之体重于己之体也。至于犬马亦然。待父母之犬马，必异乎己之犬马也。独爱父母之子，却轻于己之子，甚者至若仇敌，举世皆如此，惑之甚矣。

横渠先生曰：《斯干》诗言："兄及弟矣，式相好矣，无相犹矣。"言两兄弟宜相好，不要相学。犹，似也。人情大抵患在施之不见报则辍，故恩不能终。不要相学，己施之而已。

伊川先生曰：近世浅薄，以相欢狎为相与，以无圭角为相欢爱。如此者，安能久？若要久，须是恭敬。君臣朋友，皆当以敬为主也。

横渠先生曰：今之朋友，择其善柔以相与，拍肩执袂以为气合，一言不合怒气相加。朋友之际，欲其相下不倦，故于朋友之间，主于敬者，日相亲与，得效最速。

《童蒙训》曰：同僚之契，交承之分，有兄弟之义。至其子孙，亦世讲之。前辈专以此为务，今人知之者盖少矣。又如旧举将及尝为旧任按察官者，后己官虽在上，前辈皆辞避坐下坐。风俗如此，安得不厚乎？

范文正公为参知政事时，告诸子曰："吾贫时，与汝母养吾亲。汝母躬执爨，而吾亲甘旨未尝充也。今而得厚禄，欲以养亲，亲不在矣。汝母亦已早世。吾所最恨者，忍令若曹享富贵之乐也？吾吴中宗族甚众，于吾固有亲疏，然吾祖宗视之，则均是子孙，固无亲疏也。苟祖宗之意无亲疏，则饥寒者，吾安得不恤也？自祖宗来，积德百余年而始发于吾，得至大官。若独享富贵而不恤宗族，异日何以见祖宗于地下？今何颜入家庙乎？"于是恩例俸赐常均于族人，并置义田宅云。

司马温公曰：凡为家长，必谨守礼法，以御群子弟及家众。分之以职，授之以事，而责其成功。制财用之节，量入以为出，称家之有无以给。上下之衣食及吉凶之费皆有品节，而莫不均一。裁省冗费，禁止奢华，常须稍存赢余，以备不虞。

　　右广明伦。

嘉言第五下

　　董仲舒曰：仁人者，正其谊不谋其利，明其道不计其功。

　　孙思邈曰：胆欲大而心欲小，智欲圆而行欲方。

　　古语云：从善如登，从恶如崩。

　　孝友先生朱仁轨隐居养亲，尝诲子弟曰："终身让路，不枉百步；终身让畔，不失一段。"

　　濂溪周先生曰：圣希天，贤希圣，士希贤。伊尹、颜渊，大贤也。伊尹耻其君不为尧舜，一夫不得其所，若挞于市。颜渊不迁怒，不贰过，三月不违仁。志伊尹之所志，学颜渊之所学，过则圣，及则贤，不及则亦不失于令名。

　　圣人之道，入乎耳，存乎心，蕴之为德行，行之为事业。彼以文辞而已者，陋矣。

　　仲由喜闻过，令名无穷焉。今人有过不喜人规，如护疾而忌医，宁灭其身而无悟也，噫！

　　明道先生曰：圣贤千言万语，只是欲人将已放之心约之，使反复入身来，自能寻向上去，下学而上达也。

　　心要在腔子里。

　　伊川先生曰：只整齐严肃，则心便一。一则自无非辟之干。

　　伊川先生甚爱《表记》"君子庄敬日强，安肆日偷"之语。盖常人之情，才放肆则日就旷荡，自检束则日就规矩。

　　人于外物奉身者，事事要好，只有自家一个身与心，却不要好。苟得外物好时，却不知道自家身与心已自先不好了也。

　　伊川先生曰：颜渊问克己复礼之目，孔子曰："非礼勿视，非礼勿听，非礼勿言，非礼勿动。"四者身之用也，由乎中而应乎外，制乎外所以养其中也。颜渊事斯语，所以进于圣人，后之学圣人者，宜服膺而勿失也。因箴以自警。《视箴》曰：心兮本虚，应物无迹。操之有要，视为之则。蔽交于前，其中则迁。制之于外，以安其内。克己复礼，久而诚矣。《听箴》曰：人有秉彝，本乎天性。知诱物化，遂亡其正。卓彼先觉，知止有定。闲邪存诚，非礼勿听。《言箴》曰：人心之动，因言以宣。发禁躁妄，内斯静专。矧是枢机，兴戎出好。吉凶荣辱，惟其所召。伤易则诞，伤烦则支。己肆物忤，出悖来违。非法不道，钦哉训辞。《动箴》曰：哲人知几，诚之于思。志士励行，守之于为。顺理则裕，纵欲惟危。造次克念，战兢自持。习与性成，圣贤同归。

伊川先生言：人有三不幸：少年登高科，一不幸；席父兄之势为美官，二不幸；有高才，能文章，三不幸也。

横渠先生曰：学者舍礼义，则饱食终日无所猷为，与下民一致，所事不逾衣食之间，燕游之乐尔。

范忠宣公戒子弟曰：人虽至愚，责人则明；虽有聪明，恕己则昏。尔曹但常以责人之心责己，恕己之心恕人，不患不到圣贤地位也。

吕荥公尝言：后生初学，且须理会气象。气象好时，百事是当。气象者，辞令容止，轻重疾徐，足以见之矣。不惟君子小人于此焉分，亦贵贱寿夭之所由定也。

攻其恶，无攻人之恶。盖自攻其恶，日夜且自点检！丝毫不尽，则慊于心矣，岂有工夫点检他人邪？

大要前辈作事多周详，后辈作事多缺略。

"恩仇分明"，此四字非有道者之言也。"无好人"三字，非有德者之言也。后生戒之。

张思叔《座右铭》曰：凡语必忠信，凡行必笃敬。饮食必慎节，字画必楷正。容貌必端庄，衣冠必肃整。步履必安详，居处必正静。作事必谋始，出言必顾行。常德必固持，然诺必重应。见善如己出，见恶如己病。凡此十四者，我皆未深省。书此当座隅，朝夕视为警。

胡文定公曰：人须是一切世味淡薄方好，不要有富贵相。孟子谓"堂高数仞，食前方丈，侍妾数百人，我得志不为"。学者须先除去此等，常自激昂，便不到得坠堕。常爱诸葛孔明当汉末躬耕南阳，不求闻达，后来虽应刘先主之聘，宰割山河，三分天下，身都将相，手握重兵，亦何求不得，何欲不遂？乃与后主言："成都有桑八百株，薄田十五顷，子孙衣食自有余饶。臣身在外，别无调度，不别治生，以长尺寸。若死之日，不使廪有余粟、库有余财，以负陛下。"及卒，果如其言。如此辈人，真可谓大丈夫矣。

范益谦《座右戒》曰：一、不言朝廷利害、边报差除。二、不言州县官员长短得失。三、不言众人所作过恶。四、不言仕进官职，趋时附势。五、不言财利多少，厌贫求富。六、不言淫媟戏慢，评论女色。七、不言求觅人物，干索酒食。又曰：一、人附书信，不可开拆沉滞。二、与人并坐，不可窥人私书。三、凡入人家，不可看人文字。四、凡借人物，不可损坏不还。五、凡吃饮食，不可拣择去取。六、与人同处，不可自择便利。七、见人富贵，不可叹美诋毁。凡此数事，有犯之者足以见用意之不肖，于存心修身大有所害，因书以自警。

胡子曰：今之儒者，移学文艺、干仕进之心，以收其放心，而美其身，则何古人之不可及哉！父兄以文艺令其子弟，朋友以仕进相招，往而不返，则心始荒而不治，万事之成，咸不逮古先矣。

《颜氏家训》曰：夫所以读书学问，本欲开心明目，利于行耳。未知养亲者，欲其观古人之先意承颜，怡声下气，不惮劬劳，以致甘腝，惕然惭惧，起而行之也。未知事君者，欲其观古人之守职无侵，见危授命，不忘诚谏，以利社稷，恻然自念，思欲效之也。素骄奢者，欲其观古人之恭俭节用，卑以自牧，礼为教本，敬者身基，瞿然自失，敛容抑志也。素鄙吝者，欲其观古人之贵义轻财，少私寡欲，忌盈恶满，赒穷恤匮，赧然悔耻，积而能散也。素暴悍者，欲其观古人之小心黜己，齿弊舌存，含垢藏疾，尊贤容众，苶然沮丧，若不胜衣也。素怯懦者，欲其观古人之达生委命，强毅正直，立言必信，求福不回，勃然奋厉，不可恐惧也。历兹以往，百行皆然。纵不能淳，去泰去甚，学之所知，施无不达。世人读书，但能言之，不能行之，武人俗吏所共嗤诋，良由是耳。又有读数十卷书，便自高大，陵忽长者，轻慢同列，人疾之如仇敌，恶之如鸱枭。如此以学求益，今反自损，不如无学也。

伊川先生曰：《大学》，孔氏之遗书，而初学入德之门也。于今可见古人为学次第者，独赖此篇之存，而其他则未有如《论》《孟》者。故学者必由是而学焉，则庶乎其不差矣。

凡看《语》《孟》，且须熟读玩味，将圣人之言语切己，不可只作一场话说。看得此二书切己，终身尽多也。

读《论语》者，但将弟子问处便作己问，将圣人答处便作今日耳闻，自然有得。若能于《论》《孟》中深求玩味，将来涵养成甚生气质！

横渠先生曰：《中庸》文字辈，直须句句理会过，使其言互相发明。

《六经》须循环理会，尽无穷，待自家长得一格，则又见得别。

吕舍人曰：大抵后生为学，先须理会所以为学者何事。一行一住，一语一默，须要尽合道理。学业则须是严立课程，不可一日放慢。每日须读一般经书，一般子书，不须多，只要令精熟。须静室危坐，读取二三百遍，字字句句，须要分明。又每日须连前三五授，通读五七十遍，须令成诵，不可一字放过也。史书每日须读取一卷，或半卷已上，始见功。须是从人授读，疑难处便质问，求古圣贤用心，竭力从之。夫指引者，师之功也。行有不至，从容规戒者，朋友之任也。决意而往，则须用己力，难仰他人矣。

《吕氏童蒙训》曰：今日记一事，明日记一事；久则自然贯穿。今日辨一理，明日辨一理，久则自然浃洽。今日行一难事，明日行一难事，久则自然坚固。涣然冰释，怡然理顺，久自得之，非偶然也。

前辈尝说，后生才性过人者不足畏，惟读书寻思推究者为可畏耳。又云，读书只怕寻思，盖义理精深，惟寻思用意，为可以得之。卤莽厌烦者，决无有成之理。

《颜氏家训》曰：借人典籍，皆须爱护，先有缺坏，就为补治。此亦士大夫百行之一也。济阳江禄读书未竟，虽有急速，必侍卷束整齐；然后得起；故无损败，人不厌其求假焉。或有狼籍几案，分散部帙，多为童幼婢妾之所点污，风雨虫鼠之所毁伤，实为累德。吾每读圣人书，未尝不肃敬对之。其故纸有《五经》词义及圣贤姓名，不敢他用也。

明道先生曰：君子教人有序，先传以小者近者，而后教以大者远者。非是先传以近小，而后不教以远大也。

明道先生曰：道之不明，异端害之也。昔之害近而易知，今之害深而难辨。昔之惑人也乘其迷暗，今之入人也因其高明。自谓之穷神知化，而不足以开物成务，言为无不周遍，实则外于伦理；穷探极微，而不可以入尧舜之道。天下之学，非浅陋固滞，则必入于此。自道之不明也，邪诞妖妄之说竞起，涂生民之耳目，溺天下于污浊，虽高才明智，胶于见闻，醉生梦死，不自觉也。是皆正路之蓁芜、圣门之蔽塞，辟之而后可以入道。

　　右广敬身。

善行第六上

吕荣公名希哲，字原明，中国正献公之长子。正献公居家，简重寡默，不以事物经心。而中国夫人性严有法，虽甚爱公，然教公事事循蹈规矩。甫十岁，祁寒暑雨，侍立终日，不命之坐，不敢坐也。日必冠带以见长者。平居虽甚热，在父母长者之侧，不得去巾袜缚袴，衣服唯谨。行步出入，无得入茶肆酒肆。市井里巷之语，郑卫之音，未尝一经于耳。不正之书，非礼之色，未尝一接于目。正献公通判颍州，欧阳公适知州事。焦先生千之伯强客文忠公所，严毅方正，正献公招延之，使教诸子。诸生少有过差，先生端坐，召与相对，终日竟夕，不与之语。诸生恐惧畏伏，先生方略降词色。时公方十余岁，内则正献公与申国夫人教训如此之严，外则焦先生化导如此之笃，故公德器成就大异众人。公尝言："人生内无贤父兄，外无严师友，而能有成者少矣。"

吕荣公张夫人，待制讳昷之之幼女也，最钟爱。然居常至微细事，教之必有法度，如饮食之类，饭羹许更益，鱼肉不更进也。时张公已为待制、河北都转运使矣。及夫人嫁吕氏，夫人之母，申国夫人姊也，一日来视女，见舍后有锅釜之类，大不乐，谓申国夫人曰："岂可使小儿辈私作饮食，坏家法耶？"其严如此。

唐阳城为国子司业，引诸生告之曰："凡学者，所以学为忠与孝也。诸生有久不省亲者乎？"明日，谒城还养者二十辈。有三年不归侍者，斥之。

安定先生胡瑗，字翼之，患隋唐以来什进尚文辞而遗经业，苟趋禄利。及为苏、湖二州教授，严条约，以身先之，虽大暑，必公服终日，以见诸生，严师弟子之礼。解经至有要义，恳恳为诸生言其所以治己而后治乎人者。学徒千数，日月刮劘，为文章，皆传经义，必以理胜，信其师说，敦尚行实。后为太学，四方归之，庠舍不能容。其在湖学，置经义斋、治事斋。经义斋者，择疏通有器局者居之。治事斋者，人各治一事，又兼一事，如治民、治兵、水利、算数之类。其在太学亦然。其弟子散在四方，随其人贤愚，皆循循雅饬，其言谈举止，遇之不问可知为先生弟子。其学者相语称先生，不问可知为胡公也。

明道先生高于朝曰：治天下以正风俗，得贤才为本。宜先礼命近侍贤儒及百执事，悉心推访有德业充备足为师表者，其次有笃志好学材良行修者，延聘敦遣，萃于京师，朝夕相与讲明正学。其道必本于人伦，明乎物理。其教自小学洒扫应对以往，修其孝弟忠信，周旋礼乐。其所以诱掖激励，渐摩成就之道皆有节序。其要在于择善修身，至于化成天下，自乡人而可至于圣人之道。其学行皆中于是者为成德，取材识明达可进于善者，使日受其业。择其学明德尊者为太学之师，次以分教天下之学。择士入学，县升之州，州宾兴于太学，太学聚而教之，岁论其贤者能者于朝。凡选士之法，皆以性行端洁，居家孝悌，有廉耻礼逊，通明学业，晓达治道者。

伊川先生看详学制，大概以为学校礼义相先之地，而月使之争，殊非教养之道，请改试为课。有所未至，则学官召而教之，更不考定高下。制尊贤堂以延天下道德之士，镌解额以去利诱，省繁文以专委任，励行检以厚风教。及置待宾、吏师斋，立观光法，如是者亦数十条。

蓝田吕氏《乡约》曰：凡同约者，德业相劝，过失相规，礼俗相交，患难相恤。有善则书于籍，有过若违约者亦书之。三犯而行罚，不悛者绝之。

明道先生教人，自致知至于知止，诚意至于平天下，洒扫应对至于穷理尽性，循循有序。病世之学者舍近而趋远，处下而窥高，所以轻自大而卒无得也。

右实立教。

江革少失父，独与母居。遭天下乱，盗贼并起，革负母逃难，备经险阻，常采拾以为养。数遇贼，或劫欲将去，革辄涕泣求哀，言有老母，词气愿款，有足感动人者。贼以是不忍犯之，或乃指避兵之方，遂得俱全于难。转客下邳，贫穷裸跣，行佣以供母，便身之物，莫不毕给。

薛包好学笃行，父娶后妻而憎包，分出之。包日夜号泣，不能去，至被殴杖。不得已，庐于舍外，旦入而洒扫。父怒，又逐之。乃庐于里门，晨昏不废。积岁余，父母惭而还之。后服丧过哀。既而弟子求分财异居，包不能止，乃中分其财。奴婢引其老者，曰："与我共事久，若不能使也。"田庐取其荒顿者，曰："吾少时所理，意所恋也。"器物取其朽败者，曰："我素所服食，身口所安也。"弟子数破其产，辄复赈给。

王祥性孝，蚤丧亲。继母朱氏不慈，数谮之，由是失爱于父，每使扫除牛下，祥愈恭谨。父母有疾，衣不解带，汤药必亲尝。母尝欲生鱼，时天寒冰冻，祥解衣将剖冰求之，冰忽自解，双鲤跃出，持之而归。母又思黄雀炙，复有雀数十飞入其幕，复以供母。乡里惊叹，以为孝感所致。有丹柰结实，母命守之，每风雨，祥辄抱树而泣。其笃孝纯至如此。

王裒字伟元，父仪为魏安东将军司马昭司马。东关之败，昭问于众曰："近日之事，谁任其咎？"仪对曰："责在元帅。"昭怒曰："司马欲委罪于孤邪？"遂引出斩之。裒痛父非命，于是隐居教授，三征七辟皆不就。庐于墓侧，旦夕常至墓所拜跪，攀柏悲号，涕泪着树，树为之枯。读《诗》至"哀哀父母，生我劬劳"，未尝不三复流涕。门人受业者并废《蓼莪》之篇。家贫躬耕，计口而田，度身而蚕。或有密助之者，裒皆不听。及司马氏篡魏，裒终身未尝西向而坐，以示不臣于晋。

晋西河人王延，事亲色养，夏则扇枕席，冬则以身温被。隆冬盛寒，体常无全衣，而亲极滋味。

柳玭曰：崔山南昆弟子孙之盛，乡族罕比。山南曾祖王母长孙夫人年高无齿，祖母唐夫人事姑孝，每旦栉纵笄，拜于阶下，即升堂乳其姑。长孙夫人不粒食数年而康宁。一日疾病，长幼咸萃，宣言无以报新妇恩，愿新妇有子有孙，皆得如新妇孝敬。则崔之门安得不昌大乎？

南齐庾黔娄为孱陵令，到县未旬，父易在家遘疾。黔娄忽心惊，举身流汗，即日弃官归家，家人悉惊其忽至。时易疾始二日，医云："欲知差剧，但尝粪甜苦。"易泄利，黔娄辄取尝之，味转甜滑，心愈忧苦。至夕，每稽颡北辰，求以身代。

海虞令何子平，母丧去官，哀毁逾礼，每哭踊，顿绝方苏。属大明末，东土饥荒，继以师旅，八年不得营葬。昼夜号哭，常如袒括之日。冬不衣絮，夏不就清凉，一日以米数合为粥，不进盐菜。所居屋败，不蔽风日。兄子伯兴欲为葺理，子平不肯，曰："我情事未申，天地一罪人耳，屋何宜覆！"蔡兴宗为会稽太守，甚加矜赏，为营冢圹。

朱寿昌生七岁，父守雍，出其母刘氏，嫁民间。母子不相知者五十年。寿昌行四方，求之不已。饮食罕御酒肉，与人言辄流涕。熙宁初，弃官入秦，与家人诀，誓不见母不复还。行次同州，得焉，刘氏时年七十余矣。雍守钱明逸以事闻，诏寿昌还就官，繇是天下皆知其孝。寿昌再为郡守，至是以母故通判河中府，迎其同母弟妹以归。居数岁，母卒，涕泣几丧明。拊其弟妹益笃，为买田宅居之。其于宗族尤尽恩意，嫁兄弟之孤女二人，葬其不能葬者十余丧。盖其天性如此。

伊川先生家治丧不用浮图，在雒亦有一二人家化之。

霍光出入禁闼二十余年，小心谨慎，未尝有过。为人沉静详审，每出入下殿门，进止有常处，郎、仆射窃识视之，不失尺寸。

汲黯，景帝时为太子洗马，以严见惮。武帝即位，召为主爵都尉。以数直谏，不得久居位。是时太后弟武安侯田蚡为丞相，中二千石拜谒，蚡弗为礼。黯见蚡未尝拜，揖之。上方招文学儒者，上曰"吾欲"云云，黯对曰："陛下内多欲而外施仁义，奈何欲效唐虞之治乎？"上怒，变色而罢朝，公卿皆为黯惧。上退，谓人曰："甚矣，汲黯之戆也！"群臣或数黯，黯曰："天子置公卿辅弼之臣，宁令从谀承意，陷主于不义乎？且已在位，纵爱身，奈辱朝廷何？"黯多病，病且满三月，上常赐告者数，终不愈。最后严助为请告，上曰："汲黯何如人也？"曰："使黯任职居官，亡以愈人，然至其辅少主守成，虽自谓贲育，不能夺也。"上曰："然。古有社稷之臣，至如汲黯，近之矣。"大将军青侍中，上踞厕视之，丞相弘宴见，上或时不冠。至如见黯，不冠不见也。上尝坐武帐，黯前奏事，上不冠，望见黯，避帷中，使人可其奏。其见敬礼如此。

初，魏辽东公翟黑子有宠于太武，奉使并州，受布千四。事觉，黑子谋于著作郎高允曰："主上问我，当以实告，为当讳之？"允曰："公帷幄宠臣，有罪首实，庶或见原，不可重为欺罔也。"中书侍郎崔鉴、公孙质曰："若首实，罪不可测，不如姑讳之。"黑子怨允曰："君奈何诱人就死地？"入见帝，不以实对。帝怒杀之。帝使允授太子经，及崔浩以史事被收，太子谓允曰："入见至尊，吾自导卿，脱至尊有问，但依吾语。"太子见帝，言高允小心慎密，且微贱，制由崔浩，请赦其死。帝召允，问曰："国书皆浩所为乎？"对曰："臣与浩共为之。然浩所领事多，总裁而已。至于著述，臣多于浩。"帝怒曰："允罪甚于浩，何以得生！"太子惧，曰："天威严重，允小臣，迷乱失次耳。臣向问，皆云浩所为。"帝问允："信如东宫所言乎？"对曰："臣罪当灭族，不敢虚妄。殿下以臣侍讲日久，哀臣，欲丐其生耳。实不问臣，臣亦无此言，不敢迷乱。"帝顾谓太子曰："直哉！此人情所难，而允能为之。临死不易辞，信也。为臣不欺君，贞也。宜特除其罪以旌之。"遂赦之。他日，太子让允曰："吾欲为卿脱死，而卿不从，何邪？"允曰："臣与崔浩实同史事，死生荣辱，义无独殊。诚荷殿下再造之慈，违心苟免，非臣所愿也。"太子动容称叹。允退谓人曰："我不奉东宫指导者，恐负翟黑子故也。"

李君行先生名潜，虔州人。入京师，至泗州，留止。其子弟请先往，君行问其故，曰："科场近，欲先至京师，贯开封户籍取应。"君行不许，曰："汝虔州人而贯开封户籍，欲求事君而先欺君，可乎？宁迟缓数年，不可行也。"

崔元暐母卢氏，尝戒元暐曰："吾见姨兄屯田郎中辛元驭曰：'儿子从宦者，有人来云贫乏不能存，此是好消息。若闻赀货充足，衣马轻肥，此恶消息。'吾尝以为确论。比见亲表中仕宦者，将钱物上其父母，父母但知喜悦，竟不问此物从何而来。必是禄俸余资，诚亦善事；如其非礼所得，此与盗贼何别？纵无大咎，独不内愧于心？"元暐遵奉教诫，以清谨见称。

刘器之待制初登科，与二同年谒张观参政。三人同起身请教，张曰："某自守官以来，常持四字：勤、谨、和、缓。"中间一后生应声曰："勤、谨、和，则闻命矣，缓之一字，某所未闻。"张正色作气曰："何尝教贤缓不及事？且道世间甚事，不因忙后错了？"

伊川先生曰：安定之门人，往往知稽古爱民矣，则于为政也何有！

吕荣公自少守官处；未尝干人举荐。其子舜从，守官会稽，人或讥其不求知者，舜从对曰："勤于职事，其他不敢不慎，乃所以求知也。"

善行第六中

汉陈孝妇年十六而嫁，未有子。其夫当行戍，且行时，属孝妇曰："我生死未可知，幸有老母，无他兄弟备养。吾不还，汝肯养吾母乎？"妇应曰："诺。"夫果死不还。妇养姑不衰，慈爱愈固，纺绩织维，以为家业，终无嫁意。居丧三年，其父母怜其少无子而早寡也，将取嫁之。孝妇曰："夫去时属妾以供养老母，妾既许诺之。夫养人老母而不能卒，许人以诺而不能信，将何以立于世？"欲自杀。其父母惧而不敢嫁也，遂使养其姑二十八年。姑八十余以天年终，尽卖其田宅财物以葬之，终奉祭祀。淮阳太守以闻，使使者赐黄金四十斤，复之终身，无所与，号曰"孝妇"。

汉鲍宣妻桓氏，字少君。宣尝就少君父学，父奇其清苦，故以女妻之，装送资贿甚盛。宣不悦，谓妻曰："少君生富骄，习美饰，而吾实贫贱，不敢当礼。"妻曰："大人以先生修德守约，故使贱妾侍执巾栉。既奉承君子，唯命是从。"宣笑曰："能如是，是吾志也。"妻乃悉归侍御服饰，更着短布裳，与宣共挽鹿车归乡里。拜姑礼毕，提瓮出汲，修行妇道，乡邦称之。

曹爽从弟文叔妻，谯郡夏侯文宁之女，名令女。文叔早死，服阕，自以年少无子，恐家必嫁己，乃断发为信。其后家果欲嫁之，令女闻，即复以刀截两耳，居止常依爽。及爽被诛，曹氏尽死，令女叔父上书与曹氏绝昏，强迎令女归。时文宁为梁相，怜其少执义，又曹氏无遗类！冀其意沮，乃微使人风之。令女叹且泣曰："吾亦惟之，许之是也。"家以为信，防之少懈，令女于是窃入寝室，以刀断鼻，蒙被而卧。其母呼与语，不应，发被视之，血流满床席。举家惊惶，往视之，莫不酸鼻。或谓之曰："人生世间，如轻尘栖弱草耳，何辛苦乃尔？且夫家夷灭已尽，守此欲谁为哉？"令女曰："闻仁者不以盛衰改节，义者不以存亡易心。曹氏前盛之时，尚欲保终，况今衰亡，何忍弃之？禽兽之行，吾岂为乎！"

唐郑义宗妻庐氏，略涉书史，事舅姑甚得妇道。尝夜有强盗数十，持杖鼓课，逾垣而入。家人悉奔窜，唯有姑自在室。卢冒白刃，往至姑侧，为贼捶击，几死。贼去后，家人问何独不惧，卢氏曰："人所以异于禽兽者，以其有仁义也。邻里有急，尚且赴救，况在于姑！而可委弃乎？若万一危祸，岂宜独生？"

唐奉天窦氏二女，生长草野，幼有志操。永泰中，群盗数千人剽掠其村落。二女皆有容色，长者年十九，幼者年十六，匿岩穴间，曳出之，驱迫以前，临壑谷，深数百尺。其姊先曰："吾宁就死，义不受辱。"即投崖下而死。盗方惊骇，其妹继之，自投折足，破面流血，群盗乃舍之而去。京兆尹第五琦嘉其贞烈，奏之，诏旌表其门闾，永蠲其家丁役。

缪肜少孤，兄弟四人皆同财业。及各取妻，诸妇遂求分异，又数有斗争之言。肜深怀忿叹，乃掩户自挝曰："缪肜，汝修身谨行，学圣人之法，将以齐整风俗，奈何不能正其家乎？"弟及诸妇闻之，悉叩头谢罪，遂更为敦睦之行。

苏琼除南清河太守，有百姓乙普明兄弟争田，积年不断，各相援据，乃至百人。琼召普明兄弟，谕之曰："天下难得者兄弟，易求者田地，假令得田地，失兄弟心，如何？"因而下泪，诸证人莫不洒泣。普明兄弟叩头，乞外更思。分异十年，遂还同住。

王祥弟览，母朱氏遇祥无道，览年数岁，见祥被楚挞，辄涕泣抱持。至于成童，每谏其母，其母少止凶虐。朱屡以非理使祥，览与祥俱。又虐使祥妻，览妻亦趋而共之。朱患之，乃止。

晋右仆射邓攸，永嘉末没于石勒。过泗水，攸以牛马负妻子而逃。又遇贼掠其牛马，步走，担其儿及其弟子绥。度不能两全，乃谓其妻曰："吾弟早亡，唯有一息，理不可绝，止应自弃我儿耳。幸而得存，我后当有子。"妻泣而从之，乃弃其子而去之，卒以无嗣。时人义而哀之，为之语曰："天道无知，使邓伯道无儿。"弟子绥服攸丧三年。

晋咸宁中大疫，庾衮二兄俱亡，次兄毗复危殆，疠气方炽，父母诸弟皆出次于外，衮独留不去。诸父兄强之，乃曰："衮性不畏病。"遂亲自扶持，昼夜不眠，其间复抚柩哀临不辍。如此十有余旬，疫势既歇，家人乃反，毗病得差，衮亦无恙。父老咸曰："异哉此子！守人所不能守，行人所不能行。岁寒然后知松柏之后凋，始知疫疠之不能相染也。"

杨播家世纯厚，并敦义让。昆季相事，有如父子。椿、津恭谦，兄弟旦则聚于厅堂，终日相对，未尝入内。有一美味，不集不食。厅堂间往往帏幔隔障，为寝息之所，时就休偃，还共谈笑。椿年老，曾他处醉归，津扶持还室，假寐阁前，承候安否。椿、津年过六十，并登台鼎，而津常旦莫参问，子侄罗列阶下，椿不命坐，津不敢坐。椿每近出，或日斜不至，津不先饭。椿还，然后共食。食则津亲授匙箸，味皆先尝。椿命食，然后食。津为肆州，椿在京宅，每有四时嘉味，辄因使次附之。若或未寄，不先入口。一家之内，男女百口，缌服同爨，庭无间言。

隋吏部尚书牛弘弟弼，好酒而酗。尝醉，射杀弘驾车牛。弘还宅，其妻迎谓弘口："叔射杀牛。"弘闻，无所怪问，直答曰："作脯。"坐定，其妻又曰："叔射杀牛，大是异事。"泓曰："已知。"颜色自若，读书不辍。

唐英公李绩，贵为仆射，其姊病，必亲为然火煮粥。火焚其须，姊曰："仆妾多矣，何为自苦如此？"绩曰："岂为无人耶？顾今姊年老，绩亦老，虽欲数为姊煮粥，复可得乎？"

司马温公与其兄伯康友爱尤笃，伯康年将八十，公奉之如严父，保之如婴儿。每食少顷，则问曰："得无饥乎？"天少冷，则抚其背曰："衣得无薄乎？"

近世故家，惟晁氏因以道申戒子弟皆有法度，群居相呼外姓尊长，必曰："某姓第几叔若兄。"诸姑、尊姑之夫，必曰"某姓姑夫""某姓尊姑夫"，未尝敢呼字也。其言父党交游，必曰"某姓几丈"，亦未尝敢呼字也。当时故家旧族皆不能若是。

包孝肃公尹京时，民有自言："以白金百两寄我者死矣，予其子，不肯受，愿召其子予之。"尹召其子，辞曰："亡父未尝以白金委人也。"两人相让久之。吕荥公闻之曰："世人喜言'无好人'三字者，可谓自贼者矣。古人言人皆可以为尧舜，盖观于此而知已。"

万石君石奋归老于家，过宫门阙，必下车趋；见路马，必轼焉。子孙为小吏，来归谒，万石君必朝服见之，不名。子孙有过失，不谯让，为便坐，对案不食，然后诸子相责，因长老肉袒固谢罪，改之，乃许。子孙胜冠者在侧，虽燕必冠，申申如也。童仆欣欣如也，唯谨。上时赐食于家！必稽首俯伏而食，如在上前。其执丧哀戚甚，子孙遵教亦如之。

万石君家以孝谨闻乎郡国，虽齐、鲁诸儒质行，皆自以为不及也。长子建为郎中令，少子庆为内史。建老白首，万石君尚无恙，每五日洗沐归谒亲，入子舍，窃问侍者，取亲中裙厕牏，身自院涤，复与侍者，不敢令万石君知之，以为常。内史庆醉归，入外门不下车，万石君闻之不食。庆恐，肉袒谢罪，不许。举宗及兄建肉袒，万石君让曰："内史贵人，入闾里，里中长老皆走匿，而内史坐车中自如，固当。"乃谢罢庆。庆及诸子入里门，趋至家。

疏广为太子太傅，上疏乞骸骨，加赐黄金二十斤，太子赠五十斤。归乡里，日令家供具，设酒食，请族人故旧宾客相与娱乐。数问其家："金余尚有几斤？趣卖以共具。"居岁余，广子孙窃谓其昆弟老人广所信爱者曰："子孙冀及君时颇立产业基址，今日饮食费且尽，宜从丈人所劝说君买田宅。"老人即以闲暇时为广言此计。广曰："吾岂老悖，不念子孙哉！顾自有旧田庐，令子孙勤力其中，足以共衣食，与凡人齐。今复增益之，以为赢余，但教子孙怠惰耳。贤而多财则损其志，愚而多财则益其过。且夫富者众之怨也，吾既无以教化子孙，不欲益其过而生怨。又此金者，圣主所以惠养老臣也，故乐与乡党宗族共飨其赐，以尽吾余日，不亦可乎？"

庞公未尝入城府，夫妻相敬如宾。刘表候之，庞公释耕于垄上，而妻子耘于前。表指而问曰："先生苦居畎亩，而不肯官禄，后世何以遗子孙乎？"庞公曰："世人皆遗之以危，今独遗之以安。虽所遗不同，未为无所遗也。"表叹息而去。

陶渊明为彭泽令，不以家累自随。送一力给其子，书曰："汝旦夕之费，自给为难。今遣此力，助汝薪水之劳。此亦人子也，可善遇之。"

崔孝芬兄弟孝义慈厚。弟孝昕等奉孝芬尽恭顺之礼，坐食进退，孝芬不命则不敢也。鸡鸣而起，旦温颜色。一钱尺帛，不入私房。吉凶有须，聚对分给。诸妇亦相亲爱，有无共之。孝芬叔振既亡后，孝芬等承奉叔母李氏，若事所生。旦夕温清，出入启觐，家事巨细一以咨决。每兄弟出行，有获，则尺寸以上皆入李之库。四时分赉，李氏自裁之。如此二十余岁。

王凝常居慄如也。子孙非公服不见，闺门之内若朝廷焉。御家以四教：勤、俭、恭、恕。正家以四礼：冠、婚、丧、祭。圣人之书及公服礼器不假。垣屋什物必坚朴，曰："无苟费也。"门巷果木必方列，曰："无苟乱也。"

张公艺九世同居，北齐、隋、唐皆旌表其门闾。麟德中，高宗封泰山，幸其宅，召见公艺，问其所以能睦族之道。公艺请纸笔以对，乃书"忍"字百余以进。其意以为宗族所以不协，由尊长衣食或有不均，卑幼礼节或有不备，更相责望，遂为乖争，苟能相与忍之，则家道雍睦矣。

韩文公作《董生行》曰：淮水出桐柏山，东驰遥遥千里不能休。泌水出其侧，不能千里，百里入淮流。寿州属县有安丰。唐贞元年时，县人董生召南隐居行义于其中。刺史不能荐，天子不闻名声，爵禄不及门。门外惟有吏，日来征租更索钱。嗟哉董生朝出耕，夜归读古人书。尽日不得息，或山而樵，或水而渔。入厨具甘旨，上堂问起居。父母不戚戚，妻子不咨咨。嗟哉董生孝且慈，人不识，唯有天翁知。生祥下瑞无时期。家有狗乳出求食，鸡来哺其儿。啄啄庭中拾虫蚁，哺之不食鸣声悲。彷徨踟蹰久不去，以翼来覆待狗归。嗟哉董生谁将与俦？时之人夫妻相虐、兄弟为仇。食君之禄而令父母愁。亦独何心？嗟哉董生无与俦！

唐河东节度使柳公绰，在公卿间最名有家法。中门东有小斋，自非朝谒之日，每平旦辄出，至小斋，诸子仲郢皆束带晨省于中门之北。公绰决私事，接宾客，与弟公权及群从弟再会食，自旦至莫，不离小斋。烛至，则命一人子弟执经史，躬读一过。讫，乃讲议居官治家之法，或论文，或听琴，至人定钟，然后归寝。诸子复婚定于中门之北。凡二十余年，未尝一日变易。其遇饥岁，则诸子皆蔬食，曰："昔吾兄弟侍先君为丹州刺史，以学业未成，不听食肉，吾不敢忘也。"姑姊妹侄有孤嫠者，虽疏远，必为择婿嫁之。皆用刻木粧奁，缬文绢为资装。常言："必待资装丰备，何如嫁不失时。"及公绰卒，仲郢一遵其法，事公权如事公绰。非甚病，见公权未尝不束带。为京兆尹、盐铁使，出遇公权于通衢，必下马，端笏立，候公权过，乃上马。公权莫归，必束带迎候于马首。公权屡以为言，仲郢终不以官达有小改。公绰妻韩氏，相国休之曾孙。家法严肃俭约，为搢绅家楷范。归柳氏三年，无少长，未尝见其启齿。常衣绢素，不用绫罗锦绣。每归觐，不乘金碧舆，只乘竹兜子，二青衣步屧以随。常命粉苦参、黄连、熊胆和为丸，赐诸子，每永夜习学含之，以资勤苦。

江州陈氏宗族七百口，每食，设广席，长幼以次坐而共食之。有畜犬百余，共一牢食，一犬不至，诸犬为之不食。

温公曰：国朝公卿能守先法久而不衰者，唯故李相家。子孙数世至二百余口，犹同居共爨。田园邸舍所收及有官者俸禄，皆聚之一库，计口日给饷，婚姻丧葬所费皆有常数，分命子弟掌其事。其规模大抵出于翰林学士宗谔所制也。

右实明伦。

善行第六下

或问第五伦曰："公有私乎？"对曰："昔人有与吾千里马者，吾虽不受，每三公有所选举，心不能忘，而亦终不用也。吾兄子尝病，一夜十往，退而安寝。吾子有疾，虽不省视，而竟夕不眠。若是者，岂可谓无私乎？"

刘宽虽居仓卒，未尝疾言遽色。夫人欲试宽令恚，伺当朝会，装严已讫，使侍婢奉肉羹，翻污朝服，婢遽收之，宽神色不异，乃徐言曰："羹烂汝手乎？"其性度如此。

张湛矜严好礼，动止有则，居处幽室，必自修整，虽遇妻子，若严君焉。及在乡党，详言正色，三辅以为仪表。建武初，为左冯翊，告归平陵，望寺门而步。主簿进曰："明府位尊德重，不宜自轻。"湛曰："《礼》，下公门，式路马。孔子于乡党恂恂如也。父母之国，所宜尽礼，何谓轻哉？"

杨震所举荆州茂才王密为昌邑令，谒见，怀金十斤以遗震。震曰："故人知君，君不知故人，何也?"密曰："莫夜无知者。"震曰："天知，神知，我知，子知，何谓无知?"密愧而去。

茅容与等辈避雨树下，众皆夷踞相对，容独危坐愈恭。郭林宗行见之，而奇其异，遂与共言!因请寓宿。旦日，容杀鸡为馔，林宗谓为己设，既而供其母，自以草蔬与客同饭。林宗起，拜之曰："卿贤乎哉!"因劝令学，卒以成德。

陶侃为广州刺史，在州无事，辄朝运百甓于斋外，莫运于斋内。人问其故，答曰："吾方致力中原，过尔优逸，恐不堪事。"其励志勤力，皆此类也。后为荆州刺史。侃性聪敏，勤于吏职，恭而近礼，爱好人伦，终日敛膝危坐。闻外多事，千绪万端，罔有遗漏。远近书疏，莫不手答，笔翰如流，未尝壅滞，引接疏远，门无停客。常语人曰："大禹圣人，乃惜寸阴，至于众人，当惜分阴。岂可逸游荒醉!生无益于时，死无闻于后，是自弃也。"诸参佐或以谈戏废事者，乃命取其酒器蒱博之具，悉投之于江，吏将则加鞭扑，曰："樗蒱者，牧猪奴戏耳。老庄浮华，非先王之法言，不可行也。君子当正其衣冠，摄其威仪，何有乱头养望，自谓宏达耶?"

王勃、杨炯、卢照邻、骆宾王皆有文名，谓之四杰。裴行俭曰："士之致远，先器识而后文艺。勃等虽有文才，而浮躁浅露，岂享爵禄之器耶?杨子沉静，应得令长，余得令终为幸。"其后勃溺南海，照邻投颍水，宾王被诛，炯终盈川令，皆如行俭之言。

孔戡于为义若嗜欲，不顾前后;于利与禄则畏避退怯，如懦夫然。

柳公绰居外藩，其子每入境，郡邑未尝知。既至，每出入，常于戟门外下马，呼幕宾为丈，皆许纳拜，未尝笑语款洽。

柳仲郢以礼律身，居家无事，亦端坐拱手。出内斋，未尝不束带。三为大镇，厩无良马，衣不熏香。公退必读书，手不释卷。家法，在官不奏祥瑞，不度僧道，不贷赃。吏法，凡理藩府急于济贫恤孤，有水旱必先期假贷，廪军食必精丰，逋租必蠲免，馆传必增饰，宴宾犒军必华盛。而交代之际，食储帑藏必盈溢于始至。境内有孤贫衣缨家女及笄者，皆为选婿，出俸金为资装嫁之。

柳玭曰:王相国涯方居相位，掌利权。窦氏女归，请曰："玉工货一钗，奇巧，须七十万钱。"王曰："七十万钱，我一月俸金耳，岂于女惜。但一钗七十万，此妖物也，必与祸相随。"女子不复敢言。数月，女自婚姻会归，告王曰:"前时钗，为冯外郎妻首饰矣。"乃冯球也。王叹曰:"冯为郎吏，妻之首饰有七十万钱，其可久乎?"冯为贾相谏门人，最密。贾有苍头，颇张威福，冯召而勖之。未浃旬！冯晨谒贾，有二青衣捧地黄酒出饮之，食顷而终。贾为出涕，竟不知其由。又明年！王、贾皆遘祸。噫！王以珍玩奇货为物之妖，信知言矣。徒知物之妖，而不知恩权隆赫之妖甚于物耶！冯以卑位贪宝货，已不能正其家，尽忠所事而不能保其身，斯亦不足言矣。贾之臧获害门客于墙庑之间而不知，欲终始富贵，其可得乎？此虽一事，作戒数端。

王文正公发解、南省、廷试皆为首冠，或戏之曰："状元试三场，一生吃着不尽。"公正色曰："曾平生之志，不在温饱。"

范文正公少有大节，其于富贵贫贱、毁誉欢戚，不一动其心，而慨然有志于天下。尝自诵曰："士当先天下之忧而忧，后天下之乐而乐也。"其事上遇人，一以自信，不择利害为趋舍。其有所为，必尽其方。曰："为之自我者，当如是。其成与否，有不在我者，虽圣贤不能必，吾岂苟哉！"

司马温公尝言：吾无过人者，但平生所为，未尝有不可对人言者耳。

管宁尝坐一木榻，积五十余年，未尝箕股其榻上，当膝处皆穿。

吕正献公自少讲学，即以治心养性为本。寡嗜欲，薄滋味，无疾言遽色，无窘步，无惰容。凡嬉笑俚近之语，未尝出诸口。于世利纷华，声伎游宴，以至博弈奇玩，淡然无所好。

明道先生终日端坐，如泥塑人，及至接人，则浑是一团和气。

明道先生作字时甚敬，尝谓人曰：非欲字好，只此是学。

刘忠定公见温公，问尽心行己之要，可以终身行之者。公曰："其诚乎！"刘公问行之何先，公曰："自不妄语始。"刘公初甚易之，及退，而自檃括日之所行，与凡所言，自相掣肘矛盾者多矣。力行七年而后成。自此言行一致，表里相应，遇事坦然，常有余裕。

刘公见宾客，谈论逾时，体无欹侧，肩背竦直，身不少动，至手足亦不移。

徐积仲车初从安定胡先生学，潜心力行，不复仕进。其学以至诚为本，事母至孝。自言："初见安定先生，退，头容少偏。安定忽厉声云：'头容直！'某因自思，不独头容直，心亦要直也。自此不敢有邪心。"卒谥节孝先生。

文中子之服俭以挘，无长物焉，绮罗锦绣，不入于室，曰："君子非黄白不御。"妇人则有青碧。

柳玭曰：高侍郎兄弟三人，俱居清列，非速客不二羹胾。夕食，龁卜瓟而已。

李文靖公治居第于封丘门外，厅事前仅容旋马。或言其太隘，公笑曰："居第当传子孙。此为宰辅厅事诚隘，为太祝、奉礼厅事则已宽矣。"

张文节公为相，自奉如河阳掌书记时。所亲或规之曰："今公受俸不少，而自奉若此，虽自信清约，外人颇有公孙布被之讥。公宜少从众。"公叹曰："吾今日之俸，虽举家锦衣玉食，何患不能？顾人之常情，由俭入奢易，由奢入俭难。吾今日之俸岂能常有，身岂能常存？一旦异于今日，家人习奢已久，不能顿俭，必至失所。岂若吾居位去位、身存身亡如一日乎？"

温公曰：先公为群牧判官，客至，未尝不置酒。或三行，或五行，不过七行。酒沽于市，果止梨、栗、枣、柿，肴止脯醢菜羹，器用瓷漆。当时士大夫皆然，人不相非也。会数而礼勤，物薄而情厚。近日士大夫家，酒非内法，果非远方珍异，食非多品，器皿非满案，不敢会宾友。常数日营聚，然后敢发书。苟或不然，人争非之，以为鄙吝，故不随俗奢靡者鲜矣。嗟乎！风俗颓弊如是，居位者虽不能禁，忍助之乎？

温公曰：吾家本寒族，世以清白相承。吾性不喜华靡，自为乳儿时，长者加以金银华美之服，辄羞赧弃去之。年二十忝科名，闻喜宴独不戴花。同年曰："君赐，不可违也。"乃簪一花。平生衣取蔽寒，食取充腹，亦不敢服垢敝以矫俗干名，但顺吾性而已。

汪信民尝言："人常咬得菜根，则百事可做。"胡康侯闻之，击节叹赏。

后 记

　　这些年来，中国大陆掀起了一股研究儿童哲学的热潮。无论是以儿童哲学研究为名成立的研究中心，还是关于儿童哲学的夏令营，都把儿童哲学的研究推向了高潮。

　　我对儿童哲学研究的最早接触源于读博士时期。在博士入学一段时间后，便有学长、学姐对我说，儿童哲学是我的指导教授的专长。但在当时由于视野的局限，加之对儿童教育的厌倦，我并没有对这个已在台湾地区盛行 30 余年的研究取向感兴趣，而是一味地钻进了中国古典儒学的研究之中。而在中国众多的古代思想家中，由于我与福建特殊的缘分，朱熹成了我博士阶段的主要研究对象。

　　在读博士之前，我对朱熹的研究也是有一些的，但多以宣传类的为主。最初也没有想过将朱熹研究当成自己的研究主业，就像我刚去台湾时，未将儿童哲学当成自己的研究主业一样。在读博士之后，我广泛搜集关于朱熹的各种文本，有较为权威的《朱子全书》，也有不知作者为何人的《朱子道德哲学研究》。总之，不管是纸质版还是电子版，只要是有关朱熹思想的，均入手保存。实在买不到的，就去图书馆借来整本复印。我读博的生活费，绝大多数都花在买书、复印资料上了。

　　对于儿童哲学的关注是我回到福建以后，历史的契机让我有兴趣来研究新来到世界上的这些小生命。我看着他们降生，看着他们笑着求抱，突然觉得世界上有一个隐秘角落一直被我忽略。于是，我找到自己在读博期间收集的所有儿童哲学书籍，也努力回忆在读博期间所听过的有关儿童哲学的讲座（教室里或书店里），却发现这些都无法让自己满意。特别是在阅读了李普曼和马修斯的理论后，虽然我赞赏他们逻辑的严谨和内容的高深，却总是觉得他们构建的理论可能存在着一定的瑕疵（当然，这也很有可能是我的错觉）。

　　对于马修斯而言，他企图建立理论为孩子争取更多权利，却忽视了正是这些"被争取来的权利"在逐步"消灭"儿童的最根本的权利（即生存权）。当代社会中父母过重的心理和生理负担，使婚姻和生育变成时代的生命不能承受之"重"。特别是在东亚这个高度重视教育与竞争的地区，"为孩子争取更多权利"很可能换来的结果是青年人的"不婚主义"和"不生主义"。高额的房价、内卷式的竞争、传统育儿观念的存在（父母要给孩子买车、买房、筹办彩礼），都成为当代青年男女压垮父母的最后的稻草。于是，韩国、日本及中国东北地区生育率的降低再次表明，当孩子从根源上被剥夺存在的权利时，其他所有的权利实际上只是一种自欺欺人。

于是，儿童哲学要做的，不应是"尽一切可能地束缚父母"，给父母带上各种枷锁，而是给父母在思想上解绑，甚至"放松父母""诱导父母"，以争取最大可能的儿童出生权。

所谓的"放松父母"，是让父母体会到儿童之乐，而不是儿童之"累"。因此，我们在构建儿童理论时，所要强调的重点是儿童带来的"爱"与"欲"，而不是"烦"与"罪"。于是，我们必须警惕儿童哲学中的"法学"研究取向，即"儿童权利"与"父母义务"。至少，从东亚地区父母为儿童的巨大付出来看，这种"强调"不但无益，反而有害。

所谓"诱导父母"，是让儿童的存在成为未婚男女的一种"念想"。劳累一天的父母回到家里，孩子的一句"爸、妈，你们回来了"，可能是最好的"安慰剂"。因此，要强调儿童与父母之间的"德行本位"和"美学关系"，用儿童的"尊重"与"陪伴"，换取父母的心甘情愿，促使家庭和谐，争取儿童发展的基本条件。

因此，对于儿童哲学来说，根本性的本源权利是"儿童的存在"而非其他。因此我们希望达成的，是让孩子成为父母的"礼物""开心果"或"希望"，抑或是"家中的劳动力""陪伴者"，而不是让孩子带来"责任""生活质量的降低"和"无尽的磨难"。虽然，这在一定程度上是父母在生理层面的"必修课"，但这绝不能成为他们心理层面的"必修课"。

我们要清楚的是，一个人从出生到成人，他所经历的磨难是无法统计或规避的。我们以往的观念是，家庭只能成为儿童的"爱的港湾"而不是儿童生长的"训练所"。慢慢地，我们从现代观念中的"自由"视角开始给父母进行各种捆绑，以求为儿童腾出"自由"发展的空间。然而，真实的情况是，这种做法反而造成更大的"父母反噬"。当"爱的港湾"变成了"父母的炼狱"，儿童还未出生就已经慢慢地死去。

我们需要明白，中国的现代儿童教育不能等同于西方的儿童教育，这里面有文化的不同和经济维度的不同。从文化角度来看，在基督教文化中，父母和孩子是"伙伴关系"，他们有共同的 Father，共同的"上帝"；而在中国儒、释、道文化中，儿童是父母生命的延续，这里面强调的是"意志的延续"，如"三年不改父之道，可谓孝矣"。从经济角度来看，在对外国的观察视角的选取中，我们习惯性地将目光定位在"富人区"或者"白人群体"。也就是说，我们习惯于拿月薪 5 000 美金和 5 000 人民币的两个家庭来进行对比。问题是，我们将视角定位在"父母的角色"层面，却常常忽略"父母的生存能力"的方面，这显然是不公平的。于是，诸如美国××教授给出的"陪伴孩子"的理论设想，在中国的广大家庭中，可能都是不合适的。

这倒不是因为中国的父母"不愿意"，这是"拥抱"和"面包"的冲突和矛盾导致的中国特殊经济时期的社会产物。中国有许多留守儿童，对他们宣传这些"自由"式的亲子关系，简直就是一个灾难。以前某卫视播出的综艺节目在对节目中的儿童进行后续追踪后所发现的问题，就已经说明了这一现象。

另一个需要指出的是，中国正在由农业社会步入工业社会。这意味着，农村儿童即将由帮忙种地的"劳动力"，转变为城市上班一族的"家庭负担"。这是导致欧美和日韩人口负增长的一个主要原因。如果我们的儿童哲学理论还要继续强调"法学"式的解读，无疑为这种现象的严重化添加了新的因素。

因此，要警惕儿童哲学教育中的"新自由主义"泛化的倾向。在儿童经济未能"自主"的前提下，要谨慎使用"自由"的观念来引导学生。因为，这会给儿童带来一个错误的引导倾向：社会复杂，"父母必须和我一起面对，而我将变成巨婴"。他们要学会的最基本的生存法则，是"经济基础决定上层建筑的社会规则"。自由是"经济自由"后的产物，而不是"以他人的受难"为代价的自我放纵。显然，对于中国的父母来说，这是一个需要关注的方面。

更让我心惊的是，一些父母和师长开始试图拿这种所谓的"新理论"来教育自己的孩子，这让我感到不寒而栗。这种恐惧感是我一开始接触到这些理论后就产生的本能反应。那么，这些理论到底给我们带来了什么样的思考，才会使我有如此强烈的恐惧感呢？答案是：怀疑精神和提问。那么，在西方哲学中被提倡了千年的两种哲学精神，为何在儿童哲学这里可能存在着失效的可能？原因是这些被教育的对象是"认知还未成熟"的儿童。

儿童哲学初创的本意是：培养儿童的问题意识。问题意识才应该是儿童哲学的核心价值，而它的外在形式则是提问。提问有两种：一种是真心提问。因其不懂，而设问求教，以解其惑。另一种是恶意提问，可分为质问或假问。质问不是为了获取知识，也不是为了提升自我。质问源于"取胜"的心理，这是一种竞争思维。所谓假问，就是故意提出似是而非的问题，如"好不好""可不可以""能不能"之类的提问，这是一种以"提问"为形式的"意见"。这两种提问，前者带有挑战意味，不利于儿童的思想开发；后者为无效发问，对儿童也多有不宜。

但是，恶意提问相对于怀疑精神的培养，还是较为和善的。在儿童时期提出怀疑精神，可能会造成儿童哲学培养的完全走偏。其中，马修斯提出的"父母向儿童放权"等理论，可能正在威胁着家庭的稳固。

与怀疑精神相对立的便是儒家的至诚精神。儒家讲"正心、诚意"，首先肯定了培养儿童的前提是"至诚"而不是"怀疑"。因此，古人通过"洒扫应对之节"来培养儿童的应世之道，这符合儿童思想发展的内在逻辑。如果在儿童培育之初，或者在小学、初中这些儿童心智尚未完全成熟的时刻，就鼓励培养儿童的"怀疑精神"，带来的后果就只能是放大孩子的"本有怀疑心"。而这被放大的怀疑心会如同一个潘多拉魔盒，一旦释放，便无法挽回。

为什么优先培养的是儿童的"至诚精神"，而不是"怀疑精神"？因为前难后易。儿童发展到有自我意识之后，他身上是一直怀有"怀疑精神"的。他们有自己的判断力，因此他们很少完全认同师长与父母的话（有时候他们更加相信同龄人，即使他们给出的知识是错的）。我们发现，即使他们存在着认同，也是认同那些"他们暂时还无法取得更为有效的解释的知识"。儿童在没有学习有关细胞等的知识前，可能会接受他人所说的"人是泥做的"这个结论。他们还会有略带形式逻辑样态的分析，如"如果人不是泥做的，为什么人身上会一直有泥，为什么要天天洗澡？"他们的知识缺陷导致了他们"此时坚信不疑"地接受了这一切，实际上完全不是那么一回事。

因此，对儿童进行儒家式的哲学窥探，可能会帮助我们重新寻找出一直被我们抛弃的智慧宝藏。当然，随着时代的不同，儒家蒙学思想中的很多理念在今天社会已经明显不适用了，比如朱熹在教育儿童方面的一些理念："父母有疾，衣不解带，汤药必亲尝。母尝欲生鱼，时天寒冰冻，解衣将剖冰求之。"对于孝道本身的肯定，不能忽略其方法。古代普通的用来治病的草药，对正常人产生的毒性是较为微弱的。因此，作为孝子亲尝母药，是可以被接受的，并被看成是一个善举。而现在的药品多为合成药，微弱的剂量就可能对正常人产生无法挽回的损害。因此，亲尝母药非但不能体现孝道，反而事与愿违。

综上，我们既要挖掘出朱熹蒙学思想中适合当代儿童发展的哲学面向，又要具体问题具体分析，不能主张完全复原论、教条论。同时，我们不能因为西方思想具有清晰性与强逻辑性等优势，就将中国传统思想贬低得一无是处，这两种思路都是不可取的。

同时，我们在谈论朱熹的蒙学思想时，由于南宋的语词与今天的概念有着巨大的不同，多数读者可能会对文言文及一些古代词汇不了解，因此产生阅读障碍。所以，在选择讨论的语词时，我们亦不必完全遵循学术上"完全复原化"的思想。如有人提出诸如"朱熹有儿童哲学吗？朱熹的文本中只有蒙学"这些无关痛痒的争论，这反而会让我们的讨论偏离原有的轨迹。因为，无论是"蒙学"还是"儿童哲学"，都是一定时代的产物，也是不同时代的语言工具。我们的目的是用工具来解决问题，而不是一味地苛责工具的存在是否合乎语言的形式。虽然形式也同样重要，但为了将讨论放置在一个现代化的平台上，我们有必要做出一定的取舍。于是，本书同样不反对在叙述中依然采用文言文和"童蒙""小儿""赤子"之类的语词。

这其实是一个"度"的把控。良好地运用"儿童哲学"与"蒙学"，是一个艰难亦复杂的过程。笔者只能尽一己之力，尽可能将其表达清晰，减少不必要的误解和歧义，也望读者多多谅解。

同时，本书是由朱熹儿童哲学系列的学术论文整理而成的，在书中自然有大量的"论文体"痕迹，也望读者多多见谅。论文写作模式是将闲散的观点组织成系统的文章，自然与撰写书稿的模式有一定的区别。但笔者已尽己力，努力地用逻辑的方式将其有机地结合在一起。相较以往的论文内容，本书必定存在大量的增补与删减，以便读者阅读。

望本书能给从事儿童哲学研究的学者，抑或从事儿童教育的教师与家长，带来一定的借鉴价值。如能实现，遂感心安。

2021 年 12 月于厦门集美家中

参考文献

书籍

（一）古典

朱熹撰，朱杰人、严佐之、刘永翔主编：《朱子全书》，上海：上海古籍出版社；合肥：安徽教育出版社，2010 年。

朱熹著，朱杰人编注：《朱子家训》，上海：华东师范大学出版社，2014 年。

朱熹：《四书章句集注》，北京：中华书局，2011 年。

赵顺孙：《大学纂疏中庸纂疏》，上海：华东师范大学出版社，1992 年。

荀况：《荀子校释》，王天海校释，上海：上海古籍出版社，2016 年。

王懋竑：《朱熹年谱》，北京：中华书局，1998 年。

王弼注：《老子道德经注》，楼宇烈校释，北京：中华书局，2011 年。

脱脱：《宋史》，北京：中华书局，1977 年。

孟子等：《四书五经》，北京：中华书局，2009 年。

黎靖德：《朱子语类》，王星贤点校，北京：中华书局，1994 年。

郭象注，成玄英疏：《南华真经注疏》，曹础基、黄兰发点校，北京：中华书局，1998 年。

程颢、程颐：《二程集》，王孝鱼点校，北京：中华书局，1981 年。

《四库全书荟要》（经部第七二册），台北：世界书局，1997 年。

邓艾民：《传习录注疏》，基隆：法严出版社，2000 年。

钱大昕：《十驾斋养新录》，陈文和、孙显军点校，南京：江苏古籍出版社，2000 年。

（二）译著

（美）维琴尼亚·萨提尔：《家庭如何塑造人》，吴就君译，台北：张老师文化事业股份有限公司，2019 年。

（美）马修斯：《童年哲学》，刘晓东译，北京：生活·读书·新知三联书店，2015 年。

（美）马修斯：《与儿童对话》，李鸿铭译，北京：生活·读书·新知三联书店，2015 年。

（德）迈克尔·西格蒙德：《你好，小哲学家！——如何与幼儿一起做哲学》，杨妍璐译，
　　北京：中国轻工业出版社，2020 年。

（美）Irene Goldenberg、Mark Stanton、Herbert Goldenberg：《家族治疗概观》，杜淑芬等译，
　　台北：新加坡商圣智学习亚洲私人有限公司，2019 年。

（法）让-吕克·南希：《素描的愉悦》，尉光吉译，郑州：河南大学出版社，2015 年。

（法）朱利安：《圣人无意》，闫素伟译，北京：商务印书馆，2019 年。

（三）一般著作

叶秀山、王树人著：《西方哲学史（学术版）》第二卷，南京：凤凰出版社、江苏人民
　　出版社，2005 年。

冯友兰：《中国哲学史新编》（第五册），北京：人民出版社，1988 年。

刘述先：《朱子哲学思想的发展与完成》，台北：学生书局，1982 年。

关超然、李孟智：《问题导向学习之理念、方法、实务与经验》，北京：北京大学医学出
　　版社，2015 年。

吴中杰编：《中国古代审美文化论》第一卷，上海：上海古籍出版社，2000 年。

余英时：《朱熹的历史世界：宋代士大夫政治文化的研究（上、下）》，北京：生活·读
　　书·新知三联书店，2004 年。

张立文：《中国学术通史·宋明卷》，北京：人民出版社，2004 年。

陈来：《朱子哲学研究》，北京：生活·读书·新知三联书店，2012 年。

笑思：《家哲学：西方人的盲点》，北京：商务印书馆，2010 年。

徐复观：《中国艺术精神》，台北：学生书局，1966 年。

高振宇：《儿童哲学导论》，桂林：广西师范大学出版社，2020 年。

唐君毅：《中西哲学思想之比较论文集》，北京：九州岛出版社，2002 年。

黎建球：《哲学咨询论文集》，新北：辅仁大学出版社，2019 年。

潘小慧：《儿童哲学的理论与实践》，桂林：广西师范大学出版社，2020 年。

潘小慧：《儿童哲学的理论与实践》，新北：辅仁大学出版社，2008 年。

论文

（一）学位论文

贾卫红：《3—6 岁幼儿结构游戏中专注力表现的特点研究》，硕士学位论文，沈阳师范大
　　学，2016 年。

周丹丹：《"赤子之心"观念史研究》，硕士学位论文，安徽师范大学，2016 年。

张朵：《问题导向学习在高中英语阅读教学中的应用研究》，硕士学位论文，天水师范学院，2019 年。

（二）期刊论文

潘小慧：《真实与谎言：以〈思考舞台〉第 5 章第 10 节〈三头巨人〉为据的讨论》，《哲学与文化》2017 年第 12 期。

崔天兴：《从方法导向到问题意识的教学模式转变和思考》，《当代教育实践与教学研究》2018 年第 9 期。

高振宇：《儿童哲学在大陆的理论争议与实践困境》，《哲学与文化》2017 年第 12 期。

秦瑜：《PBL 教学法在〈西方哲学导论〉通识课程中的应用探索》，《教育教学论坛》2017 年第 39 期。

贺来：《关系性价值观："价值观间"的价值自觉》，《华东师范大学学报》（哲学社会科学版）2020 年第 1 期。

贺来：《"关系理性"与真实的"共同体"》，《中国社会科学》2015 年第 6 期。

（法）幽兰：《草稿与不了的颂扬：中国艺术词汇的美学解析》，《哲学与文化》2018 年第 534 期。

陈辰、刘微微：《"互联网+"视域下以 PBL 问题导向高层次思考的移动学习模式探讨》，《长春教育学院学报》2019 年第 9 期。

邬英英：《基于问题导向的翻转课堂教学模式实践研究》，《西昌学院学报》2019 年第 31 期。

陈永宝：《朱熹"理学家"的称谓考辨》，《鹅湖月刊》2020 年第 7 期。

陈永宝：《小学与哲学：论朱熹蒙学思想中的儿童哲学》，《陕西学前师范学院学报》2020 年第 10 期。

陈永宝：《论朱熹"理先气后"的界定标准》，《三明学院学报》2018 年第 5 期。

陈立胜：《理学家与语录体》，《社会科学》2015 年第 1 期。

刘千美：《草稿思维与艺术实践专题》，《哲学与文化》2020 年第 3 期。

尹锡珉、李溱镕：《论道家的儿童哲学与人性教育的方法论：以老子和庄子为主》，《哲学与文化》2017 年第 12 期。

尹晓兵：《PBL 教学模式在高校转型期的应用——以哲学导论课程为例》，《许昌学院学报》2017 第 4 期。

尤煌杰：《PBL 与哲学："以问题为基础的学习"（PBL）教学法在"西方美学理论及其批判"课程的应用》，《哲学与文化月刊》2008 年第 5 期。

尤煌杰：《"以问题为基础的学习"（PBL）教学法在"哲学概论"课程的应用》，《哲学与文化月刊》2007 年第 9 期。

（三）网络文章

《美国夏威夷大学教授安乐哲：要把儒学从唐人街带到外国》，http：//www.chinanews.com/
　　　cul/2014/05-23/6206788.shtml，访问时间：2014 年 5 月 23 日。

《学生高考后写遗书自杀：感觉不到父母的爱》，http：//edu.sina.com.cn/gaokao/2016-
　　　06-15/doc-ifxszmaa2053302.shtml，访问时间：2016 年 6 月 5 日。

《我想看她会不会流产》，https：//weibo.com/q”wb?is_ all = 1&stat_ date = 201803&page
　　　= 6#_ rnd1590025875503，访问时间：2018 年 3 月 25 日。

图书在版编目（CIP）数据

朱熹的儿童哲学研究：蒙学思想的现代路径／陈永宝著.—桂林：广西师范大学出版社，2021.12
ISBN 978-7-5598-4330-2

Ⅰ．①朱… Ⅱ．①陈… Ⅲ．①朱熹（1130-1200）-哲学思想-研究 Ⅳ.①B244.75

中国版本图书馆 CIP 数据核字（2021）第 203845 号

朱熹的儿童哲学研究：蒙学思想的现代路径
ZHUXI DE ERTONGZHEXUE YANJIU：
MENGXUESIXIANG DE XIANDAI LUJING

出 品 人：刘广汉
责任编辑：刘美文
装帧设计：李婷婷
广西师范大学出版社出版发行

（广西桂林市五里店路9号　　　邮政编码：541004）
（网址：http://www.bbtpress.com）

出版人：黄轩庄
全国新华书店经销
销售热线：021-65200318　021-31260822-898
山东韵杰文化科技有限公司印刷
（山东省淄博市桓台县桓台大道西首　邮政编码：256401）
开本：720mm×1 000mm　　1/16
印张：14　　　　　　字数：240 千字
2021 年 12 月第 1 版　　2021 年 12 月第 1 次印刷
定价：49.80 元

如发现印装质量问题，影响阅读，请与出版社发行部门联系调换。